【개정판】
가야,
그 끝나지 않은 신화

【개정판】

가야,
그 끝나지 않은 신화

조 원 영 지음

혜안

2017년 5월 9일 대한민국의 제19대 대통령으로 당선된 문재인 대통령은 6월 1일 가야사 연구와 복원을 국정과제에 포함하라고 지시했다. 문 대통령은 "약간 뜬금없는 이야기일 수도 있는데…"라고 말을 꺼냈는데, 필자는 그 메시지 속에서 '때늦은 감은 있지만'이라는 표현이 숨어 있다는 것을 감지하였다. 그만큼 '미지의 왕국', '미완의 왕국'이라는 이름으로 치부되던 가야의 역사는 그동안 학계에서 홀대를 받은 분야이기 때문이다.

그러한 까닭으로 지금도 가야가 과연 고구려, 백제, 신라와 같은 동등한 나라였나 의심하는 사람들이 적지 않다. 그러나 사실 신라도 6세기 초반까지는 가야와 크게 다를 바 없이 소국 연합체로 운영되었던 나라라는 것을 상기할 필요가 있다.

또 가야는 적어도 20개 이상의 나라들로 이루어져 있었는데, 아직도 『삼국유사』의 기록대로 여섯 개의 나라로 성립되었다는 6가야설을 믿고 있는 사람들이 너무나 많다. 그것은 학생들이 배우는 중학교 교과서에 가야에 대한 내용이 1쪽 반, 고등학교 교과서에는 5줄만 기술될 만큼 가야사에 대한 교육이 턱없이 부족하기 때문이다.

가야사 이외의 고대사 전문가들은 가야에 대한 문헌기록이 많지 않아서 나타난 당연한 현상이라고 치부하고 있지만 1970년대 이래로 지금까지 영남지역과 호남지역의 발굴조사를 통하여 이제는 부족한 문헌기록을 보완할 수 있는 많은 가야 관련 고고자료가 축적되고 있다.

한편 문 대통령은 "보통은 가야사가 경상남도를 중심으로 경북까지 미치는 역사로 생각들을 많이 하는데 광양만, 순천만, 금강 상류 유역까지도 유적들이 남아 있는 아주 넓었던 역사였다"라고 하며 가야사를 연구하고 복원함으로써 동서교류도 활발히 하고 지역차별 감정을 해소할 수 있다고 하였다. 대통령의 가야사에 대한 인식이 최근의 연구 성과까지 담고 있다는 것을 보여주고 있어 가야사 연구자의 한 사람인 필자로서도 정치하시는 분이 이 정도까지 가야에 관심을 가지셨나 하고 매우 놀라움을 느꼈다.

가야사 전공자들은 대통령의 발언 이후 가야사에 쏟아지는 관심에 고무되어 있으며, 고고학계에서도 가야사 연구 복원 사업이 고고학 활성화에 기여할 것으로 기대하고 있다. 또한 가야 관련 유적들이 밀집한 지방자치단체에서도 가야 유적 복원 정비를 통해 지역의 정체성을 확립하고 지역 경제 활성화 및 관광산업을 확산시킬 수 있는 좋은 기회로 생각하고 있다.

그동안 신라의 수도였던 경주에는 박정희 정부 시절부터 많은 지원이 이루어졌고, 다시 지난 2014년부터 9,450억 원의 예산을 지원하여 신라왕경 복원 정비 사업을 벌이고 있다. 또한 부여에도 백제역사재현단 지에 1조 원 가까운 예산을 투입할 정도로 백제사 관련 사업을 벌였다.

가야문화권의 중심인 경상남도에는 국가지정 가야유적 42곳 중 29곳 이 몰려 있다. 그러나 그동안 가야문화권 정비 사업에는 경주나 부여의 1/10 정도의 지원만 있었고 그나마 그 이후로는 관심에서 멀어졌다. 국가지정 문화재는 보수 정비 등의 지원이 있지만 가야 유적은 대부분 문화재로 지정되지도 못한 채 지금도 농경지 확장이나 도로 개설 등 무분별한 개발로 인하여 무수히 없어지고 있는 상황이다. 비록 많이 늦어지긴 했지만 지금이라도 가야 유적에 대한 체계적인 발굴 조사와 연구를 통하여 한국고대사를 올바로 복원하는 작업이 필요한 시점이다.

이 책은 2006년 1월부터 2007년 6월까지 18개월간 『월간 시민시대』 에 연재했던 가야의 역사와 문화를 소개한 글을 보완하여 펴낸 것이다. 우리의 고대 역사에서 고구려, 백제, 신라와 함께 그 시대를 이끌어 갔던 가야에 대하여 일반인들이 정말 알고 싶어 하는 주제들을 골라서 그들이 쉽게 이해할 수 있도록 풀어 보려고 한 것이 이 글을 쓰게 된 동기이다.

지금까지 가야사에 대해 전문적인 내용을 다룬 책들은 많이 출판되 었다. 방송사나 신문사에서도 잊을 만하면 가야에 대한 기획물들을 꾸준히 쏟아 내었다. 그런데도 일반인들은 의외로 가야가 어떤 나라였는지 그 실체를 거의 알지 못한다. 매스컴의 세례에도 불구하고 이러한 현상이 나타나는 것은 일차적으로는 이제껏 학교 교육에서 가야사를 거의 다루지 않았기 때문일 것이다. 한편 학교 밖에서 만나는 가야 관계 자료의 대부분은 지나치게 전문적이거나 가야사의 전체 흐름을 파악하기 어려운 단편적인 내용이었다고 생각된다.

가야를 제대로 알기 위해서 가장 필요한 것은 가야가 어떤 성격의 나라이고, 삼국과는 어떤 차이점이 있는지, 그리고 가야의 역사는 어떻게 전개되었는지를 이해하는 것이다.

이 책에서 다룬 각각의 항목들은 역사기록과 고고자료에 대한 연구 성과를 종합 정리하여 독자들에게 가야사를 체계적으로 이해할 수 있는 방향으로 구성되었다. 물론 필자가 바라보는 가야에 대한 역사상 歷史像도 가미되어 있으므로 엄밀한 객관성을 갖추었다고는 할 수 없을 것이다. 그렇지만 그동안 가야를 신비의 왕국으로만 막연히 생각하던 독자들이 이 책을 통하여 가야의 실체를 조금이나마 이해하게 된다면, 또 이로 인해 가야사에 대한 관심이 더욱 커진다면 필자로서는 더할 수 없는 기쁨이 될 것이다.

이 책을 쓰면서 가장 어려웠던 점은 역시 가야 관계 기록이 너무나 빈약하여 풀리지 않는 고리를 상상으로 채워 넣을 수밖에 없었다는 것을 들 수 있겠다. 또한 많은 가야 유적에 대해 직접 발굴조사에 참여하지 못했으므로 생생한 현장의 느낌을 살리기 힘들었던 것도 사실이다. 이러한 어려움 속에서 이 책이 나올 수 있게 된 것은 수많은 가야 역사의 현장을 힘들여 발굴했던 여러 고고학자들의 노력과, 얼마 남지 않은 사료를 화두처럼 붙잡고 역사의 진실을 찾아내고자 노력했던 문헌사학자들의 피땀 어린 학문적 성과가 축적되었기 때문이라고 생각한다.

글을 마무리하면서 필자를 학문의 길로 이끌어주셨던 많은 선생님, 선배님들께 이 지면을 통해 머리 숙여 감사드린다. 무엇보다도 자식 잘 되기만을 바라시다가 올해 8월 갑자기 돌아가신 어머니, 자식이 쓴 글을 자랑스럽게 생각하시며 늘 꼼꼼히 읽어보시는 아버지, 변변찮은 수입에도 불만 없이 남편을 믿고 지지해준 아내 최구회, 항상 성실한 학문적 동지가 되어준 동생 조재영, 그리고 스스로 꿈을 찾아 노력하는 내 아이들 민주, 민성이에 대한 고마움이 가슴 속에 늘 가득하다.

끝으로 변변치 않은 글을 기꺼이 책으로 묶어주신 혜안출판사 오일주 사장님과 출판사 직원 여러분들에게도 깊은 감사의 마음을 전한다.

|글 싣는 차례|

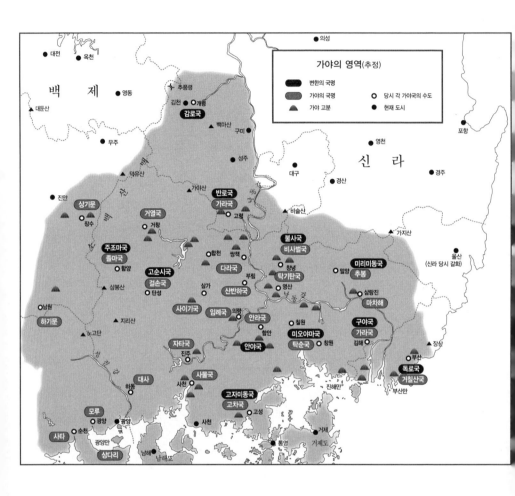

01

황금칼의 나라, 다라국
합천 옥전고분군과 다라국의 정체

가야는 아직까지 풀어야 할 많은 숙제를 우리에게 던져주고 있는 나라입니다. 지금부터 이러한 가야의 역사가 어떻게 시작되고 어떻게 발전해 갔는가라는 가야 역사의 전개 과정을 하나하나 풀어가 보도록 하겠습니다. 이야기를 시작하면서 먼저 가야제국加耶諸國 가운데 현재까지 발굴된 자료로 보아 가장 우수하고 화려한 문화를 꽃피웠던 다라국에 대해 소개하고자 합니다.

다라국왕多羅國王은 깊은 시름에 잠겼다.
'이 싸움은 결코 이길 수 없는 싸움이다. 그렇다면 이제 이 나라는 어떻게 될 것인가.'
이미 이사부가 이끄는 신라군의 습격으로 대가야 주민들은 저항 한 번 제대로 못한 채 신라의 젊은 화랑 사다함이 이끄는 무리에게 무자비하게 살육 당하고 있다는 급보가 속속 전해져 왔다. 다라국의 군대도 대가야 성문인 전단량栴檀梁 앞에서 대가야군을 도와 처절하게 싸우다

전멸하였다고 한다.

힘겹게 버텨 왔던 지난 세월이 왕의 머릿속에 떠올랐다. 나라를 온전히 지탱해 보고자 백제와 신라 사이에서 줄타기 외교를 펼쳐 왔던 선대 왕들의 노력도 무산되었다. 신라와의 결혼동맹도, 백제로 보낸 구원군 도 모두 이 나라의 운명을 뒤바꾸진 못했다.

이제는 결단의 시간이다. 남은 백성들과 함께 영예롭게 싸우다 죽을 것인가, 비굴하게 나라를 들어 항복할 것인가.

다라국 최후의 시간에 번민에 휩싸였을 다라국왕의 입장에서 가상의 시나리오를 구상해 보았습니다. 우리나라의 역사서에는 이름조차 전 하지 않는 이 다라국은 과연 어떤 나라였을까요?

합천군 쌍책면 성산리 옥전玉田이라고 불리는 언덕에 거대한 고분이 열 지어 서 있습니다. 1985년부터 1992년까지 다섯 차례에 걸쳐 115기 의 유구에 대한 발굴조사를 했던 경상대 박물관에 따르면 이곳에 1,000 여 기의 고분이 밀집해 있다고 합니다. 이들 고분에서 발굴된 유물을 통해서 이 유적이 4세기에서 6세기에 걸쳐 조성되었음을 알게 되었습 니다. 그렇게 본다면 이 유적은 이 시기에 낙동강의 서쪽에 존재했던 가야인들이 남긴 흔적임을 알 수 있습니다.

그런데 이 유적은 1992년 학계에 큰 반향을 일으킨 논쟁에 휩싸이게 됩니다. '옥전고분군을 조성한 세력은 누구였을까'라는 의문에서 시작 된 이 논쟁은 8세기에 편찬된 일본의 역사서인『일본서기日本書紀』에 나오는 임나 10국 가운데 다라국의 위치를 둘러싸고 치열하게 전개되 었습니다.

고고학계에서는 다라국의 위치를 경남 합천으로 보았습니다만 이에 대해서 재야학계에서는 일본 쓰시마 설을 제기하였습니다. 고고학계의 시각을 대표한 전 고려대 김정학 교수는 『삼국사기』「지리지」의 '합천의 이전 이름은 대량주군大良州郡'이라는 기록에 근거하여 이 대량주군이라는 지명이 가야시대 합천지역의 소국 이름인 다라국에서 연유한 것이라고 주장하였습니다. 그는 특히 옥전고분군에 인접하여 아직도 남아 있는 '다라리多羅里'라는 지명을 강력한 증거로 제시하였습니다.

이에 대하여 재야학계를 대표하는 전 부산대 이병선 교수는 합천의 옛 이름인 '대량大良'이 고대 발음에서는 '다라'로 읽혔던 것이 아니라 '가라'로 읽혔다고 하면서 다라국이 합천에 있었다는 설을 반박하였습니다. 그는 고대 발음의 추적을 통해 "합천에는 다라국이 아니라 우리가 고령 중심의 대가야로 알고 있는 가라국加羅國이 있었다"고 주장하였습니다.

한편 전 고려대 최재석 교수는 『일본서기』의 기록을 통하여 다라국이 쓰시마에 있었다는 설을 제기하였습니다. 즉 "임나의 북쪽은 바다로 막혀 있었다", "임나는 기타큐슈에서 2천여 리 떨어져 있었다"는 기록을 통하여 이 기록에 들어맞는 다라국의 위치는 쓰시마일 수밖에 없다는 것입니다. 또한 다라리라는 지명은 쓰시마를 비롯한 일본열도 곳곳에 있으므로 옥전고분군 인근의 다라리라는 지명만으로 다라국을 합천으로 보기에는 증거가 부족하다고 지적하였습니다.

옥전고분군에 대하여 10권의 보고서를 발간하였던 경상대 박물관에 의해 옥전고분군이 다라국의 유적임이 입증되면서 이 논쟁은 불식되었지만, 이러한 논쟁은 기존의 교과서에 의존하였던 일반인들의 가야 인식에 신선한 충격을 주었습니다. 즉 지금까지 막연히 금관가야를 비롯한 6가야가 있었으며 이들 나라를 통틀어 가야라고 칭한다는 일반적인 통념에 대하여 새로운 가야의 이름인 '다라국'이 나오고 임나

10국이 등장하는 것을 보면서 '과연 가야라는 나라는 어떤 나라인가'라는 궁금증이 더욱 커지게 되었던 것입니다.

이미 1970년대 후반 부산 복천동에서 대규모의 가야고분이 발굴되면서 사실 여부에 의문이 제기되었던 6가야설은 옥전고분군의 발굴로 인하여 '다라국'이라는 6가야에 속하지 않는 가야 왕국이 부각되면서 이제는 더 이상 설 자리를 잃었습니다.

그러면 기록에 보이는 다라국은 어떠한 국가였을까요? 다라국에 대한 역사기록은 『양직공도梁職貢圖』와 『일본서기』에만 나타나는데 정리해 보면 다음과 같습니다.

주위에 소국은 반파, 탁, 다라, 전라, 사라, 지미, 마련, 상기문, 하침라 등이 있는데 백제를 따른다.
旁小國 有半波·卓·多羅·前羅·斯羅·止迷·麻連·上己文·下枕羅等 附之 『양직공도』 백제국사전百濟國使傳

다 탁순국에 모여 신라를 쳐서 격파하였다. 그리고 비자발, 남가라, 탁국, 안라, 다라, 탁순, 가라의 7국을 평정하였다.
俱集于卓淳 擊新羅而破之 因以平定 比自㶱·南加羅·㖨國·安羅·多羅·卓淳·加羅 七國 『일본서기』 권9 진구기神功紀 49년 3월

여름 4월 안라의 차한기 이탄해, 대불손, 구취유리 등과 가라의 상수위 고전해, 졸마의 한기, 산반해 한기의 아들, 다라의 하한기 이타, 사이기 한기의 아들, 자타의 한기 등이 임나일본부 길비신과 백제에 가서 같이 칙서를 들었다.
夏四月 安羅次旱岐 夷呑奚·大不孫·久取柔利 加羅上首位 古殿奚 卒麻旱岐 散半

16

奚旱岐兒 多羅下旱岐 夷他 斯二岐旱岐兒 子他旱岐等 與任那日本府 吉備臣
往赴百濟 俱聽詔書 『일본서기』 권19 긴메이기欽明紀 2년 4월

일본의 길비신, 안라의 하한기 대불손과 구취유리, 가라의 상수위 고전
해, 사이기군과 산반해군의 아들, 다라의 이수위 흘건지, 자타의 한기,
구차의 한기가 백제에 갔다.

日本吉備臣 安羅下旱岐 大不孫·久取柔利 加羅上首位 古殿奚·卒麻君 斯二岐君
散半奚君兒 多羅二首位 訖乾智 子他旱岐 久嗟旱岐 仍赴百濟 『일본서기』 권19
긴메이기 5년 11월

신라가 임나의 관가를 쳐서 없앴다(일서에 말하기를 21년에 임나가
멸망하였다고 한다. 통틀어 임나라 하고, 세분해서는 가라국, 안라국,
사이기국, 다라국, 졸마국, 고차국, 자타국, 산반하국, 걸찬국, 임례국
합해서 10국이다).

新羅打滅任那官家(一本云 二十一年 任那滅焉 總言任那 別言加羅國·安羅國·斯
二岐國·多羅國·卒麻國·古嗟國·子他國·散半下國·乞湌國·稔禮國 合十國) 『일
본서기』 권19 긴메이기 23년 정월

역사서에 기록되어 있는 다라국에 대한 내용은 이것이 전부입니다.
이 자료만 가지고는 다라국의 실체를 알기란 참으로 어려운 일입니다.
결국 그 면모를 파악하기 위해서는 고고학적 발굴자료의 도움을 받아
야만 합니다. 그래서 옥전고분군의 발굴조사 성과를 토대로 하여 다라
국의 형성과 발전과정을 추적해 보기로 하겠습니다.
서기 400년을 전후해서 합천 옥전지역의 무덤 속에서 갑옷과 투구를
비롯한 무기와 말갖춤, 각종 장신구 등의 금속유물이 갑자기 등장하였

습니다. 이러한 금속유물의 근원은 고구려나 선비족인 모용씨의 연나라 등 중국 동북지방에서 찾을 수 있습니다. 이 북방의 갑주문화甲冑文化는 4세기대의 동아시아 정세 변동에 따라 당시 영남의 선진지역이었던 김해지역에 가장 먼저 전달되었고, 여기에서 약간 개량된 자료들이 5세기 이후 서부경남의 각 지역에 파급되었다는 사실이 최근의 연구에 의해 밝혀지고 있습니다.

또 이 지역의 토기 모양이나 무덤 축조 방식을 보면 김해·부산 지역과 동일하다는 점이 눈에 띕니다. 앞 시기에 비해 고분의 규모가 엄청나게 커지고, 부장된 유물 역시 비교할 수 없이 급격하게 증가한 것을 볼 때 이 시기에 '다라국'이라는 국가가 성립되었다는 것을 알 수 있습니다.

이처럼 다라국 최초의 지배자 무덤들에서 발견되는 무덤 축조 방식이나 토기, 금속 유물의 원류가 모두 김해지역이라면, 결국 다라국이 성립되는 데는 김해지역에 있던 금관가야(가락국)의 영향이 컸음을 알 수 있습니다.

그렇다면 왜 이 시기에 갑자기 합천지역에 국가가 성립되었던 것일까요? 이러한 의문에 대해 주목할 만한 사실이 있습니다. 바로 「광개토대왕릉비문」에 기록되어 있는 400년 고구려군의 남정南征 사실입니다. 이 기록에 의하면 광개토대왕은 신라의 지원요청에 의해 보기步騎 5만을 파견하여 임나가라任那加羅 종발성從拔城을 침공하였다고 합니다. 여기에서의 임나가라는 곧 김해지역의 금관가야이며, 고구려 대군의 침공을 받은 금관가야는 거의 멸망에 가까운 타격을 입었습니다. 그 결과 금관가야 왕의 묘역이었던 대성동고분군에는 더 이상 왕릉이 조성되지 않는 현상이 나타나게 되었습니다.

전쟁의 와중에 와해된 금관가야의 지배집단은 바다 건너 일본으로

옥전고분군 전경

옥전23호분

옥전M1호분

옥전M1호분 유리잔

옥전M3호분

건너가거나, 낙동강 물길을 따라 서부경남의 여러 지역으로 이동하였
던 것으로 보입니다. 합천지역에도 바로 이 집단의 일부가 들어와
정착하였고, 다라국의 역사는 이렇게 하여 시작된 것으로 이해할 수
있습니다.

옥전고분 가운데 이 시기 가장 대표적인 고분은 23호분으로 규모
면에서나 출토유물에서나 이 지역 최고 수장의 무덤이며, 8호분, 67-A
호분, 67-B호분, 68호분과 같은 중대형 무덤도 보입니다. 이러한 현상
으로 미루어 볼 때 국왕을 정점으로 하여 지배계층이 형성되어 있었음
을 짐작할 수 있습니다.

5세기 중반이 되면 옥전 M1호분, M2호분으로 대표되는 무덤이 축조
되었는데, 유구의 규모가 커지며 거대한 봉분을 쌓고 내부에는 부장유
물을 따로 넣을 수 있는 부장전용공간인 딸린덧널을 만들었습니다.
아울러 유물도 새로운 장신구가 부장되고 투구와 같은 권위를 상징하

옥전67-A호분   옥전68호분

는 제품도 여러 개 부장되는 변화가 나타났습니다. 이러한 변화는 앞 시기에 비하여 다라국이 비약적으로 성장·발전한 모습을 보여주는 것이라 할 수 있습니다.

한편 이 무덤들에서 나온 유리잔, 편원어미형말띠드리개[扁圓魚尾形杏葉], 창녕계토기 등은 앞 시기 문화와는 전혀 연결되지 않는 신라 양식의 유물들입니다. 이처럼 신라 양식 유물들이 등장하게 된 원인은 당시의 국제정세에서 찾을 수 있습니다.

동아시아의 강국으로 성장한 고구려는 427년(장수왕 15) 수도를 평양으로 옮겨 백제를 압박하고자 하였고, 이후 475년 백제 수도 한성을 함락시키고 개로왕을 살해할 때까지 끊임없이 공격을 감행하였습니다. 반면 신라는 두 나라 간의 충돌시기를 틈타 국력을 다지면서 광개토대왕의 남정 이후 강력한 영향력을 행사하고 있던 고구려에 대해 강하

22

게 반발하면서 성장하였습니다.

이처럼 5세기 중반 한반도의 정세는 어떤 하나의 강대국이 가야지역에 절대적인 영향력을 행사할 수 없었습니다. 이러한 분위기 속에서 다라국을 비롯한 가야제국들은 독자적으로 성장할 수 있는 기틀을 마련하였을 뿐만 아니라 대외적으로도 이러한 국력을 바탕으로 활발한 교류를 하였습니다.

따라서 이 시기의 다라국은 한반도 내의 역학관계에 힘입어 비약적으로 성장하였으며 그 결과 거대한 봉분을 가진 고분을 축조하여 지배자의 권위를 과시할 수 있었습니다. 또한 인근의 창녕지역을 매개로 하여 신흥강국으로 성장하는 신라의 선진문물을 받아들이는 등 대외적인 활동에 적극적이었습니다.

5세기 후반으로 접어들면서 다라국은 더욱 강대한 나라로 성장하였습니다. 이 시기 다라국의 왕릉인 M3호분은 고분의 내부 크기가 이전 시기보다 더욱 커졌으며 부장 유물도 양과 질에서 옥전고분군뿐만 아니라 전체 가야고분을 대표할 만한 고분입니다. 즉 관대棺臺로 사용된 121점의 주조쇠도끼[鑄造鐵斧]와 금동장식 투구, 2벌의 말머리가리개, 청동그릇, 기꽂이, 금이나 은으로 장식된 장식말갖춤 등과 함께 가야고분에서 거의 발견되지 않았던 용봉문양고리자루큰칼[龍鳳文環頭大刀]이 한꺼번에 4자루나 부장되었다는 것은 이 고분의 주인공이 다른 어떤 가야국의 지배자와 비교해도 손색없는 강력한 권력을 가졌음을 보여주면서 이 시기가 다라국 최전성기였다는 사실을 증명하고 있습니다.

그러나 이 시기의 고분에서 나타나는 현상 가운데 무엇보다 주목되는 것은 대가야양식의 유물이 집중적으로 등장하고 있다는 점입니다. 이러한 양상은 비단 합천지역만의 특별한 현상이 아니라 거창, 함양, 산청, 남원, 진안 등 서부경남과 호남 동부 일대에서 동시에 나타나고

옥전M3호분 장식고리자루큰칼 노출모습

옥전M3호분 장식고리자루큰칼

있습니다. 이와 같은 현상의 이면에는 대가야(가라국)가 급속하게 성장하면서 인근의 다라국과 연맹을 결성하였던 역사적 배경이 깔려 있다고 보는 것이 최근의 연구성과입니다.

대가야와 손잡은 다라국은 대가야연맹체 내에서 자신들의 독자성을 유지하면서 당시의 정세를 이용하여 안정적인 발전을 도모하였던 것으로 보입니다. 옥전고분군에서는 용봉문양 고리자루큰칼과 은상감고리자루큰칼이 모두 8점이나 출토되었습니다. 이것은 일제강점기 이후 지금까지 대가야의 고분군인 고령 지산동고분군에서 출토된 3점의 장식고리자루큰칼보다 훨씬 많은 양입니다. 장식고리자루큰칼의 출토량이 지산동고분군의 그것을 능가한다는 것은, 대가야가 다라국을 무시할 수 없는 존재로 생각했음을 증명하는 현상일 뿐만 아니라 대가야연맹 내에서 차지하는 다라국의 위상을 단적으로 나타내는 것이기도 합니다.

또 무덤 축조방식에서도 대가야연맹 내에서의 다라국의 독자적 위치가 확인되었습니다. 5세기 말이 되면 대가야연맹체의 영역 내에서 대가야의 중심지인 고령을 비롯하여 서부경남과 호남동부 일원에서는 지배자들의 묘제로 구덩식돌덧널무덤[竪穴式石槨墓]을 채택한 데 비해 옥전고분군에서는 M3호분의 묘제에서 알 수 있듯이 여전히 이전 시기와 같은 덧널무덤[木槨墓]을 축조하고 있습니다. 즉 다라국은 대가야의 묘제를 받아들이지 않고 금관가야 특유의 묘제인 덧널무덤의 전통을 그대로 고수하고 있다는 점에서 연맹체의 일원이면서도 독자적 세계를 형성하고 있었다는 사실을 잘 알려주고 있습니다.

다라국은 대가야의 본거지인 고령과 이어지는 협곡에 자리잡고 있어 결코 풍족한 생산지역은 아니었습니다. 그러나 황강을 사이에 두고 함안 아라가야(안라국)와 마주하고 있으며, 동쪽으로는 낙동강을 사이에 두고 친신라지역인 창녕 비사벌국과 마주하고 있어 대가야권역의 가장 중요한 군사적인 요충지라 할 수 있습니다. 다라국이 무너지게 되면 대가야 또한 위험해지므로 대가야는 다라국을 대단히 중시하고 존중하였던 것 같습니다.

이러한 모습은 가야제국이 몰락해 가는 시점의 기록이긴 하지만 앞에서 제시한 기록 가운데 『일본서기』 긴메이기欽明紀 2년(541)과 5년(544)조에 보이는 이른바 제1, 2차의 '임나복권회의'에 대가야와 다라국이 함께 참가하고 있는 데서 잘 알 수 있습니다. 즉 다라국이 대가야연맹의 일원이면서도 시종 대가야와 함께 이 회의에 참가하고 있는 데서 대가야연맹 내에서는 물론 가야제국에서도 다라국이 차지하는 위치를 여실히 보여주고 있습니다. 특히 회의에 참석한 나라들의 대표자들의 칭호를 보면 가라국, 안라국, 다라국만이 신하인 상수위, 이수위 또는 상한기, 하한기 등을 보내고 나머지 나라들은 국의 수장이 직접 가거나 수장의 아들이 갔다는 점에서도 가라국, 안라국, 다라국의 위상이 다른 나라들보다 높았음을 알 수 있습니다.

한편 우륵의 가야금 12곡에서도 다라국의 위상이 잘 나타납니다. 대가야 가실왕의 명으로 악사 우륵이 가야금 12곡을 지었는데 12곡의 명칭은 대체로 당시 가야제국의 12국명을 따온 것으로 알려져 있습니다. 12곡명 가운데 '상가라도上加羅都'와 '하가라도下加羅都'는 각각 대가야와 다라국을 지칭하고 있는데, 이 곡명에는 다른 곡과 달리 '도都'가 붙어 있습니다. '도'는 곧 '도읍'을 의미하는 것으로 가야제국 가운데 이 두 나라가 도읍을 갖춘 나라, 즉 가장 강력한 나라임을 의미하는 것입니다. 이것은 아마도 대가야가 가야제국 가운데 크게 두각을 나타낸 다라국과 더불어 연맹체를 통합하려는 계획을 가지고 상가라도와 하가라도라는 곡명을 붙인 것이 아닌가 추측해 볼 수 있습니다.

이러한 가야제국 내에서의 다라국의 위상은 고고자료와 문헌기록이 완전히 일치하고 있습니다. 그럼 이제 옥전고분군에서 출토된 수많은 고고자료 가운데 대표적인 유물들을 중심으로 하여 다라국의 문화를 살펴보도록 하겠습니다.

먼저 화려한 장신구로는 귀고리와 목걸이, 팔찌, 가락지 등이 출토되었습니다. 귀고리는 40쌍이 발견되었는데 지금까지 조사된 어느 가야 고분보다도 많은 양일 뿐만 아니라 화려한 장식과 정교한 세공기술은 당대의 백제나 신라의 귀고리와 비견될 정도의 높은 수준을 자랑합니다. 가야의 귀고리를 연구하기 위해서는 반드시 옥전의 귀고리를 찾아보아야 할 만큼 양적인 측면에서나 질적인 측면에서 독보적인 위치를 차지하고 있습니다.

목걸이는 이 유적의 이름인 옥전玉田(구슬밭)에 걸맞게 수많은 구슬

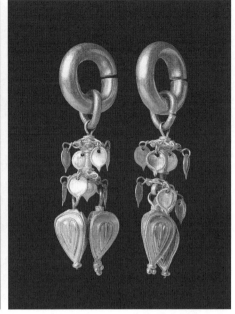

옥전M11호분 귀고리 · 옥전M6호분 귀고리

로 만들어졌습니다. 유리제가 대부분이지만 그 밖에도 호박, 마노를 비롯하여 최상급의 비취곡옥 등으로 구성되어 있으며, 특히 M2호분에서는 한꺼번에 2,000여 개가 넘는 구슬이 발견되기도 하였습니다.

한편 가야고분에서는 처음으로 28호분에서 이러한 구슬을 다듬는 데 사용되었던 사암제의 옥을 갈던 숫돌이 발견되어 이 지역에서 직접 구슬을 제작하였다는 것이 입증되었습니다.

옥전28호분 옥숫돌

신분을 상징하는 유물을 '위의구威儀具'라고 하는데 옥전고분군에서

옥전M2호분 목걸이

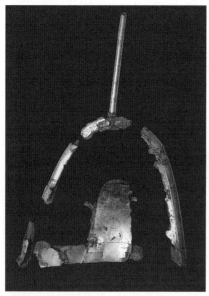
옥전23호분 관모

는 위의구가 다량으로 발견되었습니다.

23호분에서 발견된 관모冠帽는 일반적인 내관內冠의 모습과 거의 같지만 맨 윗부분에 금동봉이 세워져 있는 점은 지금까지 국내외에서 유래를 찾을 수 없는 희귀한 형식입니다.

용이나 봉황문양으로 장식한 고리자루큰칼은 35호분과 M3, M4, M6호분에서 출토되었습니다. 이러한 유형의 고리자루큰칼은 장식의장의 화려함과 독특함 때문에 주목을 받아온 자료인데, 학술 발굴조사에서 이처럼 많이 발견된 예는 우리나라 발굴 역사상 처음 있는 일이었습니다. 특히 M3호분에서는 용봉문양 2점, 봉황문양 1점, 용문장식 1점 등 장식고리자루큰칼이 한꺼번에 4자루나 발견되었으며, 35호분에서는 다소 고졸한 상감 장식의 고리자루큰칼이 출토되어 이러한 유형의 큰칼의 원류를 파악하는 데 결정적인 자료가 되고 있습니다.

투구는 철로 만든 세로로 긴 장방형판으로 연결한 투구가 모두 13점이 발견되었는데, 복발이 있는 것과 없는 것이 섞여 있습니다. 23호와 M3호분에서 발견된 것처럼 금동으로 장식한 것도 2점이나 있습니다. 특히 M3호분에서 발견된 금동장식투구는 철판을 장식적으로 오려서 횡으로 지판을 결합시킨 독특한 것으로서 각부에 금도금을 하여 화려한 장식성을 보여주며, 거의 같은 형태의 것이 평북 태천군 용상리의 총오리산성에서 발견되어 고구려 투구와의 관계를 파악하는 데 중요한 자료가 되고 있습니다.

갑옷은 고분시대의 방어용 장비로서뿐만 아니라 지배자의 권위를 상징하는 물건으로 크게 각광받았던 것으로 11벌이나 발견되었습니다. 안타깝게도 비늘갑옷[札甲]은 완전한 형태로 복원하기는 거의 불가능하지만, 고구려의 벽화고분에 많이 묘사되어 있어 그 관계를 파

옥전28호분 판갑

악하는 자료로 활용할 수는 있습니다. 반면 28호분과 68호분에서 발견된 철판갑옷[板甲]은 비교적 상태가 양호하여 형태 파악이 가능합니다.

말갖춤 또한 출토품 가운데 중요한 부분을 차지하고 있습니다. 말머리가리개는 동래 복천동10호분에서 처음으로 발견된 실전용實戰用으

옥전M3호분 말머리가리개 옥전28호분 말머리가리개

로, 그것이 지닌 희소성뿐만 아니라 고구려의 고분벽화에 많이 묘사되어 삼국시대 고분문화의 성격을 해명할 수 있는 결정적인 자료라는 것이 밝혀짐으로써 그 중요성이 부각된 유물입니다. 옥전고분군에서는 이 말머리가리개가 무려 6점이나 발굴되었습니다.

지금까지 옥전고분군을 제외한 채집이나 발굴조사에서 확인된 말머리가리개는 국내에서 6점, 일본의 오타니 고분과 쇼군산 고분의 출토품 2점 정도인데, 이처럼 희소한 말머리가리개가 이 고분에서 모두 6점이나 발견되었다는 사실로 보아서도 이 유적의 중요성이 잘 드러나고 있습니다. 그 중에서도 M3호분에서는 형태가 전혀 다른 말머리가리개가 피장자의 머리와 발치 쪽에 나뉘어서 2점이나 발견되어 지금까지 말머리가리개의 형태 차이에 착안한 문화의 전파라든지 무덤 주인공의 성격 규명에 새로운 연구가 이루어져야 할 여지를 마련해 주었습니다.

말머리가리개와 마찬가지로 대단히 희귀한 자료인 말갑옷 역시 M1호분, 20호분, 28호분에서 각각 1벌씩 발견되었는데, 그 중요성은 대단하지만 현재로서는 비늘갑옷과 같이 복원이 불가능한 형편입니다.

기꽂이는 흔히 사행상철기蛇行狀鐵器라고 불리는 것으로서 각 지역의 최고 수장급 고분이 아니면 거의 부장되지 않는 유물인데 M3호분에서는 형태가 서로 다른 것이 2점 발견되었습니다.

고분의 관대棺臺도 여타 고분들과는 다른 특징을 보입니다. 우리나라에서 고분을 축조할 때 관대는 일반적으로 돌을 이용하여 만들었는데 간혹 덩이쇠[鐵鋌]이나

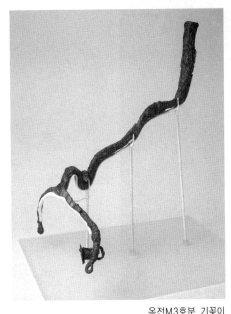

옥전M3호분 기꽂이

판모양 쇠도끼[板狀鐵斧]를 관 아래에 깔아서 피장자의 부와 권위를 과시하기도 하였습니다. 그런데 M3호분에서는 무려 121개의 주조 쇠도끼를 장방형으로 가지런히 깔아서 관대로 사용하고 있으며, 28호분에서는 돌로 만든 관대 위에 대도들을 좌우로 나란히 잇대어 깔아서 무덤 주인공의 재력과 권위를 보여주는 특이한 현상이 발견되기도 하였습니다.

옥전고분군에서는 다종다양한 철제품들이 발견되었을 뿐만 아니라 이러한 철기들을 직접 생산하였던 증거물인 망치와 집게 등의 단야구鍛冶具와 숫돌이 출토됨으로써 옥 숫돌과 함께 이 고분을 축조한 사람들의 생산활동을 어느 정도 유추할 수 있게 되었으며, 나아가 이들의 경제력 또한 부분적으로 파악할 수 있게 되었습니다.

이 외에도 다라국의 유물 가운데는 다른 가야지역에서 찾아보기

옥전35호분 미늘쇠

합천 반계제 가A호분 말방울

어려운 제품들이 있습니다. 미늘쇠[有刺利器]도 그 중 하나입니다. 미늘쇠는 대체로 4세기대에 출현하였으며 초기에는 주로 권위의 상징물로서 대형무덤에 부장되었습니다. 일반적으로 덩이쇠를 이용하여 동그랗게 휘감긴 고사리 모양으로 미늘을 표현하였는데, 옥전고분군에서 발굴된 미늘쇠에는 독특하게도 새모양을 잘라붙여 상징성을 강조하였습니다. 이러한 유형의 미늘쇠는 가야지역 내에서 다라국과 안라국에서만 발견되고 있어 두 지역 간의 교류관계를 짐작해 볼 수 있으며, 일본 후지노키 고분藤ノ木古墳 출토 관장식에도 이러한 새모양이 장식되어 있어 양 지역 간의 문물 교류를 추정할 수 있습니다.

한편 가야에서는 고구려에서 유행하였던 벽사辟邪의 의미를 지닌 귀신문양이 각 지역에서 널리 사용되었습니다. 즉 부산 복천동 21·22호분에서 출토된 화살통의 이음쇠[鉸具]와 띠고리[鉸板], 창녕 계성고분군, 합천 반계제 가A호분에서 출토된 말방울 등에 귀신문양이 표현되어 있습니다. 옥전고분군에서도 귀신문양이 있는 유물이 발견되었는데, M1호분, M3호분의 이음쇠와 12호분의 도자刀子 자루장식 등이 그것

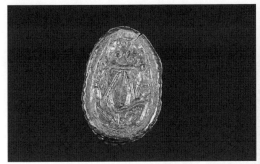

옥전12호분 장식도자 두꺼비문양

입니다. 특히 옥전 12호분 출토 도자 자루의
마구리에는 고구려벽화에서 볼 수 있는 두
꺼비문양이 묘사되어 있어 이러한 장식문
양이 고구려로부터 영향을 받았을 것으로
생각됩니다.

옥전12호분 장식도자

   그런데 옥전고분군의 출토 유물에서 보
이는 특징적인 현상은 농기구가 많지 않다
는 점입니다. 고분에서 출토된 각종 토기와 무기류, 장신구는 이 고분
을 축조한 다라국이 대단한 경제력을 가지고 있었음을 증명해 주고
있습니다. 그러나 이러한 경제력을 뒷받침해주는 생산용구가 거의
부장되지 않는다는 것은 다라국의 경제력이 농업생산력에 기반을 두지
않았을 가능성을 보여줍니다. 그렇다면 다라국은 어떻게 그들의 막강
한 군사력과 경제력을 유지해 나갔을까요? 이 점에 대해서는 아직
시원스러운 대답을 기대하기 어렵습니다. 보다 더 많은 연구가 진척되
어야겠지만 옥전고분군의 입지와 출토유물에서 유추해볼 수 있는 것은
황강을 이용하여 그들이 제작한 철제품이나 각종 구슬들을 다른 지역
과 교역함으로써 경제적 부富를 축적하였던 것이 아닐까 하는 것입니

옥전M3호분 금동장식 투구

다.

이 점은 옥전고분군에서 출토된 유물들이 다양한 지역과 연계되어 있는 데서도 짐작할 수 있습니다. 예를 들면 M3호분에서 출토된 금동장식 투구는 고구려 계통의 유물이며, 용봉문양고리자루큰칼과 말안장틀의 거북등무늬[龜甲連繫文]는 백제 또는 중국 남조南朝와 밀접한 관련을 맺고 있습니다. 또 M1호분에서 출토된 로만글라스나 편원어미형말띠드리개[扁圓魚尾形杏葉], 금동제허리띠[金銅裝銙帶], 창녕식토기, M6호분에서 출토된 출자형금동관出字形金銅冠은 창녕, 신라와의 교류를 통해 얻어진 산물입니다. 이처럼 다라국은 활발한 교류를 통하여 그들의 경제적 기반을 튼튼히 했던 것으로 생각됩니다.

강력한 군사력과 막강한 경제력을 과시하던 다라국에서는 6세기 중반에 조성된 M11호분을 끝으로 더 이상 고총고분이 축조되지 않았습니다. 고고학적으로 나타나는 이러한 현상은 바로 다라국이 멸망하고 더 이상 고분을 축조할 만한 세력이 이 지역에 없었음을 보여주는 것입니다.

M11호분은 굴식돌방무덤[橫穴式石室墳]으로 백제 웅진시대의 고분 구조와 같을 뿐만 아니라 발견된 부장유물 중에서 금제귀고리와 나무널에 붙이는 연화문장식, 못 등도 백제 지배계층의 무덤에서 일반적으로

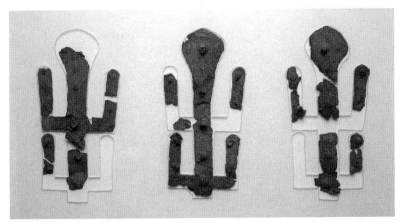

옥전M6호분 금동관

발견되는 것이므로 이 시기의 다라국은 백제의 영향을 강하게 받았음을 알 수 있습니다. 이것은 6세기 중반의 백제와 신라의 대립 속에서 다라국이 대가야와 함께 백제를 지지하였던 정치적 상황을 잘 반영하고 있습니다. 성왕의 전사로 인한 백제의 몰락과 함께 백제군을 도와 참전했던 대가야와 다라국의 운명은 관산성 전투에서 이미 정해져 버렸던 것입니다. 기록에 의하면 562년 대가야가 신라에 의해 멸망 당했는데, 비록 기록에는 전하지 않지만 고고자료로 볼 때는 다라국의 멸망도 바로 이 시기였을 것으로 짐작됩니다.

　현재 옥전고분군 인근에는 토성이 남아 있습니다. 토성이 있음으로 해서 이 마을은 성산리城山里라는 마을 이름을 얻었습니다. 이곳은 바로 그 옛날 다라국의 도성이었습니다.

　옥전고분군 발굴조사 당시부터 이 성산토성은 주목을 받았습니다. 마침내 2009년 첫 발굴조사가 시작되었으며 이후 2013년, 2015년 두 차례 더 조사를 하였습니다. 그러면 간단히 발굴조사의 성과를 정리해 보겠습니다.

성산토성 전경

　제1차 조사는 2009년 1월 5일부터 3월 19일까지 성터 내의 3개 지점을 중심으로 조사하였는데 북서쪽 토성벽에서 가야시대의 토루를 확인하였고, 신라시대에 축조된 석성도 확인하였습니다. 신라시대 석성은 기존 토성을 이용하면서 확장한 성으로 추정되었고 성벽의 폭은 약 5m 정도로 파악됩니다. 또 출토되는 토기로 보아 삼한시대의 집터로 추정되는 유구도 조사되었습니다.

　2013년 1월 4일부터 4월 11일까지 이루어진 제2차 조사에서는 북쪽 성벽의 4개 지점과 구릉 정상부의 건물지에 대해 확인하는 작업이 있었습니다. 4개 지점에서 성벽이 확인되었고 삼한시대의 집터, 도랑 모양의 유구, 200여 개 이상의 기둥구멍 등이 조사되었습니다. 특히 도랑 모양의 유구 남쪽에 밀집되어 분포하는 200여 개 이상의 기둥구멍은 'ㅁ'자 모양, 'ㄷ'자 모양의 평면 형태이며 발굴 조사자들은 5동 정도의 대벽건물터로 판단하였습니다. 대벽건물이란 기둥이 토벽 속에

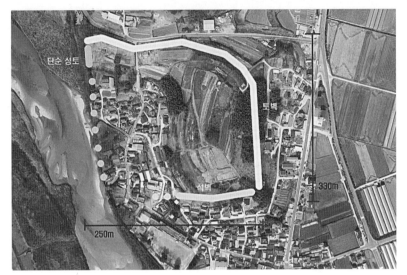

성산토성 규모

성산토성 성벽 규모

성산토성 도랑모양유구와 대벽건물터

있어서 바깥에서는 기둥이 보이지 않는 구조인데, 네모난 도랑을 파서 벽의 기초를 다지고 그 내부에 지붕을 받치기 위한 기둥 구멍을 다시 파서 기둥을 세운 후 중심 기둥과 토벽을 유지시키는 보조 기둥을 두는 건물구조입니다. 이러한 건물은 이웃 일본의 기나이와 규슈 지방에서도 다수 확인되었고 이들 유구가 확인된 유적이 대부분 한반도계 건물, 백제계 도래인의 주거 형태로 판단되어 왔으며 중심연대는 5~8세기로 알려져 있습니다. 우리나라에서는 공주의 정지산유적, 공주 공산성, 공주 안영리, 부여 군수리, 부여 화기산, 익산 신동리 등 주로 공주, 부여의 백제 옛 도읍을 중심으로 확인되었습니다. 2000년대 들어서 고령의 연조리 일대 전 대가야 궁성지에서도 확인되었으므로 이 대벽건물이 백제와 가야 지역에서 만들어진 특수 시설물이라 할 수 있겠습니다. 대벽건물터 북쪽의 도랑 모양 유구는 대벽건물터를 감싸는 듯한 양상을 보이고 있어 보호시설로 생각됩니다.

2015년 6월 15일부터 2016년 2월 29일까지 실시된 제3차 조사에서는 토성 성벽에 대해 집중적인 조사가 이루어졌으며 제사유구, 대벽건물터, 석성 등이 확인되었습니다. 제사유구는 정확한 용도는 알기 힘들지만 장축 약 12.5m, 단축 약 8.2m의 규모가 큰 구덩이를 마련하여 내부에 작은 구덩이

성산토성 제사유구 출토 인물토우

들을 여러 개 만든 것, 토성 벽과 접하고 있는 점, 인물형 토우가 확인된 점 등을 미루어 토성을 쌓을 때 이와 관련한 의례 행위가 이루어진 공간으로 판단하고 있습니다.

세 차례의 발굴조사를 통하여 성산토성은 지금까지 확인된 최초의 가야도성 유적이며 다라국의 존재를 분명히 알리는 유적임을 확인하게 되었습니다. 즉 대벽건물터 등의 건물터와 추정 제사유적, 그리고 지배자 집단의 무덤인 옥전고분군과의 관계로 미루어 볼 때 다라국 지배자들이 생활하였던 공간으로 추정됩니다.

성의 축성 시기는 옥전고분군과 성내에서 출토된 유물로 볼 때 5세기 중후반으로 짐작되며 가락국(금관가야)의 봉황대유적의 봉황토성이 5세기 후반경의 일부 토성 벽만 확인되는 데 비하여 성산토성의 경우 토성 벽이 양호한 상태로 남아 있어 구체적인 실체를 살펴볼 수 있는 유일한 가야시대 토성으로 주목되고 있습니다.

옥전고분군과 성산토성의 반경 2km 이내에는 수기의 대형 고분과 다수의 소형 돌덧널무덤으로 구성된 다라리, 진정리, 오서리, 상포리 고분군 등이 분포하고 있습니다. 따라서 옥전고분군은 성산토성에

합천박물관 전경

거주했던 다라국 지배자들의 집단묘역이며, 주변의 고분군은 주변 집단의 매장유적이었을 것으로 추정됩니다.

가야제국의 중심지였던 김해나 고령, 함안 등이 도시화와 대규모의 도굴로 파괴되어 국읍國邑의 모습을 복원하기 어려운 형편임에 비한다면, 옥전고분군이 위치한 이 지역은 다라국의 지배층이 거주하였던 국의 중심영역으로서 주거시설, 생산시설, 분묘시설, 방어시설 등이 완비된 가야의 국읍을 복원할 수 있는, 옛 가야영역에서 거의 유일한 지역이라 할 수 있습니다.

옥전고분군 아래에는 고분에서 출토된 다라국의 유물을 전시하고 있는 합천박물관이 건립되어 있습니다. 이곳에는 우리 역사에서 잊혀졌던 합천지역 가야왕국의 역사와 문화를 손에 잡힐 듯 생생하게 복원함으로써 우리 고대사에 관심 있는 많은 사람들의 발길이 이어지고 있습니다.

신화로 읽는 가락국의 건국

수로왕과 허왕후

김해 가락국은 전기 가야를 이끌어 갔던 대표 국가입니다. 우리나라의 문헌기록도 가락국 중심으로 남아 있습니다. 이 가락국의 명칭은 구야국, 가야국, 가락국, 임나국, 수나라, 금관국, 금관가야 등 문헌기록마다 다양하게 나타나고 있습니다. 이 가운데 현재 가락국의 명칭으로 가장 일반화된 것이 금관가야인데, 이 용어는 고려시대에 만들어진 조어造語이므로 앞으로는 사용을 자제할 필요가 있습니다. 『삼국유사』의 「가락국기」는 가락국에 대한 사실을 전하는 한국의 문헌 중에서 가장 오래된 기록입니다. 여기에서 수로왕이 나라의 이름을 대가락이라 했다고 전하고 있습니다. 바로 이 용어가 가야 당시의 표기에 가장 가까운 국명國名이라고 생각되므로 이 글에서는 가야 당시의 김해를 가락국으로 표기하도록 하겠습니다.

원래 가야는 자국自國의 역사기록을 정리하여 남기지 않았던 것 같습니다. 그 이유는 가야가 문헌기록이 정착되기 전에 멸망 당했기 때문이라고 생각합니다. 그러나 참으로 다행히도 신라통일기에 김유신 가계

家系의 위상이 높아지면서 「개황록開皇錄」이라는 저술로 가락국의 기록이 정리되었습니다. 그것이 바로 고려 문종대 금관지주사金官知州事 문인文人에 의해 편찬된 「가락국기駕洛國記」의 모태가 되었습니다.

그런데 가야의 시작을 알려주는 역사의 기록은 신화神話 형태를 띠고 있습니다. 신화는 일반적으로 우주, 인간, 동식물, 특정의 인간 행위, 자연현상 등이 어떻게 하여 출현하였는가를 이야기하는 것으로, 여러 종류가 있고 그 구조와 성격도 대단히 복잡합니다.

지금까지 우리나라에 전해져 오는 신화를 살펴보면 천지창조 신화는 남아 있지 않습니다. 아마도 우리나라의 신화 가운데 가장 오래 전부터 전해져 왔던 것은 건국신화가 아니었을까요? 고려시대 일연 스님이 편찬한 『삼국유사三國遺事』에는 다양한 건국신화가 전하고 있습니다. 고조선의 건국을 설명하는 '단군신화'가 있고, 고구려는 '주몽신화', 신라는 '혁거세신화' '석탈해신화' '김알지신화'가 있으며, 가야에는 '수로왕신화'가 있습니다. 이러한 건국신화는 대개 국가의 시조신에 대한 제사의식에서 지배자집단의 조상을 신성한 존재로 찬양하기 위한 수단으로 이용하였을 것입니다. 따라서 신화의 주인공은 역사상 실존했던 인물일 가능성이 큽니다. 이렇게 본다면 비록 신비화, 상징화된 전승傳承이긴 하지만 신화에서 당시의 역사적 사실을 찾아낼 수 있을 것이라는 생각이 듭니다.

그렇다면 가야의 건국신화인 '수로왕신화'에서 우리는 어떤 역사적 진실을 알 수 있을까요? 『삼국유사』에 남아 있는 「가락국기」의 내용을 훑어보면 당시의 사정이 조금은 그려질 것 같습니다.

천지가 개벽한 이후 이 지방에는 아직 나라 이름도 없고, 또한 왕과 신하의 칭호도 없었다. 이 지방은 9간干이 백성을 통솔했는데, 대개

김해 구지봉지석묘

100호戶 7만 5천 명이었다. 그 때 사람들은 거의 스스로 산과 들에
모여 살면서 우물을 파서 마시고 밭을 갈아서 먹었다.

이것이 『삼국유사』 「가락국기」 첫머리의 내용입니다. 현재 고고학
적 발굴 성과에 의하면 김해지방에는 신석기시대 이래로 사람들이
살았던 흔적이 보이는데, 기원전 7세기 무렵이 되면 농경을 생업의
중심으로 한 청동기 문화가 나타났습니다. 이때부터 지석묘가 축조되
었고 이러한 지석묘는 현재 수로왕릉 묘역과 구지봉 정상에도 남아
있습니다. 시대가 좀더 내려오면 청동검이나 철로 만든 도끼, 검은간토
기[黑塗磨硏土器] 등이 부장된 독무덤[甕棺墓]이나 널무덤[木棺墓]이 만들어졌
습니다. 학계에서는 이 무덤의 주인공들이 바로 수로왕이 이 땅에
오기 전에 백성들을 통솔했다던 9간 집단이라고 생각하고 있습니다.
이 시대에는 이 지역 사람들 사이에 초월적인 권위를 가진 지배자는

김해 구지봉

없었다 해도 일정한 서열은 존재했을 것으로 추정하고 있습니다.

한편 이 기록에서 당시 사람들이 살았던 촌락의 상태도 알 수 있습니다. 즉 고대사회에 촌락이 성립하는 데는 생활용수(우물)와 경작지(밭)의 확보가 중요하며, 특히 우물은 촌락구성원들이 생활을 영위하는데 있어 기본적인 요소인 용수用水의 확보와 관련된 것으로 촌락공동체의 공동시설로 볼 수 있습니다.

이와 같은 사회가 획기적으로 변화되었던 것은 수로왕의 등장부터였습니다.

기원후 42년 구지봉 위에 하늘에서 황금색 알이 여섯 개 내려왔는데 해처럼 둥글었다. 각각의 알에서 어린아이가 나왔는데, 여섯 아이 가운데 처음 태어난 아이가 왕위에 올랐는데 세상에 처음 나타났다고 하여 이름을 수로首露라 하였다. 국호를 대가락, 또 가야국이라고도 하였으며, 나머지 다섯 사람도 각각 다섯 가야국의 왕이 되었다.

수로왕이 김해의 구지봉에 내려왔다는 기록은 우리나라 고대사회에 널리 퍼져 있었던 산악에 대한 숭배와도 관련이 있을 것입니다. 그런데 하늘에서 내려왔다는 수로왕은 과연 어떤 존재였을까요?

역사학계에서는 수로왕의 존재를 수로로 대표되는 철기문화를 소유하였던 집단으로 파악하고 있습니다. 이 집단이 김해지역으로 진출하면서 발달된 철기문화를 바탕으로 청동기 문화단계에 머물러 있던 9간 사회를 통합하였던 역사적 사실이 이 신화에 반영되어 있다는 것입니다.

하늘에서 내려온 여섯 개의 알에서 여섯 사람이 나왔다는 기록에서 우리는 고대 사람들이 가졌던 새에 대한 인식을 엿볼 수 있습니다. 고대 사람들은 새를 하늘과 땅을 연결시켜 주는 존재로 생각하였습니다. 즉 하늘의 신성한 메시지를 땅 위에 살고 있는 인간에게 전해주고 땅 위의 인간세계에서 벌어지는 다종다양한 사건들을 하늘에 전달해주는 일종의 전령으로 믿었던 것입니다. 그러므로 신화에는 이 새가 낳은 알에서 태어난 사람도 신과 같은 신성한 인물이라는 관념이 투영되어 있다고 볼 수 있습니다.

나아가 6개의 알이 황금색이고 해처럼 둥글었다는 데서 태양숭배사상의 흔적을 찾을 수 있습니다. 태양숭배사상은 농경 위주의 사회에 널리 퍼져 있는 신앙 형태인데, 태양은 만물의 생장과 관련이 있어 고대사회에서는 풍요와 다산의 상징이었습니다. 해처럼 둥근 황금색 알에서 태어난 수로는 바로 태양신의 후손이라는 얘기입니다.

결국 가락국의 수로왕 건국신화에는 지배자가 피지배자에 대하여 자신이 하늘의 자손, 곧 선택 받은 사람이라는 것을 내세워 현실의

김해 양동리고분군

세계에서 이루어지는 모든 권력의 행사를 정당화하고 일반 민들이
그 지배를 신성하게 받아들이도록 하는 관념이 깔려 있는 것입니다.

김해 주촌면 양동리 일대에서는 서기 1세기경의 철기와 와질토기
유적이 발견되었습니다. 특히 양동리 55호 널무덤의 주인공은 하늘의
권위를 상징한다는 철단검, 동경, 옥玉의 조합을 소유하고 있었다는
점에서 제정일치시대 지배자의 면모를 보여주고 있습니다. 양동리
162호 덧널무덤[木槨墓]의 주인공은 대형철검大形鐵劍, 대형철모大形鐵鉾,
판상철부板狀鐵斧, 청동거울, 화려한 목걸이로 치장한 것으로 보아 주술
적인 힘과 경제력, 정치권력을 모두 갖춘 소국小國의 수장이라 할 만합
니다. 이러한 모습에서 신화에 나오는 수로왕을 유추해 볼 수 있지
않을까요?

한편 신화 속에는 가락국의 성립에 또 다른 집단이 참여하였음을
짐작하게 하는 대목이 있습니다. 바로 수로왕의 혼인 설화입니다. 「가

 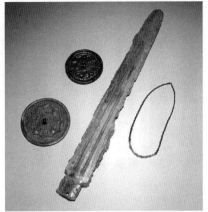

김해양동리55호분 철단검   김해양동리427호분 청동검, 청동거울, 목걸이

락국기」의 장황한 내용을 간단히 요약해 보면 다음과 같습니다.

아유타국阿踰陀國의 공주 허황옥은 가락국왕을 찾아가 배필이 되라는
부모의 분부를 받들어 48년에 20여 명의 시종과 함께 붉은 돛을 단
배로 항해하여 산 밖의 별포別浦 나룻터에 배를 매고 육지로 올라와
자기가 입었던 비단바지를 벗어서 산신에게 바쳤다. 수로왕은 9간
중 1인인 유천간留天干에게 명하여 망산도望山島로 가서 기다리게 하고,
신귀간神鬼干에게 명하여 승점乘岾으로 가게 하여 왕후의 소식을 기별하
게 하였다. 왕후 도착 소식을 접한 수로왕은 왕궁에서 나와 행궁을
마련하고 왕후를 맞이하여 2박 3일을 보낸 후 왕궁으로 돌아왔다.

아유타국에서 왔다는 허황옥은 과연 누구이며, 아유타국은 도대체
어디였을까요? 역사학계에서는 허황옥의 존재를 선진문물을 소유하
고 수로왕 집단과 제휴한 새로운 세력으로 보는 것이 지배적입니다.
두 세력의 결합을 결혼이라는 형식을 빌려 설화적으로 표현하였던

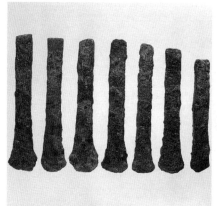

김해양동리고분 판상철부 김해양동리고분 대형철모

것입니다.

　흥미로운 점은 지금 김해와 그 인근지역에는 허왕후의 신행길과 관련된 지명들이 남아 있다는 것입니다. 설화 속의 지명들이 지금까지 남아 전하고 있다는 것이 우리에게 고대사의 신비에 대한 궁금함을 더해주고 있습니다. 지질학적 연구에 의하면 현재 김해시의 일부 지역을 제외한 대부분의 지역이 가락국 당시에는 바다였거나 개펄로 이루어져 있었습니다. 20세기 초의 낙동강 제방공사와 더불어 비로소 평야지대로 변하였으며, 그 이전까지는 낙동강의 본류가 오늘날의 부산 구포 방면으로 흐르는 것이 아니라 부산과 김해의 경계지점인 선암다리 밑으로 흐르는 서낙동강이었습니다. 그러므로 설화 속에 나타난 수로왕비의 신행길을 파악하는 일은 대단히 어렵고, 설화가 가지는 특성상 그 내용에 후대의 윤색과 첨삭이 가해져서 원형을 찾기 힘든 것은 사실이지만 일단 설화에 나오는 지명을 충실히 따라가 보겠습니다.

　우선 유천간이 배를 기다린 곳이 망산도인데, 주註에는 도읍의 남쪽에 있는 섬이라고 하였습니다. 대동여지도를 작성한 김정호는 『신증동

망산도비   유주비각

국여지승람新增東國輿地勝覽』에 기록된 전산도前山島를 망산도로 추정했
는데, 이곳은 현재의 칠산七山입니다. 당시 이 일대가 고古김해만이었다
는 지리적 상황으로 보아서 타당한 위치인 것 같습니다.

그런데 현재 창원시 진해구 용원동에는 망산도로 불리는 작은 돌섬
이 있고 또 인근 마을에는 배가 머무른 것을 기념하기 위해 세운 유주비
각維舟碑閣이 있습니다. 이것은 아마도 바닷물이 빠지면서 김해지역이
육지가 되어 설화의 무대가 완전히 다른 지형이 됨으로써 후대 사람들
에 의해 윤색되어 바닷가인 이곳이 망산도로 불렸던 것이 아닌가 생각
됩니다.

신귀간이 명을 받고 간 승점은 망산도와 허왕후의 배를 높은 곳에서
볼 수 있는 위치였을 것입니다. 대체로 분산성 남쪽의 남산공원 일대
또는 봉황대로 추정하고 있습니다. 주포는 허왕후가 내렸던 곳으로
「가락국기」에는 '산외별포진두山外別浦津頭'라고 기록되어 있습니다. 입
지조건으로 볼 때 망산도가 보이는 거리 내에 있어야 하고, 배가 정박하
기 쉬운 곳이어야 합니다. 『신증동국여지승람』에 김해부와 진해의
경계지점에 주포가 있었다고 하고 현 지명에도 창원시 진해구 가주동
북쪽에 주포라는 곳이 있기는 하지만 타당성이 없고, 역시 칠산 인근의

봉황대 전경

포구였을 것으로 보입니다.

 능현은 허왕후가 상륙하여 입고 온 비단바지를 산령에게 바쳤던 곳으로 『신증동국여지승람』에는 "부 남쪽 30리 지점에 있다"라고 하였고, 『여지도서輿地圖書』에는 명월산 줄기 오른쪽에 표시되어 있어 능현이 명월사 동남쪽에 위치한다고 전하는 『명월사사적비문』의 내용과 일치합니다. 가락국 8대왕인 질지왕이 452년에 창건한 왕후사王后寺는 수로왕과 허왕후가 혼인한 곳에 세워진 절입니다. 『신증동국여지승람』에는 부의 남쪽 40리 장유산에 있다고 기록되어 있고, 조선 정조대에 편찬된 『김해부읍지金海府邑誌』에는 장유면 응달리 태정마을 뒷산의 임강사臨江寺 혹은 태장사苔長寺라는 사찰이 왕후사의 후신이라고 기록되어 있으며, 『명월사사적비문』에는 합혼처가 명월산 일대라고 기록되어 있어 명확하지는 않으나 대체로 지금의 장유 쪽이 옳은 듯합니다.

 허왕후의 신행길에 대한 규명은 어쩌면 이것 자체가 역사적 진실은 아닐지 몰라도 역사적 상상력을 확장한다는 점에서는 나름대로 의미가

1
2 | 3

1 수로왕릉
2 납릉 정문
3 납릉 정문 쌍어문

있다고 할 수 있습니다. 그와 관련하여 허왕후든 허왕후로 대표되는
집단이든 이들이 어디에서 온 것일까 하는 의문은 지금까지도 여러
가지 학설만 무성할 뿐 해결의 실마리는 보이지 않고 있습니다.

「가락국기」에서는 허왕후가 직접 "저는 아유타국의 공주입니다. 성
은 허許라 하고 이름은 황옥黃玉이며 나이는 열여섯입니다"라고 자기를
소개하고 있습니다. 이 아유타국이 어디냐에 대하여 의견이 분분합니
다. 크게 보면 아유타국이 인도에 있다는 학설과 인도가 아닌 다른
지역이라는 학설로 나눌 수 있습니다.

아유타국을 인도로 보는 학설도 다양한데, 허왕후가 실제 기원전
3세기경 갠지즈강 중류지대에서 크게 번성하였던 불교왕조인 '아요디
아'에서 왔다는 설, 인도 아요디아에서 중국 사천성 보주普州 일대로

수로왕비릉   수로왕비릉 비석

옮겨와 살던 브라만 집단의 일부가 양자강을 타고 동진하여 황해를
거쳐 가락국으로 이주했는데 허왕후는 그 일원이라는 설, 허왕후는
인도의 아요디아 왕조가 기원 1세기 이전에 지금의 타이 방콕에 건설한
식민국이었던 아유티야에서 왔다는 설 등입니다. 각 학설이 지역의
차이는 있지만 근본적으로 인도 아요디아에 기반을 두고 있다는 점에
서는 공통점이 있습니다.

  아유타국을 인도로 보는 설은 다음과 같은 근거를 갖고 있습니다.
하나는 쌍어문雙魚文이고, 다른 하나는 가야, 가락의 어원입니다. 수로
왕릉 묘역 내의 납릉정문納陵正門과, 조선 후기 역대왕들이 내린 향축香
祝을 보관하는 장소인 안향각安香閣 문설주 위에는 쌍어문이 그려져
있습니다. 쌍어문이란 물고기가 꽃이나 탑 등을 사이에 두고 서로
마주보고 있는 문양을 말합니다. 이 쌍어문이 인도의 아요디아 지역에
서도 발견되는 것입니다. 쌍어문은 비단 유물, 유적에서만 발견되는
것이 아니라 우리나라의 부적처럼 호신護身, 호부護符의 의미로 현대에
도 많이 사용되고 있습니다. 예를 들면 파키스탄의 페샤와르 사람들은
안전을 기원하며 자동차의 번호판이나, 짐칸을 덮는 포장, 차 지붕위의

짐받이 등에 쌍어문을 새기고 다닙니다. 또 인두의 유피주州에서는 주장州章으로 사용되고 있어 공무원이나 경찰 제복의 단추에도 새겨져 있으며, 군인의 계급장에도 수놓아져 있습니다.

허왕후가 중국 사천성 보주에서 왔다는 주장은 다음과 같은 근거를 갖고 있습니다. 지금 수로왕비릉 앞에는 허왕후의 유허비가 세워져 있습니다. 수로왕릉에 대한 기록 모음책인 『숭선전지崇善殿誌』에 따르면 현재의 비석은 1647년(인조 25)에 세웠다고 기록되어 있습니다. 그 비문에는 "가락국 수로왕비駕洛國 首露王妃 보주 태후 허씨릉普州 太后 許氏陵"이라고 씌어져 있습니다. 보주라는 지명이 '혹시 허황후의 고향을 의미하지 않는가'하는 의문이 듭니다. 보주는 중국 사천성 안악현의 옛이름으로 주나라 때부터 송나라 때까지의 명칭입니다. 이 보주지방에서도 쌍어문이 발견되었습니다. 기원전 3세기부터 인도의 아요디아 출신 사람들이 중국 보주로 이주해 가서 살았다고 합니다. 그들은 기원 전후에 발흥한 월지족이 세운 쿠샨왕조에 의해 아요디아 사회 전체가 흔들리자, 보주로 이주해 간 것입니다. 그들은 신앙 지도자인 허許(브라만)들을 중심으로 한漢왕조에 대한 무력항쟁을 시도하였는데, 두 번에 걸친 무력항쟁은 막강한 한나라 군대에 의해 실패하였습니다. 그리하여 기원후 47년 강제로 강하江夏로 이주당하게 되었고, 이주민 중의 한 집단이 양자강을 따라 내려와 상해에 이르렀으며, 이 상해에서 48년경 해류를 타고 가락국으로 건너와서 그 중 한 사람인 허왕후가 수로왕과 결혼하였을 것으로 추정합니다. 이에 따라 보주 출신들의 쌍어 신앙도 가락국에 뿌리를 내리게 되었다는 것입니다.

한편 가야와 가락의 어원을 살펴보면 모두 물고기라는 뜻의 드라비다 계통의 말이라는 연구결과가 있습니다. '가락(Karak)'은 구舊 드라비다어로 물고기를 뜻하며, '가야'는 신新 드라비다어로 물고기를 의미한다고 합니다. 드라비다어(Dravidian)는 고대인도인의 토착어입니다. 따라서 이 연구에서는 인도의 토착어로 물고기를 뜻하는 가야, 가락이 우리나라에서 국가의 이름이 되었다는 것이 허황옥이 인도 계통의 사람이며, 가락국으로 이동해 왔다는 유력한 증거가 된다고 주장합니다.

타이의 아유티야에서 허왕후가 출발했을 것이라는 견해는 아요디아 왕가가 기원후 20년경에 쿠샨 왕조에 의해 수도를 함락 당한 후 어디론가 떠났다는 기록이 최근에 밝혀졌다는 점에서 실제 출발지는 타이에 건설된 식민지였던 아유티야라고 설명하고 있습니다. 『삼국유사』에는 왕후의 배가 격랑 때문에 항해하기 어려워 일단 귀향해서 배의 무게를 고쳐 다시 출발했다는 기록이 있습니다. 만약 인도 아요디아에서 재출발하려면 갠지즈강을 거슬러 올라가야 하는데, 바람 방향이 갠지즈강 흐름과 동일하여 짧은 기간 내에 아요디아로 갈 수 없습니다. 따라서 왕후의 사실상의 출발지는 타이 메남강가에 있는 고대도시 아유티야로 추정할 수 있다는 주장입니다.

이처럼 허왕후가 인도 출신이 아니라는 학계 일각의 반론은 다음과 같은 근거를 제시합니다.

첫째, 아요디아는 갠지즈강의 하구에서 2천여 리를 거슬러 올라가는 내륙지대이며, 연평균 기온 섭씨 43도의 혹서지방으로 주민들은 흑인에 가까운 피부색을 지녔습니다. 허왕후의 피부색도 검었다면, 반드시 유전이나 그에 따른 기록과 전설들이 남았을 것인데 그런 것이 없습니다.

둘째, 이 지방 사람들의 언어가 가락국 사람들의 언어와 분명히 달랐을 것입니다. 그럼에도 언어불통 등의 기록이 전혀 없습니다.

셋째, 「가락국기」에는 왕후가 수로왕을 찾아온 때(48년)의 나이를 16세라 했는데, 아유타국 즉, 인도의 아요디아 왕국은 기원후 20년까지만 존속했던 나라입니다. 그러므로 망국 당시의 왕후 나이가 밝혀져 있지 않지만, 기원후 20년 사이에는 28년간의 시차가 있습니다. 아요디아 멸망 당시에 왕후는 출생하지 않았던 것입니다. 이러한 연대 차이로 인한 근거의 불합리성 때문에 왕후의 출발지가 인도의 아요디아가 아니라 타이의 아유티야라는 설이 나왔던 것입니다.

그 외에도 허왕후의 출신지가 어디였는가에 대해서는 아주 다양한 의견이 제시되어 왔습니다. 일본 규슈 동북방에 있던 삼한·삼국의 분국分國 가운데 하나인 아유타국에서 왔다는 설, 왕후가 가지고 왔다는 물품이 낙랑 등 한사군漢四郡이 있던 서북한 지역의 선진문물로 추정되고 있어 낙랑지역의 지배계급 출신이라는 설, 역시 왕후가 가지고 온 물건에 주목하여 북방 유이민집단이라는 설, 수로왕과 허왕후는 모두 발해 연안 동이족東夷族 집단의 일원으로 후한後漢 광무제光武帝에 의해 신新의 왕망王莽 세력이 멸망하는 신·후한 교체기에 발해 연안에서 해류를 타고 가락국으로 옮겨왔다는 설 등을 들 수 있습니다.

현재로서는 허왕후 집단이 어디에서 왔는지에 대해서 아무도 단정할 수 없습니다. 그렇지만 적어도 인도 아요디아풍의 문화가 어떤 경로로 들어와 수로왕 신화의 일부를 구성하였다는 사실은 부정할 수 없습니다.

이상으로 가야의 시작을 말해주는 우리나라의 가장 오래된 기록인 『삼국유사』「가락국기」를 분석하면서 가야 개국 전후의 사정을 살펴보았습니다. 남아 있는 문헌자료에서 보듯이 역사는 언제나 승자의 기록입니다. 결국 우리 고대 역사의 무대에서 너무 일찍 사라져간 가야의 역사는 가야인들이 발 딛고 살았던 바로 이 땅에서 더 많은 정보를 찾아낼 수밖에 없는 것입니다.

03

변한 사람들은 어떻게 살았을까
변한 사람들의 삶과 죽음의 현장, 늑도

가야의 역사는 언제부터 시작되었을까요? 이 질문은 우리가 궁금해 하는 우리 역사의 수수께끼 가운데 하나입니다. 하지만 안타깝게도 이 물음에 대해 누구에게도 속시원한 답변을 듣기는 어렵습니다. 전해 지는 문헌을 그대로 믿는다면 『삼국유사』「가락국기」에 전하는 바와 같이 가야는 기원후 42년에 수로왕에 의해 건국되었습니다. 비록 간략한 내용이지만 이만큼 명확하게 건국연대가 제시된 기록은 현재까지는 없습니다. 그렇지만 이 기록은 고려시대에 편찬된 기록이며 신화의 형태를 띠고 있어 윤색이 충분히 가능하므로 그대로 믿기에는 미심쩍은 부분이 많습니다. 더욱이 그보다 더 이전에 편찬된 『삼국사기』에 전하고 있는 백제와 신라의 건국연대도 부정되고 있는 실정이니 아무래도 이 기록만으로는 해답을 구하기 힘들 듯합니다.

한편 우리 고대사회의 사정을 전하는 기록 가운데는 중국 기록인 『삼국지三國志』가 있습니다. 진나라의 역사가인 진수가 편찬한 이 책의 「위서魏書」 동이전東夷傳에는 3세기대 한반도 남부의 모습이 전해지고 있습니다. 그런데 여기에는 『삼국유사』에 등장하는 수로왕의 가락국이 보이지 않습니다. 대신 이 시기 한반도 남부에는 마한馬韓 54국, 진한辰韓 12국, 변한弁韓 12국이 있었다고 기록하고 있습니다. 중국의 정사正史인 『삼국지』는 비교적 동시기의 기록일 뿐만 아니라 정확하기로 유명한 저술이므로 한결 믿음이 갑니다. 그래서 학계에서는 기원전 1세기 전후해서 기원후 3세기까지의 시기를 『삼국지』의 기록에서 착안하여 '삼한시대'로 명명하고 있습니다. 바로 이런 점에서 가야 역사의 시작에 대한 의문은 쉽게 해결하기 어려운 것입니다.

남아 있는 문헌기록의 이러한 불일치 때문에 가야사의 기점에 대한 문제는 삼한 가운데 변한을 가야사에 포함시키느냐 않느냐에 따라 두 가지의 견해로 나뉘고 있는 실정입니다. 즉 변한을 가야사에 포함시켜 가야사의 범주에 넣는 입장을 전기론前期論이라고 한다면, 변한은 별도의 역사이며 가야의 성립은 3세기 말~4세기 초로 보는 입장을 전사론前史論이라고 합니다.

사실 이 쟁점은 '국國'의 개념 문제라는 더 큰 시각 차이에서 발생하였으며, 문헌사학자들은 대체로 전기론을, 고고학자들은 전사론을 주장하는 편입니다. 전기론에서는 가야가 어느날 갑자기 형성된 것은 아니며 변한사회를 모태로 한 성장 발전의 결과가 바로 가야제국의 성립이라고 보고 있습니다. 이에 대하여 전사론에서는 고고학적 발굴 결과 변한사회 단계에서 '국'의 존재를 부각시킬 만한 증거가 나타나지 않았으며, 적어도 지배자층의 묘역墓域이 피지배자층의 그것과 분리되고, 부장품이 질적·양적으로 비약적으로 증가하였던 시기가 바로 가야제국의 등장 시점이라고 주장하고 있습니다.

현재로서는 두 주장 모두 나름대로 근거를 가지고 있어 간단하게 결론을 내리기는 어렵습니다. 그렇지만 어떤 견해를 따르든 간에 가야사회를 올바로 이해하기 위해서는 기원전 1세기~기원후 3세기까지 존재했다는 변한사회에 대하여 살펴볼 필요가 있습니다. 『삼국지』 「위서」 동이전 한조에 기록되어 있는 변한과 관련된 자료를 정리하면 다음과 같습니다.

한은 대방의 남쪽에 있다. 동쪽과 서쪽으로 바다를 한계로 한다. 남쪽은 왜와 접해 있으며, 사방은 사천 리이다. 세 가지 종류가 있으니, 하나는 마한이고, 둘은 진한이고, 셋은 변한이다. 진한은 옛 진국이다.

韓在帶方之南 東西以海爲限 南與倭接 方可四千里 有三種 一曰馬韓 二曰辰韓 三曰弁韓 辰韓者古之辰國也 『삼국지』「위서」 동이전 한조

진한은 마한의 동쪽에 있다. 그 늙은이들이 대대로 전하여 말하기를 옛 유망인들이 진나라의 고역을 피하여 한국에 오자 마한이 그 동쪽의 땅을 떼어 주었다고 하였다. 성책이 있고 언어는 마한과 같지 않았다.

辰韓在馬韓之東 其耆老傳世 自言古之亡人避秦役來適韓國 馬韓割其東界地與 之 有城柵 其言語不與馬韓同 『삼국지』「위서」 동이전 진변한조

변진 역시 십이국이다. 역시 여러 작은 별읍이 있다. 각각 거수가 있는데 큰 것은 신지라 하고, 그 다음 험측이 있으며, 다음은 번예, 다음은 읍차가 있다. 기저국, 불사국, 변진미리미동국, 변진접도국, 근기국, 난미리미동국, 변진고자미동국, 변진고순시국, 염해국, 변진반로국, 변진낙노국, 군미국(변군미국), 변진미오야마국, 여담국, 변진감로국, 호로국, 주선국, 마연국, 변진구야국, 변진주조마국, 변진안야국(마연국), 변진독로국, 사로국, 우중국, 변·진한을 합하여 이십사국이다. 큰 나라는 사오천 가를 이루고 작은 나라는 육칠백 가를 이룬다.

총 사오만 호이다.

弁辰亦十二國 又有諸小別邑 各有渠帥 大者名臣智 其次有險側 次有樊濊 次有邑
借 有己柢國 不斯國 弁辰彌離彌凍國 弁辰接塗國 勤耆國 難彌離彌凍國 弁辰古資
彌凍國 弁辰古淳是國 冉奚國 弁辰半路國 弁辰樂奴國 軍彌國 弁軍彌國 弁辰彌烏
邪馬國 如湛國 弁辰甘路國 戶路國 州鮮國 馬延國 弁辰狗邪國 弁辰走漕馬國
弁辰安邪國 馬延國 弁辰瀆盧國 斯盧國 優中國 弁辰韓合二十四國 大國四五千家
小國六七百家 總四五萬戶 『삼국지』「위서」 동이전 진변한조

변진은 진한과 잡거하였다. 역시 성곽이 있고 의복과 거처는 진한과
같으며 언어와 법속도 서로 닮았으나 귀신을 제사함에는 차이가 있다.
부엌은 모두 집의 서쪽에 있다.

弁辰與辰韓雜居 亦有城郭 衣服居處與辰韓同 言語法俗相似 祠祭鬼神有異 施竈
皆在戶西 『삼국지』「위서」 동이전 진변한조

이들 기록에 의하면 당시 한반도 남부의 한은 마한, 진한, 변한으로
이루어졌으며, 진한의 전신은 진국辰國이라는 것을 알 수 있습니다.
또 진한은 진나라의 역役을 피해온 유망민들이 이동해 와서 마한으로부
터 동쪽 땅을 나누어 받아 정착함으로써 이루어졌다는 것도 알 수
있습니다.

변진은 곧 변한을 의미하는데, 진한과 잡거하고 있으며, 의복이나
거처, 언어와 습속이 진한과 같거나 비슷하였음을 보여주고 있습니다.
『삼국사기』 신라본기 혁거세 38년조에 보면 마한왕이 혁거세왕의 사
신 호공에게 "중국인이 진나라의 난리에 고통을 겪어 동쪽으로 이주해
와서 마한의 동쪽에 자리잡고 진한과 잡거하였다"고 말하고 있습니다.
두 기록에서 진나라의 역은 적어도 두 차례 있었고 진한을 구성한

집단이 먼저 와서 정착한 뒤 변한을 구성한 집단이 와서 진한과 잡거하게 되었다는 것을 알 수 있습니다. 그런데 중국 진나라의 부역이란 아마도 진나라 군대가 요동을 점령하고 장성을 쌓고자 한 것으로 이때 그 지역 사람들이 동원되었을 것입니다. 따라서 『삼국사기』에서는 마한왕이 변한인을 중국인으로 표현하였지만 실제로는 요동지역에 살고 있던 동이족 계통이었을 것으로 추정됩니다.

진한과 변한은 잡거하고 있다고 했는데, 잡거라는 것이 구체적으로 어떤 상태를 말하는 것인지는 알 수 없습니다. 다만 위에 열거한 진·변한의 국가 이름에서 유추해 볼 수는 있습니다. 즉 변진이 앞에 붙은 나라와 붙지 않은 나라가 있는데, 변진이 붙은 국의 수와 붙지 않은 국의 수가 각각 12국이므로 변진이 붙은 국은 변한이고 붙지 않은 국은 진한이라 할 수 있습니다. 이 24국은 진한과 변한으로 구분되지만 국명을 열거할 때 변진이 붙은 국들과 그렇지 않은 국들이 엇갈려 열거되어 있습니다. 『삼국지』의 찬자는 어떤 원칙을 가지고, 이를테면 지역적으로 보아서 동쪽부터 나열한다든가 서쪽부터 나열한다든가 하는 일정한 원칙대로 국명을 열거하였을 것입니다. 이렇게 국명이 엇갈려 열거되고 있는 것 자체가 바로 잡거의 모습을 보여주는 것이 아닐까요?

한편 진한과 변한은 마한과 언어가 달랐다고 합니다. 이것은 마한을 성립시킨 집단과 진·변한을 성립시킨 집단의 계통이 달랐음을 의미하는 것이라 생각됩니다. 또한 잡거하고 있던 진한과 변한도 차별성은 있었습니다. 즉 귀신을 제사하는 데 차이가 있었던 것입니다. 이 점은 제사의 대상이 되는 귀신의 종류나 제사 방법의 차이 같은 제의 체계의 차이라고 할 수 있는데, 제사의식은 공동체적 결속력을 강화시키는 기능을 합니다. 그러므로 이러한 차이는 상호 비슷했던 진한과 변한사회를 분립시키는 요인으로 작용하였을 것입니다.

『삼국지』「위서」 동이전 진변한조에는 진·변한 사람들의 생활 모습이 묘사되어 있습니다. 정치적으로 보면 12국이 진왕의 통치를 받는데, 항상 마한인이 진왕이 되어 대대로 잇는다고 하였습니다. 국명이 나오지 않아 알 수는 없지만 진왕에 속해 있던 12국을 진한 12국으로 보는 견해도 있고, 변진 12국으로 보는 견해도 있습니다.

진한 12국이 진왕에게 속해 있었다고 보는 견해는 변진 12국의 경우 한군현(낙랑, 대방)과 활발한 교역을 했고, 진한의 나라 이름은 없는 가운데 변진구야국, 변진안야국이 유력 세력으로 거명되고 있는 점 등을 근거로 들고 있습니다. 변진 12국이 진왕에게 속해 있었다고 보는 견해는 『삼국사기』「신라본기」 혁거세 38년조에 "진한이 근래 마한에 대하여 직공을 바치지 않았다"고 하여 진한은 일찍이 마한과의 신속관계에서 벗어났기 때문이라는 것입니다. 이런 상반된 주장이 나오게 된 배경은 역시 남아 있는 문헌기록의 부족 때문이라 할 수 있습니다만, 아무튼 진한 12국이든지 변한 12국이든지 3세기 말이 되면 마한과의 관계는 더 이상 유지되지 않았다는 것을 알 수 있습니다.

다음으로 그들의 경제활동을 보면 땅이 기름져 오곡과 벼농사가 잘 되고, 양잠을 하여 견포를 만들었으며, 소나 말을 탔다고 하였습니다. 또 나라에 철이 생산되어 이웃의 한·예·왜가 모두 이것을 수입하였으며, 저자에서 철을 사용하는 것이 마치 중국에서 돈을 사용하는 것과 같았고 이 철을 낙랑과 대방군에도 공급하였다고 합니다. 집은 나무를 가로로 엮은 귀틀집에서 살았는데, 중국인들이 볼 때는 마치 감옥과 비슷한 모양이라고 하였습니다.

이들의 풍속은 노래하고 춤추며 술을 마시는 것을 좋아한다고 표현되어 있습니다. 현대를 살아가는 우리들과 비교해도 크게 다르지 않았다는 것을 엿볼 수 있습니다. 어쩌면 우리 민족의 음주가무를 좋아하는 습성은 이미 삼한시대에서부터 비롯되었다고 보아도 좋을 듯합니다. 악기로는 거문고가 있었는데 연주를 하면 소리와 곡조가 좋았다고 하였습니다.

특이한 풍습으로는 편두編頭와 문신이 있다고 했는데, 편두란 아이가 태어나면 돌로 그 머리를 눌러 납작하게 만드는 것으로 김해 예안리고 분에서 편두 인골이 발견되어 이 기록의 정확함이 증명되었습니다. 문신은 왜의 풍습인데 왜와 가까운 지역적 특성 때문인지 남녀 모두 즐겨한다고 기록되어 있습니다. 또 길 가던 사람이 서로 만나면 모두 길을 비켜준다고 하여 양보의 미덕이 있었음을 보여 줍니다. 전투의 방법도 기술되어 있습니다. 즉 보병전을 하고 병사의 무기는 마한과 같다고 하였는데, 이 당시까지만 해도 전쟁에 말을 이용하지 않았음을 알 수 있습니다.

비교적 짧은 내용이지만 생생한 당시의 기록이므로 진·변한 사람들의 다양한 생활의 모습을 이해하는 데 많은 도움이 됩니다.

그러나 이러한 기록보다도 훨씬 생동감 있고 다양한 삶의 흔적을 우리는 그들이 남긴 유적에서 찾아볼 수 있습니다. 진·변한 사람들의 삶의 현장, 그 곳으로 찾아가 보겠습니다.

경상남도 사천시 삼천포항과 창선도 사이의 작은 섬, 늑도. 이 섬에는 지금으로부터 2,000여 년 전의 집터, 조개더미, 무덤 유적이 밀집해 있습니다. 1979년 7월에 처음 발견되어 열 번 이상의 정밀 지표조사를 실시한 후 드디어 1985~1986년에 걸쳐 부산대 박물관에서 정식으로 발굴조사하였습니다. 당시의 발굴은 크게 4지구로 나누어 진행되었는데, 1지구는 집터군·무덤군, 2·3지구는 조개더미, 4지구는 집터 발굴이었습니다. 1지구 주거지역에서는 12동의 집터가 발굴되었는데, 모두

사각형 집터로 서로 중복되어 있었습니다. 또한 이 지역에서 독무덤[甕
棺墓] 35기, 움무덤[土壙墓] 38기가 확인되었으며, 모두 사람뼈가 출토되
었는데, 뼈의 출토 상태로 보아 독무덤에는 유아와 소아만 매장되고,
움무덤에는 성인이 주로 묻혔다는 것이 확인되었습니다. 특히 8호
집터의 한 인골을 통해 산출된 당시 사람의 추정신장은 156.6cm로
신장이 작았음을 알 수 있습니다.

늑도 발굴은 다시 1998년에서 2001년 사이에 대대적으로 이루어졌습
니다. 창선도와 삼천포를 잇는 다리가 늑도를 관통하게 되어 이 구간에
부산대 박물관, 동아대 박물관, 경남고고학연구소가 지역을 나누어
발굴조사를 하게 되었던 것입니다.

이 조사 결과 확인된 많은 집터와 무덤, 조개더미 등은 마을을 구성하
는 기본적인 요소들로서 당시의 생활상, 즉 주거환경이나 매장풍습
등을 복원하는 데 필요한 자료를 제공하고 있습니다. 또 국제적인
성격을 띠는 유물들도 발굴되어 당시의 국제교류에 대해서도 추정해

늑도 독무덤

늑도 독무덤내 인골

볼 수 있습니다.

늑도 발굴로 얻은 성과를 정리해 보면 진·변한 사람들의 생활모습을 조금이나마 복원해 볼 수 있습니다.

먼저 무덤에 대해 살펴보면 이 지역의 무덤은 철기시대에 접어들면서 만들어지는 독무덤과 움무덤이었습니다. 여기서 발견된 인골은 주로 10대 후반에서 20대 초반의 인골들이 많아서 당시 사람들이 그다지 오래 살지 못했던

것으로 추정할 수 있습니다. 또 치아를 일부러 뺀 발치拔齒의 흔적이 보이는데 이러한 풍습은 한국, 중국, 일본 등 동아시아에서 공통적으로 나타납니다. 동아대 박물관 조사지역의 무덤에서는 시신을 매장할 때 신전장伸展葬, 굴장屈葬, 복장伏葬 등의 다양한 방식으로 안치했음이 확인되었습니다. 신전장이란 시신을 똑바로 눕힌 것이고, 굴장은 시신을 옆으로 눕히고 팔과 다리를 꺾어 안치하는 것이며, 복장은 시신을 엎어서 묻은 방식입니다. 굴장을 한다는 것은 시신을 태아 당시의 모습으로 안치하여 원래의 자연상태로 돌아가게 한다는 것을 의미합니다. 인골 위쪽에 개의 뼈가 함께 출토된 무덤도 있습니다. 개뼈가 모두 제자리에 가지런히 놓인 것으로 보아 식용이라기보다 부장副葬의 용도로 해석하고 있는데, 아마도 이 개는 무덤 주인공이 생전에 키우던 동물이 아니었을까요?

1 | 2
  | 3

1 늑도 66호 움무덤
2 늑도 움무덤 인골
3 늑도 인골

이처럼 늑도에서 발견된 인골들은 신전장으로 단일화되기 이전에 훨씬 다양한 매장법과 풍습이 있었다는 것을 우리에게 보여주고 있습니다.

늑도에서 발견된 유물·유적 중 가장 광범위한 것은 집터로서 경남고 고학연구소에서 100여 기, 부산대에서 50여 기를 조사하였습니다. 150여 기의 집터에 1가구당 5인 가족이 생활했다고 가정하면 750명의 인구가 됩니다. 집터가 중복된 것으로 보아 한 시기에 다 세워진 것은 아니라 하더라도 이 정도 숫자이면 이 좁은 섬에 인구가 밀집하여 지금보다도 오히려 인구가 많았던 것이 아닐까 하는 생각이 듭니다.

원형과 사각형의 집터가 발견되었는데, 50cm 내외로 땅을 파서 기둥을 세우고 가장자리에는 두께 10cm 정도의 황토를 발라 벽을 세웠습니다. 일부 집터에서는 벽체를 따라 넓적한 돌을 세운 시설도 발견되었습

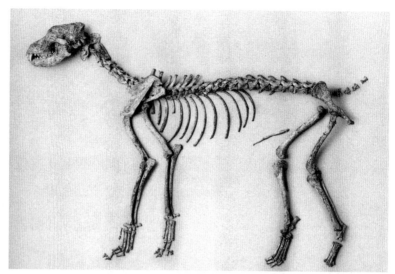
늑도 개뼈

니다. 경남고고학연구소 조사지역의 집터 한쪽 편에는 부뚜막 시설도 발견되었으며 심지어 일부 집터에서는 부뚜막 뒤에 판석을 길게 세워 놓고 판석 위로 황토를 덮어 마감을 한 원시적인 온돌 형태가 발견되었습니다.

온돌문화가 한반도에 처음 나타난 것은 기원전 3세기경 북한의 세죽리, 대평리, 노남리, 토성리 등지에서입니다. 남한에서는 그로부터 약 300년 후의 온돌이 미사리와 수원 유적에서 발견되었습니다. 따라서 늑도의 온돌은 지금까지 발견된 유적으로는 남한지역에서 가장 이른 시기의 것이라 할 수 있습니다. 더욱이 원형집터에서 구들이 나온 것은 늑도유적이 처음이며, 북방계 문화인 구들이 원형집터 안에 존재하는 것은 이곳에서 중국의 산동이나 요동지역의 선진문물과 활발하게 접촉하였음을 의미합니다.

늑도 집터에서 또 한 가지 주목할 만한 흔적은 지름 30~40cm의

늦도 19호집터

늦도 18호집터

늦도 온돌시설

늦도 야외노지

고상가옥

대형 기둥구멍입니다. 기둥 사이의 거리는 각각 3.8m로 정사각형입니다. 이것은 고상가옥이 아니면 곡물을 저장하는 창고 건물, 또는 포구 가까이 세워진 고상망루로 추정하고 있습니다. 바닥을 높인 고상가옥은 습기가 많은 아열대 지역의 주거형태이므로 늑도의 이 건물터가 고상가옥이 맞다면 남방계의 영향을 받은 것으로 추정해 볼 수 있습니다. 그렇다면 늑도에는 남방계의 고상가옥, 북방계의 온돌이 한 시기에 공존하고 있었다는 얘기인데, 도대체 이러한 현상은 어떻게 설명해야 할까요?

늑도 조개더미에서는 네모난 구멍의 양쪽에 '반半', '량兩'이라는 글씨가 새겨진 화폐가 발견되어 눈길을 끌었습니다. '반량전半兩錢'이라고 불리는 이 화폐는 한 무제 5년(기원전 175)에 만들어진 것입니다. 이 화폐는 우리나라에서 발견된 중국화폐로는 가장 오래된 것입니다. 그런데 한반도 남해안에서 일본 규슈 북쪽지역까지 교역이 활발했던 곳에서는 중국화폐가 발견되고 있습니다. 이로 미루어 보면 최소한 전한前漢 시기에 늑도와 일본 규슈 지방에 교역로가 형성된 것으로 볼 수 있습니다.

교역활동을 알려주는 또 다른 유물은 늑도에서 출토되는 유물 가운데 토기들입니다. 청동기시대부터 제작된 점토대 토기뿐만 아니라

늑도 반량전·오수전

늑도 점토대토기

늑도 삼족토기

늑도 낙랑토기편

늑도 야요이식토기편

늑도 대상구연토기

늑도 골각기

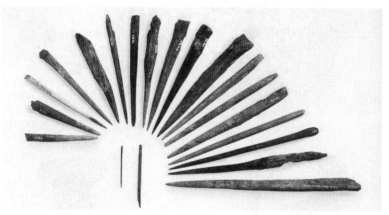

늑도 골각기

삼족토기, 사족토기, 두형豆形토기, 발형鉢形토기, 굽다리접시 등 다양한 형태의 토기가 발견되었는데, 이 중에 색다른 것은 낙랑토기입니다. 낙랑토기는 회청색의 연질토기로 토기 구연口緣 부분이 수평 구연에 ㄱ자로 꺾여 있는 둥근 항아리 모양인데, 구순口脣 부분이 안쪽으로 꺾여 점토대를 안으로 형성하는 특징을 갖고 있습니다. 또 다른 이형토기로 일본의 야요이식 토기가 발견되었습니다. 야요이 토기는 구연부가 자루 형태[袋狀口緣]이며 표면에 붉은 칠을 한 것이 특징입니다.

이처럼 반량전, 낙랑토기, 야요이 토기 등 동아시아 삼국의 문물이 출토된 늑도는 국제무역을 담당했던 무역항이었다고 보아도 좋을 것입니다. 앞에서 보았듯이 늑도에서 다양한 매장 방식과 주거 형태가 공존했던 것은 바로 이런 이유 때문이었을 것입니다.

즉 당시 중국과 낙랑, 일본의 규슈 북부를 연결한 곳이 바로 늑도였던 것입니다. 선사시대나 고대사회의 교역로는 육로보다 해로가 훨씬 유리했습니다. 육로는 교통수단의 한계로 인하여 시간도 오래 걸릴 뿐만 아니라 한꺼번에 많은 양을 이동시킬 수 없었음에 비해 해로는 많은 물자를 싣고 단시간에 먼 거리를 이동할 수 있었습니다. 더욱이 적대국의 간섭이나 방해를 받지 않고 교역이 가능하였던 점도 유리한 조건이었습니다.

전라남도 해남군 군곡리 유적에서도 늑도와 비슷한 시기의 유물들이 발견되었습니다. 그 가운데 중국 신나라의 화폐인 화천貨泉이나 중국에서 유행했던 복골卜骨, 토기 제작기술을 알려 주는 타날무늬토기들은 모두 중국과의 해상교류를 통해 유입된 것으로 봅니다. 이러

화천

한 교역물자가 출토되는 지역을 연결하면 부안, 해남, 거문도, 늑도, 창원, 김해, 부산 등 한반도 서남해안을 따라 형성된 항로를 설정해 볼 수 있습니다. 해로를 통한 교역활동과 관련 있는 것이 제사유적인데, 전라북도 부안군 죽막동 격포유적은 조선시대까지도 바다에 제사

늑도 복골

를 지내던 곳이었습니다. 이곳에서 중국, 일본, 가야, 백제의 유물이
나온 것은 이 지역이 고대 해상교역 루트상의 한 지점임을 알려줍니다.

이러한 제사유적이 늑도에도 있습니다. 이 유적에 금줄이 쳐 있고
주변에서 조선 백자로 추정되는 제기들이 발견되는 것으로 보아 조개
더미 형성단계부터 조선시대까지 장기간에 걸쳐 형성된 제사유적임을
알 수 있습니다.

늑도 판상철부

늑도에서 출토된 철제품은 대
부분 작은손칼 같은 생활용품이
나 철제품의 소재로 유통되었던
판상철부板狀鐵斧인데, 이곳이 국
제적인 무역항이라 하더라도 철

제품이 발견되는 것은 놀라운 일이 아닐 수 없습니다. 한반도에 철기문
화가 유입된 시기는 기원전 3세기 전후로 추정됩니다. 철기문화가
한반도 남부까지 도달한 것은 기원전 2세기경이었습니다. 창원 다호

리, 대구 팔달동, 경산 임당동 유적의 무덤에서는 기원전 2~1세기 중반의 철기 유물이 출토되었는데, 늑도의 생활유적에서 이런 철기가 출토되었다는 것은 그 의미가 매우 큽니다. 고분의 부장품에나 쓰일 만큼 철이 귀했던 시기에 늑도에서는 이미 철제 생활용품이 사용되고 있었다는 얘기니까요.

늑도에서는 철이 생산되지 않았지만 『삼국지』「위서」 동이전 기록을 살펴보면 지금의 경상남도 지역인 변진에서 주변지역에 수출할 정도로 풍부한 철 생산이 이루어졌던 것으로 미루어 보면 여기서 생산된 철은 가까운 해상 루트인 늑도를 통하여 수출되었을 것입니다. 고대 해상교통의 중심지 늑도에 많은 인구가 밀집해 있었던 것은 어쩌면 당연한 일이었던 것 같습니다.

이들은 무엇을 먹고 살았을까요? 지금도 마찬가지지만 늑도는 논농사가 불가능한 지역입니다. 현재 주민들은 어업을 통하여 그들의 삶을 영위하고 있습니다. 그런 늑도에서 쌀을 주식으로 이용했던 흔적이 나왔습니다. 곡식을 찌는 시루와 탄화미가 그것입니다. 물론 꿩이나 사슴 등의 동물 유체도 발견되어 조류나 육지동물들을 수렵하였다는 흔적도 보입니다. 그렇지만 그것으로는 대규모 인원이 먹고 살기에는 턱없이 부족합니다. 현재 발굴된 유적의 규모를 보아서는 식량의 자급자족이 전혀 안되므로 대규모의 식량을 조달해야 했을 것입니다. 아무래도 식량 생산이 가능한 가까운 육지에 있는 세력이 늑도의 교역활동을 주도한 것이 아닐까 합니다.

1998년 사천항공기능대학 건립 예정지에서 대규모 집터와 지석묘 등의 유적이 발굴되었습니다. 사천 이금동유적이 그것입니다. 이 유적은 대체로 기원전 4세기 무렵에 형성된 것으로 보는데, 지석묘에서는 청동칼과 토기, 정교한 간돌칼 등 지배자를 상징하는 유물들이 나왔습

사천 이금동유적 토기

니다. 지석묘는 80여 기가 줄을 지어 축조되었고 10여 채의 집터도 발굴되었는데 무덤과 집터 사이에 폭 5m, 너비 29m에 이르는 기둥 구멍들이 발견되어 이곳에 대형 고상가옥이 세워져 있었음을 알 수 있습니다. 청동기시대의 원형 집터와 대형 고상가옥, 그리고 각종 부장품을 지닌 지석묘를 통해 늑도의 국제해상교역을 주도했던 세력과 그들의 규모를 짐작할 수 있습니다.

그러나 국제간의 교역이 활발했던 늑도는 항해술이 점차 발달하고 교역 규모가 커지면서 국제무역항으로서의 기능을 상실했던 것 같습니다. 더 큰 배들이 드나들 수 있는 큰 항구가 그 역할을 이어받게 된 것입니다. 바로 교역의 중심지로서의 김해 구야국의 성장을 상정해 볼 수 있습니다. 즉 한반도의 철기문화가 본격화되면서 정치, 경제의 중심지가 김해를 중심으로 한 낙동강 하류역으로 옮겨가게 되었던 것입니다.

한편 늑도유적을 발굴한 동아대 박물관 측은 『삼국사기』에 등장하

사천 이금동유적

사천 이금동유적 굴립주건물터

는 포상팔국 중 하나인 '사물국史勿國'의 중심지가 바로 이 늑도가 아닐까 하는 견해를 조심스럽게 제기하였습니다. 이 점은 포상팔국의 위치 비정이나 시기 문제 등에서 다양한 학설이 제기되고 있어 아직까지 쉽게 단정짓기는 어려울 것 같습니다.

그렇지만 지금까지의 발굴 결과를 토대로 늑도유적의 성격을 분석해 보면 고대 해상교역 루트의 중심지역임과 동시에 각종 물류가 이동하는 중간기지로서 다양한 지역의 문화가 공존하고 있는 국제적 성격을 띤 선진지역이었음을 짐작할 수 있습니다. 아울러 전체 유물의 90% 이상을 차지하는 토기들에서 삼한시대 변한사람들의 손길을 느낄 수 있고, 150여 기에 달하는 집터에서 그 시대 사람들의 생활의 단면을 찾아볼 수 있으며, 많은 독무덤과 움무덤에서는 죽음을 맞이하는 그들의 의식을 엿볼 수 있습니다. 영세한 문헌기록과 한정된 지역의 발굴조사를 통하여 우리는 변한사회 사람들의 삶의 모습을 일부나마 복원할 수 있는 것입니다.

가야 여명기 사람들의 다양한 흔적들

낙동강 하류역의 유적

가야의 여명기에는 대체로 낙동강 하류역과 경남 해안지역을 중심으로 역사가 전개되었다고 보는 것이 일반적입니다. 문헌기록뿐만 아니라 고고학적 발굴조사 결과도 그것을 증명하고 있습니다. 따라서 삼한시대 낙동강 하류역의 상황을 문헌기록과 발굴조사에 기초하여 살펴보면서 가야 초기의 모습을 그려보고자 합니다.

앞서 삼한사회의 일반적인 사회상을 문헌에서 살펴보았는데, 한 번쯤 이러한 의문이 들 것입니다. 변진과 변한은 명칭에서 어떠한 차이가 있는가? 변한과 진한은 어떻게 분리되었는가? 변한 중에서 유력한 세력이었다는 구야국은 다른 지역과 비교하여 어떤 점에서 우위에 설 수 있었는가?

이러한 의문점에 대하여 다소나마 설명해 줄 수 있는 문헌자료가 있습니다. 즉 『삼국지』 위서 동이전 한전에 분주分註로 인용한 「위략魏略」 중에 다음과 같은 내용이 있습니다.

왕망의 지황 연간(20~22)에 염사치는 진한의 우거수였는데 낙랑의 땅이 비옥하고 인민들은 넉넉하다는 말을 듣고 투항하려고 길을 나섰다가 한인漢人 호래를 만나 그의 무리 1500명이 나무를 하러 왔다가 한인韓人들에게 습격을 받아 모두 머리카락을 잘리고 노예가 되어 3년 동안 노역하고 있다는 얘기를 들었다. 염사치는 호래를 데리고 낙랑으로 가서 이 사정을 보고하고 잠중岑中으로부터 큰 배를 타고 진한으로 돌아와 한인漢人 생존자 1000명과 이미 죽은 자 500명의 대가로 진한인 15000명과 변한포 15000필을 받아 낙랑군으로 돌아가니 낙랑군에서 그의 공을 표창하여 관책冠幘과 전택田宅을 주었다. 자손들이 수대로 읍군의 지위를 계승하였는데 안제 연광 4년(125)에 이르러 본래 받았던 봉작을 다시 제수하였다.

至王莽地皇時 廉斯鑡爲辰韓右渠帥 聞樂浪土地美 人民饒樂 亡欲來降 出其邑落 見田中驅雀男子一人 其語非韓人 問之 男子曰 我等漢人 名戶來 我等輩千五百人 伐材木 爲韓所擊得 皆斷髮爲奴 積三年矣 鑡曰 我當降漢樂浪 汝欲去不 戶來曰可 辰鑡因將戶來 來出詣含資縣 縣言郡 郡卽以鑡爲譯 從岑中乘大船入辰韓 逆取戶來 降伴輩 尙得千人 其五百人已死 鑡時曉謂辰韓 汝還五百人 若不者 樂浪當遣萬兵乘大船來擊汝 辰韓曰 五百人已死 我當出贖直耳 乃出辰韓萬五千人 牟(弁)韓布萬五千匹 鑡收取直還郡 表鑡功義 賜冠幘田宅 子孫數世 至安帝延光四年時 故受復除

이 기록에서는 당시의 다양한 모습을 알 수 있습니다. 이를테면 호래戶來의 예에서 보듯이 중국인들 가운데는 주변의 토착한인들에게 잡혀 노예생활을 한 자들도 많았음을 알 수 있습니다. 또한 중국 군현인 낙랑군樂浪郡으로 가기 위해 염사치廉斯鑡가가 육로를 이용하였다가 올 때는 해로로 돌아온 것으로 볼 때 군현과의 통로는 육로와 해로의 두 길이 있었다는 것을 알 수 있습니다. 그러나 이러한 내용보다도 더욱 중요한 것은 염사치란 인물의 정체입니다. 염사치의 정체를 파악하게 되면 당시의 역사적인 상황을 유추해 볼 수 있기 때문입니다.

이 기록에서 염사치는 1세기 전반기에 진한辰韓의 우거수右渠帥가 된 사람이라고 서술되어 있습니다. 그러나 이 기록만으로는 그가 어느 지역 사람인지 알기는 힘듭니다. 그의 출신을 알기 위해서는 『후한서後漢書』 한전韓傳에 기록되어 있는 다음 사료를 참고할 필요가 있습니다.

건무 20년(44) 한인 염사인(염사는 읍명이다) 소마시 등이 낙랑에 공물을 바치러 도착하니 광무제가 소마시를 한염사읍군으로 봉하고 낙랑군에 소속시켜 네 시기에 조알하도록 했다.

建武二十年 韓人 廉斯(廉斯邑名)人蘇馬諟等 詣樂浪貢獻 光武封蘇馬諟爲韓廉斯邑君 使屬樂浪郡 四時朝謁

건무 20년은 기원후 44년입니다. 광무제光武帝에게서 염사읍군廉斯邑君으로 봉해진 염사인 소마시蘇馬諟는 염사치와 같은 염사인이었음을 알 수 있습니다. '염사치'는 인명이지만 개인의 이름이 아니라 '염사'라는 지명에 '지支, 지知, 지智' 등과 같이 '치'를 의미하는 말로 인칭대명사라고 할 수 있습니다. 그러므로 염사치는 '염사읍의 족장'이란 뜻으로 해석해 볼 수 있겠습니다. 상고시대에는 오늘과 같이 개개인이 지정한 고유명사의 이름을 가지기보다는 부족 또는 씨족의 특정 명칭으로 칭하는 경우가 많았으므로 이 경우도 소속집단의 이름을 그 이름으로 삼은 것이라 할 수 있습니다.

한편 앞의 기록에 보이는 염사치가 뒤의 기록에 나오는 염사읍군 소마시와 동일인인지 아닌지는 단정하기 어렵습니다. 왜냐하면 두

기록에는 약 20년의 차이가 있기 때문입니다. 그렇지만 염사치의 자손이 수대로 읍군의 지위를 계승하였으므로 건무 20년의 염사읍군 소마시는 지황 연간에 낙랑에 귀부한 염사치 그 본인이 아니라고 하더라도 아들 정도가 될 것입니다.

그렇다면 '염사'라는 지역은 어디였을까요? '염사'의 위치로 추정할 만한 지명은 잘 보이지 않습니다. 『삼국지』 위서 동이전 변진전에 보이는 24국이나 같은 책 한전에 보이는 54국명 중에도 '염사'라고 불리는 국명은 없습니다. 염사치 또는 염사읍군으로 칭할 정도이면 당시 삼한사회에서는 강한 권력을 가진 존재라고 할 수 있습니다. 더욱이 염사치는 진한의 우거수였는데 기원후 1세기경의 진·변한 사회에서 우거수가 되었다는 것은 대소 수장 가운데서도 강력한 수장이라고 보아야 할 것입니다. 그런데 이와 같은 염사라는 국명이 3세기 후반기에 편찬된 『삼국지』 위서 동이전 한전 및 변진전에 보이는 78국 중에 포함되어 있지 않다는 것은 있을 수 없는 일입니다.

다행히도 『삼국지』 위서 동이전 한전에는 '구야진지염狗邪秦支廉'이라는 단어가 있습니다. 이 구절을 학계에서는 '염'은 '염사'의 줄임말로 보고, '진지'는 '신지臣智(삼한 여러 소국의 거수 가운데 가장 큰 권력을 가진 존재를 일컫는 칭호)' 즉 '치'로 보아 구야의 염진지는 바로 구야의 염사치를 의미한다고 해석합니다. 그리고 염은 고대에는 임, 님과 가까운 음이었으므로 '임나'란 지명이 여기에서 유래한 것이 아닌가 보고 있습니다. 그렇게 본다면 염사치, 염사읍군은 임나의 신지를 가리키는 것으로 『삼국지』에서 보듯이 염은 구야국의 신지가 되므로 염사, 임나, 구야는 동일 지역으로 볼 수 있습니다. 그런데 구야국은 현재의 김해지역이고, 임나 역시 대체로 김해로 보는 것이 정설이므로 임나와 구야를 같은 김해지역의 다른 이름이라고 생각할 때 염사라는 지명도 같은 김해지역을 뜻하는 것으로 보아도 될 것입니다.

이제 문제는 염사치가 김해지역의 신지라면 그는 변한인인데 어떻게 그가 진한의 우거수가 될 수 있는가라는 점입니다. 이것은 삼한사회의 분립 과정과 관련이 있습니다. 삼한사회의 분립 시기는 대체로 마한과 진한의 분리를 기원전 2세기경, 진한과 변한의 분리를 1세기경으로 봅니다. 염사치가 살던 시대에는 진한과 변진이 같은 진한사회에서 분리되는 과도기적인 시점이라고 할 수 있으므로 이러한 시기에는 변진 출신의 염사치도 진한의 우거수를 칭할 수 있습니다. 그런데 이 변진이라는 명칭은 본래 진한인이 중국 군현과 통교하여 그 관책冠幘을 받은 데서 처음 생겼다고 생각됩니다. 변弁이라는 글자가 고깔, 관을 의미하기 때문입니다. 즉 관책을 받은 '진'이라는 것입니다.

정리해 보면 변한지역은 유리한 해상교통을 통해서 중국 군현과 빈번하게 왕래하고 그 문물을 수용하여 점차로 진한 내에서 독자적인 변진세력을 형성하고 마침내 변한연맹을 형성하여 가야제국의 모체를 이루게 되었을 것으로 추측됩니다. 염사치 설화는 이 변진세력 형성 초기의 움직임이라고 할 수 있습니다. 즉 본래 진한의 한 우거수였던 염사치가 낙랑을 배경으로 하여 진한과 다른 독자적 정치 성향을 띠게 됨으로써 이를 따르는 무리들이 점차 진한을 떠나 독자적인 변한사회를 형성하였다는 것입니다. 이러한 변한사회에서 대외관계에서 외교적 우위를 점했던 염사읍군, 즉 구야국의 신지는 교역을 통해 획득한 선진문물을 통하여 주변 지역을 통솔할 수 있었던 것입니다.

지금까지 살펴본 문헌상에 나타난 낙동강 하류역 변한세력의 이러한 모습을 과연 고고유적에서 확인할 수 있을까요?

창원시 동읍에서 국도 25호선을 따라 들어가면 사적 제327호로 지정된 유적의 안내판을 만나게 됩니다. 사적이라고 하여 대단한 유적지가 있을까 싶어 찾아보면 안타깝게도 아무런 흔적도 찾을 수 없습니다. 고분군이 발견되었다는 곳에는 논밭과 과수원이 있고, 그 사이로는 비포장도로가 나 있는 황량한 광경입니다. 바로 이곳이 기원전 1세기에서 기원후 1세기에 이르는 한국고대사의 연결고리, 창원 다호리고분군입니다.

다호리고분군은 해발 20m 정도의 얕은 구릉 아래로 길이 150m, 너비 30~40m가 넘는 범위에 걸쳐 있습니다. 이 유적이 알려진 것은 1980년이었으나 발굴은 1988년 국립중앙박물관에 의해 이루어졌습니다. 이 유적에서 특징적인 점은 구릉지와 저습한 평지 등의 지형적 조건 때문에 목제 유물이 보존될 수 있었다는 것입니다. 발굴조사에 의하면 무덤은 대부분 널무덤이고, 일부 독무덤도 있었습니다. 널무덤은 12기가 발굴되었는데, 모를 줄인 장방형의 무덤구덩이를 파고 그 안에 나무널을 안치한 구조로서, 무덤구덩이의 크기와 껴묻거리구덩이[副葬坑]가 있느냐 없느냐에 따라 세 가지 유형으로 나누어집니다. 무덤 규모의 차이는 무덤 주인공의 신분 차이에 의한 것으로 봅니다.

제Ⅰ유형은 무덤구덩이의 규모가 비교적 크고 깊은 편으로 길이는 240~278cm, 너비 110~136cm, 깊이 120~205cm이고, 무덤구덩이 바닥 중앙부에 장방형의 껴묻거리구덩이가 있으며 껴묻거리가 비교적 많습니다.

제Ⅱ유형은 무덤구덩이의 규모가 제Ⅰ유형과 비슷한 것도 있으나 대체로 약간 작은 편이고 껴묻거리구덩이가 없으며, 무덤구덩이의 길이는 200~270cm, 너비 80~125cm, 깊이 90~168cm 정도입니다.

제Ⅲ유형은 무덤구덩이가 제일 작고 얕으며 길이 160~200cm, 너비 55~64cm, 깊이 20~40cm 정도입니다. 그리고 무덤구덩이 바닥 중앙부에 껴묻거리구덩이가 없고 부장품도 매우 빈약합니다.

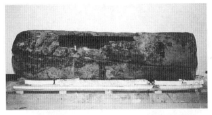

1
| 2 | 3 | 4 |

1 다호리1호분 나무널
2 다호리1호분 칠초동검
3 다호리19호분 청동검
4 다호리고분 붓

　1호 널무덤은 나무널의 구조가 잘 남아 있는데, 지름 1m의 통나무를
세로로 쪼개어 속을 파서 만든 구유 모양으로 낙랑의 나무널과는 차이
가 있습니다.

　출토유물은 동검, 중국거울[漢鏡]을 비롯한 청동기와 오수전五銖錢,
철검, 손칼, 주조쇠도끼, 판상철부板狀鐵斧 등 철기제품이 나왔습니다.
또한 칼집, 활, 화살, 합盒, 붓, 부채, 칠기와 민무늬토기, 와질토기가
출토되었습니다. 특히 중국 거울인 성운경星雲鏡과 중국 화폐인 오수전
이 출토되어 다호리 고분은 서기 1세기 후반에서 기원전 1세기 사이의
유적임을 알려주고 있습니다. 다양한 철기와 오수전, 성운경 등 중국계
유물이 출토된 것으로 보아 이 지역의 철 생산을 바탕으로 중국 군현과
교역한 세력의 지배자 무덤으로 생각됩니다.

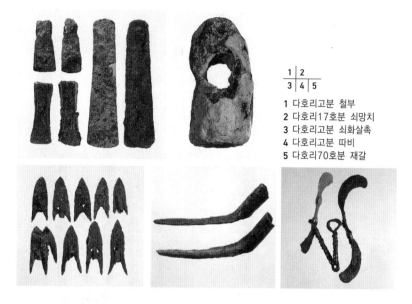

다호리 고분은 한국고대사의 공백기인 고대국가 형성시기에 대한 새로운 자료를 제공해 주었습니다. 뿐만 아니라 통나무를 파내고 만든 나무널의 출토는 나무널에 대한 새로운 형태를 제시하였으며, 문자 생활의 증거인 붓과 가야금의 원조인 현악기 등이 나와서 당시의 문화상을 확인할 수 있습니다.

한편 다호리 고분군에서 출토된 다양한 철기들을 보면 이 지역이 철자원이 풍부했고 철기를 제작할 수 있는 기술을 보유하였던 것이 아닐까라고 생각해 볼 수 있습니다. 그런데 지역적으로 그다지 멀지 않은 곳에 야철지冶鐵址로 추정되는 구조물이 발견되었습니다. 1968년 부산대학교에서 처음 발굴하였고 1974년 문화재관리국에 의해 재조사된 창원 외동의 성산패총유적이 그것입니다. 이 유적도 다호리유적처럼 해발 49m 높이의 낮은 구릉에 위치하는데 현재는 창원공업단지 안에 유적 일부가 사적 제240호로 보호되고 있으며 유적전시관이 세워

다호리1호분 성운문경

오수전

다호리고분 쇠뿔모양손잡이항아리

다호리고분 주머니호

다호리57호분 토기각종

다호리고분 소형토기

져 발굴조사 후 출토된 중요 유물이 전시되고 있습니다.

비탈진 곳에 패각貝殼이 쌓여 있는데 발굴조사는 크게 A, B, C지구로 나누어 이루어졌습니다. 유적의 층위관계를 보면 위로부터 10~30cm 두께의 겉흙층이 있고, 그 아래로 2~3m의 패각층이 있으며, 바닥에는 부식토층이 깔려 있었습니다.

발굴 결과 A지구에서는 겉흙층에서 신라토기와 근대 도자기 조각들이 나오고, 패각층에서는 위층에서 중국 한漢나라 때 만든 오수전과 도질토기가 나왔으며, 아래층에서 민무늬토기와 간돌칼[磨製石劍]이 나왔습니다. 석기와 뼈·뿔 연모도 많이 나왔고, 청동팔찌도 한 점이 나왔습니다. 패각층 아래에 있는 바닥층에서는 야철지로 보이는 구조물이 나왔습니다.

B지구에서는 적갈색 연질토기, 도질토기 등의 토기와 철기가 나왔습니다. C지구에서는 민무늬토기, 반달돌칼, 돌도끼, 붉은간토기, 도질토기 등이 나왔습니다. 구릉 정상부에는 흙으로 쌓은 성이 일부 남아

있었는데 성벽에서 신라토기가 나와 신라시대 성벽으로 밝혀졌습니다.

이 유적에서 나온 오수전은 유적의 시작 연대를 알려주는 귀중한 자료로서 기원전후 시기부터 유적이 형성되었다는 것을 알려주었고, 성벽에서 나온 중국 당나라 화폐인 개원통보開元通寶의 연대를 통해 이후까지 계속 이어진 유적임을 알 수 있습니다.

성산패총 패각 아래에서 발견된 야철지의 흔적을 통해서 우리는 창원 다호리의 다양한 철제품이 외부로부터 수입된 것이 아니라 바로 이 지역에서 그러한 제품을 자체 생산할 수 있는 기술을 보유하고 있었음을 짐작해 볼 수 있습니다.

성산패총 야철지

창원 다호리유적과 성산패총유적은 변한의 가장 선진지역이었던 구야국과 인접한 지역에 위치하고 있습니다. 이 두 유적의 발굴 이후 1990년대 접어들면서 삼한시대와 관련된 발굴조사는 더욱더 폭넓게 진행되었고 가야의 여명기를 규명할 다양한 성과들이 축적되었습니다.

발굴조사는 무덤유적과 생활유적으로 구분해 볼 수 있는데, 무덤유적은 처음으로 대형 덧널무덤[木槨墓]이 조사됨으로써 삼한사회에서 고대국가로 진전되는 과정과 문헌기록에 나타난 철을 매개로 한 대외교역이 활발히 이루어졌음을 확인할 수 있었습니다. 대표적인 유적으로는 김해의 양동리유적과 대성동유적, 울산 하대유적 등입니다. 생활유적으로는 김해 봉황대유적을 비롯한 산청 소남리유적에 이르기까지

많은 유적이 조사되어 삼한사회의 일상 생활에 대한 연구가 진행되었습니다. 삼한시대의 집터에서 부뚜막시설과 아궁이형 토기가 출토되어 취사시설의 구조를 복원할 수 있게 되었으며, 김해 봉황대유적에서는 습기를 방지하기 위한 특수 바닥시설이 발견되어 당시 가옥건축기술의 수준을 알려주었습니다.

봉황대유적 부뚜막시설

이처럼 가장 강력한 변한세력이었던 구야국의 중심지인 김해에서도 변한지역 내에서의 구야국의 정치경제적 위치를 증명할 만한 유적지가

송풍관   송풍관

발굴되었던 것입니다. 김해의 대표적인 생활유적지인 김해 봉황대유
적에서는 제철에 사용되었던 송풍구送風口의 파편과 슬래그(slag)가 출
토되었는데, 송풍구는 용광로에 바람을 불어넣는 데 사용하는 토제관
으로 강한 불에 타서 까맣게 변질된 상태로 출토되었고, 함께 출토된
슬래그 역시 철을 제련할 때 나오는 쇳물의 찌꺼기가 굳은 것으로
제철을 증명하는 중요한 유물입니다. 현재 김해에서는 철이 생산되고
있지 않습니다. 그러나 1950년대까지도 대동면의 상동광산에서는 철
광석을 생산하였으며 조선시대『세종실록』지리지의 기록에도 상당히
많은 양의 철을 국가에 공납하고 있었음이 확인되었습니다. 또 김해시
생림면에는 '생철리生鐵里'라는 지명이 지금도 남아 있고, 근년까지 제철
製鐵을 업으로 했다는 노인들의 증언도 있습니다. 따라서 김해지역에서
삼한 및 가야시대의 제철유적이 완벽한 형태로 확인되지는 않지만
여러 가지의 증거를 통해서 일찍부터 철을 생산하였음을 짐작할 수
있습니다.

한편 김해의 대표적 무덤유적으로 손꼽히는 김해 양동리고분군은
기원전 2세기대로부터 기원후 5세기대에 걸쳐 형성된 고분군으로서,

발굴조사 결과 다양한 묘제와 수많은 유물이 출토되어 가야 국가 형성기로부터 발전기의 역사적 사실을 한눈에 보여주는 유적입니다.

이 유적은 일찍부터 김해지역의 중심고분유적 중 하나로 주목받은 곳으로서 1984년 문화재연구소에 의해 처음으로 발굴조사 되었고, 이후 1990년부터 1996년까지 동의대 박물관에 의하여 4차에 걸쳐 발굴조사가 이루어졌습니다. 조사된 유구는 널무덤, 덧널무덤, 구덩식돌덧널무덤[竪穴式石槨墓], 독무덤, 유사 돌무지덧널무덤[積石木槨墓] 등 가야 무덤 548기였으며, 이들 유구에서 수습된 유물은 토기 2,000여 점, 토제품 12점, 철기 3,059점, 청동기 44점, 장신구 74점, 석제품 1점, 기타유물 2점 등 총 5,192점이나 됩니다.

이 유적에서 확인된 유구는 마치 가야 고분 전시장을 펼쳐놓은 듯하며 묘제墓制의 변천 과정과 연대 규명을 뒷받침하는 중요한 자료로서, 출토된 각종 유물은 시기별 가야문화의 실상과 변화상을 한눈에 보여줄 뿐만 아니라 종래의 연구에서 부족했던 많은 자료를 보완해 주었습니다. 지금까지의 자료로 볼 때 이 유적은 기원후 1세기부터 5세기까지 공백없이 지속적으로 조성되었다는 것을 알 수 있어 각 시기별 가야 문물의 진수를 보여줄 뿐 아니라 낙동강 하류역 가야 사회의 성장 과정과 국가적 성격까지도 가늠해 볼 수 있게 합니다.

그럼 이제 가야 여명기의 가장 대표적 고분인 양동리고분군에 대한 조사성과를 유구와 유물 부분으로 나누어 간략하게 살펴보도록 합시다.

유구는 거의 모든 종류의 가야 무덤을 망라하고 있어 가야 무덤의 변천 과정에 대한 문제를 해결할 수 있게 되었습니다. 가야의 무덤은 널무덤, 덧널무덤, 구덩식돌덧널무덤의 단계로 변화, 발전하였습니다. 널무덤을 통해 보면 가야 역사의 시작이 기원전 1세기 초라는 것을

1
2 | 3

1 양동리고분 청동거울
2 양동리고분 두귀달린항아리
3 양동리고분 화로모양토기

유추해 볼 수 있고, 기원후 1세기 말~2세기 초의 무덤으로 판단되는 55호 널무덤을 통해서는 이 무덤 주인공의 신분이 천군天君의 위상을 보여준다고 판단되므로 이 시기 가야 사회의 정치적 성장 과정도 살펴볼 수 있었습니다.

덧널무덤의 경우에는 가야의 발전단계를 이해하는 데 있어서 중요한 관건의 하나가 되는 대형덧널무덤(무덤구덩이의 길이가 5m 이상)의 등장시기가 언제인가 하는 의문을 해결해 주었습니다. 즉 기존에 덧널무덤의 등장을 3세기 말로 보고 있었는데 그보다 1세기나 앞서는 2세기 후반임을 확인하게 되었습니다. 문제 해결에 결정적인 역할을 한 무덤

1 | 3
2 |

1 양동리78호분 판갑
2 양동리107호분 목가리개
3 양동리78호분 투구

은 양동리 제162호분으로서 가야 최고最古의 대형덧널무덤일 뿐 아니
라 껴묻거리에서도 우리나라 발굴 사상 처음으로 청동거울이 10점이나
발견되었습니다. 이 무덤 외에도 이 시기의 대형 무덤이 여러 개 확인되
었으므로 이를 통하여 가야에 있어서 이른바 '고분古墳'의 개념과 등장
시기를 논의할 수 있게 되었습니다.

구덩식돌덧널무덤은 전단계의 무덤인 덧널무덤에서 발전한 것이며
4세기 중엽에 등장하여 4세기 후반대까지 조성되었습니다.

대표적인 출토유물의 특징을 살펴보면 먼저 토기는 와질토기에서
도질토기로 변하는 가야토기의 변화 발전상을 확인할 수 있습니다.
철기는 다양한 무기, 갑옷과 투구, 말갖춤, 미늘쇠 및 농공구류 등이
함께 출토되었는데 이것은 당시 사회가 대단히 역동적이었음을 보여주
는 자료들입니다. 이들 자료는 모두 가야 철기의 우수성을 확인시켜

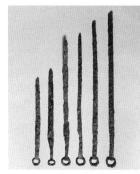

1 양동리고분 고리자루큰칼
2 양동리162호분 재갈
3 양동리322호분 청동솥

주며 시기적으로 2세기 후반에서 4세기대까지는 낙동강 하류역 가야
철기의 전성기였다는 것을 알려줍니다.

특기할 것으로는 제322호 덧널무덤에서 출토된 명문銘文이 새겨진
청동솥[銅鼎]입니다. 청동솥은 지금까지 우리나라에서 출토된 예가 많
지 않습니다. 즉 신라 고분에서는 천마총, 황오리4호분, 노서리138호분
에서 출토되었으며, 울산 하대 제23호덧널무덤에서도 1점이 출토되었
습니다. 서북한지역에서도 낙랑 유적지인 정백동 8호분에서 2점, 낙강
토성지유적에서 1점만 확인되는 대단히 귀한 유물입니다. 게다가 명문
이 있는 경우는 중국 외의 지역에서는 양동리유적에서 처음으로 확인
된 것입니다.

비록 이 청동솥이 중국에서 제작된 것이며 명문 내용 또한 가야와
직접적인 관계가 있는 것은 아니지만 가야유적 발굴조사를 통하여

거의 기대하기 어려운 명문을 확
인했다는 점은 그 자체만으로도
대단한 것입니다. 더욱이 청동솥
은 제작연대가 기원전 1세기~기
원후 1세기 사이인 데 비해 이 유
물이 발굴된 제322호 덧널무덤은
3세기대의 무덤이므로 청동거울,
청동솥 등 의기儀器는 전세傳世되
어 묻히기도 한다는 사실을 알게
되었습니다.

양동리고분 통형동기

　그 외에도 말모양띠고리나 통형동기筒形銅器, 청동검과 방제경倣製鏡,
유리제 또는 수정제의 구슬로 이루어진 장신구 등 가야문화의 다양성
과 국제성을 보여주는 다양한 유물들이 출토되었습니다.

　앞에서 살펴본 창원 다호리유적이 선사시대에서 역사시대로 바뀌어
가는 과정을 알려주는 유적이라고 한다면, 김해 양동리유적은 당시
한반도 남부지방의 삼한사회가 고대국가로 발전해 나아가는 과정을
보여주는 중요한 유적입니다. 즉 최초의 덧널무덤으로 밝혀진 제162호
무덤은 무덤의 입지도 전망이 좋은 구릉의 정상부에 축조되어 다른
무덤과 구별되며 무덤의 크기도 거대화되고 껴묻거리가 양적·질적으
로 증가하고 있습니다. 이러한 현상은 어느 한 개인이나 집단에게
재물과 권력이 집중되는 것을 의미하는 것으로 정치적인 지도자가
출현했음을 보여주는 것입니다.

　지금까지 삼한시대 낙동강 하류역의 모습을 문헌과 고고자료를 통하
여 살펴보았습니다. 염사치 설화에서 보이는 바와 같이 지역의 수장으
로서 중국 군현과 활발히 교류하는 정치적 지도자를 통하여 변한사회

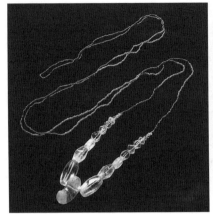

양동리99호분 목걸이　　　　　　　　　　양동리고분 수정제목걸이

의 동향을 파악할 수 있으며, 낙동강 하류역의 발굴성과를 통하여
변한사회에서 가야로 발전하는 과정과 문헌에 나타나는 수장의 존재를
증명할 수 있었습니다. 활발한 해상활동으로 중국 군현의 발달된 선진
문물을 받아들이고 자체 생산한 다량의 철기를 주변국에 수출함으로써
경제적 부를 축적한 구야국을 비롯한 낙동강 하류역의 정치체를 통해
서 우리는 가야 여명기의 역동적인 모습을 충분히 그려볼 수 있습니다.

포상팔국전쟁의 미스테리
가야 초기의 전쟁 기록

『삼국지三國志』 위서 동이전의 한전과 변진전은 가야의 초기 모습을 알려주는 삼한사회를 비교적 정확하게 기록하고 있습니다. 또 사천 늑도유적이나 창원 다호리고분군, 김해 양동리고분군 등 고고유적의 발굴을 통해서는 문헌에 전하는 삼한사회의 다양하고 역동적인 삶의 모습을 살펴볼 수 있습니다.

이러한 문헌기록과 발굴자료를 검토한 결과 적어도 3세기 말 이전까지는 변한사회에 급격한 사회의 변화나 전쟁의 양상은 보이지 않았습니다. 기원전 3~2세기를 전후한 시기에 고조선을 비롯한 북쪽지역의 정세변화에 따라 발달된 철기문화를 소유한 유이민이 남쪽으로 내려와 일련의 정치적 변동을 겪은 이후 남부지역에는 삼한사회가 형성되면서 비교적 정치적 안정을 찾고 있었던 것입니다.

삼한사회는 낙랑, 대방 등 중국 군현과 교류하면서 그들의 선진문물을 적극적으로 받아들이고 정치적 역량을 키워 여러 소국을 형성하였습니다. 그 가운데 변진사회는 구야국과 안야국이 주변 국가의 구심체 역할을 하였습니다. 특히 구야국은 풍부한 철자원을 바탕으로 한 경제력으로 한군현과의 직접적인 교역을 담당함으로써 주변국들에게 선진문물을 분배해 주는 정치·경제적 중심지로서 자리잡았습니다.『삼국지』위서 동이전의 기록은 3세기 변진사회의 이러한 현상을 잘 보여주는 것입니다.

그런데 우리 측 역사서인『삼국사기』와『삼국유사』에는 이 변진사회에 국가적 사활이 걸린 큰 전쟁이 일어났음을 기록하고 있습니다. 도대체 어떻게 된 일일까요? 일단 문헌자료를 훑어보기로 하겠습니다. 먼저『삼국사기』의 기록을 살펴보면

14년 가을 7월에 포상팔국이 가라를 침범해 왔으므로(물계자전에서는 아라로 쓰여 있다) 가라왕자가 구원을 청해 왔다. 왕이 태자 우로와 이벌찬 이음에게 명하여 6부병을 이끌고 가서 구원하여 8국장군을 쳐서 죽이고 포로 6천 명을 잡아 돌아왔다.

十四年 秋七月 浦上八國 謀侵加羅(加羅 勿稽子傳皆作阿羅) 加羅王子來請救

王命太子于老 與伊伐湌利音 將六部兵 往救之 擊殺八國將軍 奪所虜六千人 還之

『삼국사기』권2, 신라본기2, 내해이사금 14년조

물계자는 내해이사금 때 사람이다.…… 이때에 포상팔국이 함께 모의하여 아라국을 치니 아라에서 사신을 보내어 구원을 청하였다. 이사금이 왕의 손자 내음을 시켜 근군과 6부군사를 거느리고 가서 구원하니 마침내 팔국병이 패하였다.…… 그 후 3년에 골포, 칠포, 고사포 3국인이 갈화성에 와서 공격하니 왕이 군사를 거느리고 나아가 구하니 3국의 군사가 대패하였다.

勿稽子 奈解尼師今時人也 …… 時八浦上國同謀伐阿羅國 阿羅使來請救 尼師

今使王孫 榛音率近郡及六部軍往救 逐敗八國兵 …… 後三年骨浦-柒浦-古史浦

三國人 來攻竭火城 王率兵出救 大敗三國之師 『삼국사기』 권48, 열전8, 물계자전

또 『삼국유사』에는 물계자전에 포상팔국의 전쟁 기록이 전하는데
내용은 다음과 같습니다.

제10대 내해왕 즉위 17년 임진에 보라국, 고자국(지금의 고성), 사물국
(지금의 사주) 등 8국이 힘을 합하여 변경을 내침하였다. 왕이 태자
내음, 장군 일벌 등에게 명하여 군사를 거느리고 가서 막으니 8국이
모두 항복하였다.…… 10년 을미에 골포국(지금의 합포) 등 삼국 왕이
각각 군사를 거느리고 와서 갈화를 공격하니(굴불인 듯하니 지금의
울주) 왕이 친히 군사를 거느리고 가서 막으니 삼국이 모두 패하였다.
第十奈解王卽位十七年壬辰保羅國古自國(今固城)史勿國(今泗州)等八國 幷力來
侵邊境 王命太子榛音 將軍一代等 率兵拒之 八國皆降 …… 十年乙未 骨浦國(今
合浦也)等三國王 各率兵來攻竭火(疑屈弗也今蔚州) 王親率禦之 三國皆敗 『삼국유
사』 권5 피은8 물계자

위의 내용을 간단하게 도표로 정리해 보면 다음과 같습니다.

출전사료		침입시기		침입지역	국 명	비 고
삼국 사기	권2, 신라본기2 내해이사금	1차	내해14년	209	가라	포상팔국	우로·이음, 육부병
		2차	·	·	·	·	·
	권48, 열전8 물계자	1차	내해14년	(209)	아라	포상팔국	내음, 부근군· 육부군
		2차	+3년	(212)	갈화성	골포·칠포·고사포	왕
삼국 유사	권5, 피은8 물계자	1차	내해17년	212	신라 변경	보라국·고자국· 사물국 등 8국	내음·일벌
		2차	10(20년?)	215	갈화	골포국 등 3국	왕

기록을 그대로 믿는다면 3세기 초에 가야제국 가운데 포구에 면한 여덟 나라가 공모하여 같은 가야지역인 가라 또는 신라를 두 번이나 대규모로 공격하였다는 것입니다.

우선 이 전쟁에 대한 다양한 견해를 정리해 보는 것이 필요하겠습니다. 포상팔국전쟁의 원인에 대해서는, 먼저 사로국斯盧國이 3세기대 진한지역을 중심으로 영토를 확장해 가던 과정에서 일어난 일련의 사건 중 하나로 이 시기 사로국의 활동무대가 낙동강으로 확대되었다고 보는 견해가 있습니다.

그에 대해 4세기 전반대 해상교역권을 놓고 안라국과 포상팔국이 김해를 공격하였으나 신라의 구원으로 패배하였으며 이후 가야는 함안의 안라국과 김해의 가야국으로 분열되었다는 견해, 고성 고자국이 중심이 되어 남해해상교역권을 장악하기 위해 김해가야세력을 공격하였다는 견해도 있습니다. 또 한군현의 쇠퇴와 인접한 사로세력권의 팽창으로 김해의 가야세력이 대외교역권을 상실하였으며 포상팔국전쟁은 김해가 구심체의 역할을 상실함으로써 일어난 전쟁이었다는 연구도 있습니다.

한편 내해왕대의 기록을 실제로는 진흥왕대의 사실로 보고 6세기 전반 백제의 남부가야지역에 대한 진출에 위협을 느낀 아라가 신라에 도움을 구했으며, 이에 백제는 포상팔국을 움직여 아라가야를 공격하였다는 해석도 나왔습니다.

이처럼 포상팔국전쟁에 대해서는 가야사를 전공하고 있는 학자들 사이에서조차도 의견이 제각각으로 나뉘고 있다는 것을 알 수 있습니다. 전쟁이 일어난 시기, 전쟁의 원인 등 어느 것 하나 공통된 의견을 찾기가 어렵습니다. 이 전쟁은 우리 고대사에서 특히 남부지역의 정치적 변동을 알려주는 중요한 역사적 사건이지만 속시원한 해답을 얻기가 어려운 실정인 것입니다.

자, 그런데 우리는 이 전쟁의 시기를 알 수 있는 실마리를 이미 알고 있습니다. 즉 중국측 기록과 남부지역 고고유적 발굴조사의 결과를 통해 보면 적어도 3세기 후반 이전까지는 큰 전쟁 상황은 보이지 않고 있다는 점입니다.

3세기 초에는 김해세력이나 사로세력이 공통적으로 주위의 진한, 변한 집단에 대한 세력 확대를 꾀하던 시기였습니다. 따라서 포상팔국과 사로국이 큰 세력으로 형성되어 대립했다고 보기는 어렵습니다. 더욱이 고고유물에 나타나는 문화 현상에서도 3세기 초에는 김해지역이 쇠퇴하여 다른 지역의 공격을 받는다거나 신라가 구원군을 보낼 정도로 김해지역이 신라의 영향을 받았다는 흔적은 전혀 찾을 수 없습니다. 그렇게 본다면 이 전쟁이 실제로 일어난 역사적 사실이라 해도 전쟁의 시기가 『삼국사기』와 『삼국유사』에 기록된 209년, 212년, 215년은 아니었을 것이라는 점은 분명해집니다.

포상팔국전쟁을 4세기 전반대의 사건으로 보는 견해도 고고자료를 통해 보면 김해지역이 최소한 4세기 말까지 꾸준한 발전 양상을 보인다는 점을 볼 때 설득력을 얻기 어렵습니다. 이 시기 김해지역은 가야세력의 기본적인 경제적 토대가 되는 철 생산과 교역이 여전히 활발히 이루어지고 있기 때문입니다.

6세기대에 이 전쟁이 일어났다고 보는 견해는 기본적으로 『삼국사기』의 초기 기록을 신뢰할 수 없다는 입장에서 출발하였습니다. 그러나 『삼국사기』의 6세기대 기록은 사실로 인정받고 있으며, 특히 중요한 사건은 비교적 충실히 표현하고 있어, 6세기대의 사건을 굳이 3세기대로 옮겨 기록하였다고 보기는 어렵습니다. 또 6세기경의 남부가야지역에 대한 자료는 『일본서기』에 상세히 기록되어 있으나 이 사건과 관련되는 부분은 찾아볼 수 없습니다.

한국고대사 특히 전기가야에 관한 연구는 문헌자료도 절대적으로 부족하지만 그나마도 기록의 부정확함 때문에 최근의 가야사 연구자들은 고고자료를 적극적으로 활용하여 가야사를 밝혀보려는 연구방법을 채택하고 있는 실정입니다. 사실『삼국사기』의 초기 가야관계 기록은 연대가 부정확하다고 보는 것이 보편적이므로 고고학적 연구성과를 폭넓게 이용할 수밖에 없습니다. 내해왕대의 기록은 가락국의 쇠퇴를 전제로 하여 신라의 구원을 받아야만 하는 상황을 묘사하고 있습니다. 그런데 고고자료를 통하여 볼 때 김해가야의 쇠퇴시기는 4세기 말~5세기 초반에 설정할 수 있으므로『삼국사기』의 내해왕대 기록은 실제로는 4세기 말~5세기 초반의 사실이라는 결론이 나옵니다. 그렇다면 포상팔국전쟁이 일어난 시기를 바로 이 즈음으로 본다면 무리가 없지 않을까요?

한편 연대 문제가 해결된다 하더라도 포상팔국전쟁에서 궁금한 점은 또 있습니다. '포상팔국으로 거론되는 국가들은 어디였으며 그들의 침공지역은 어디였는가'라는 점입니다. 기록에 나타나는 포상팔국의 국명은 골포, 칠포, 고사포(『삼국사기』)와 보라국, 고자국, 사물국, 골포국(『삼국유사』) 등으로 도합 여섯 곳입니다. 이 중 고사포와 고자국은 동일한 지역이므로 8개 국 중 이름이 전해지는 곳은 5개 국이라할 수 있습니다. 이들 국가의 위치에 대해서는 여러 가지 설이 있으나 해안이나 강변에 위치한 나라들이라는 의미로 해석하여 경남 해안지역이나 낙동강유역 일대로 보는 것이 보편적입니다. 이들 중 골포는 마산·창원, 칠포는 칠원, 고사포·고자국은 고성, 사물국은 사천으로 비교적 쉽게 확인할 수 있으나 보라국에 대해서는 아직 확실한 위치를 알 수 없으며, 나주, 밀양으로 보거나 아라의 오기誤記로 보아 함안이라고 하는 의견도 있습니다.

포상팔국의 침공대상을 가라, 아라, 신라로 기록하고 있는 점도 의문이 있습니다. 4세기대까지도 김해는 여전히 왜와의 교류에서 주도권을 가지고 있었고, 문화면에서도 주변국들보다 우월하였기 때문에 가야제국들과의 관계에서 여전히 우위를 점하며 중심지 역할을 했던 것으로 생각됩니다. 따라서 4세기대 대외교류의 갈등 양상은 가야 내부적인 것이라기보다는 신라와의 관계에 있었다고 보는 편이 좋을 것 같습니다.

신라는 진한제국을 통합한 후에도 동쪽과 북쪽으로는 백제나 고구려와 같은 강국들에게 둘러싸여 있었으므로 외교나 교역에서 불리한 위치에 놓여 있었고, 영토 확장에서도 한계를 가지고 있었습니다. 따라서 신라는 고구려나 백제를 거치지 않고 중국으로 갈 수 있는 교통로가 필요하였으며, 왜와의 관계에서도 낙동강 하류역을 세력권 하에 둘 필요가 있었습니다. 그러나 전기가야가 자체 내분으로 와해되어 신라에 귀부歸附하였다는 방식으로 서술하고 있는 『삼국사기』에서는 포상팔국전쟁을 가야세력과 신라와의 교역권쟁탈전으로 서술하고 있지 않으며, 단순히 신라가 허약해진 가라를 구원했음을 강조하고 있을 뿐입니다.

역사의 전개과정으로 볼 때 포상팔국전쟁은 오히려 가라를 중심으로한 남부가야제국이 해상교역권을 다투었던 신라를 견제하기 위해 두 차례에 걸쳐 침공하였다고 보는 편이 옳을 것 같습니다. 적어도 포상팔국전쟁에 대해서는 『삼국사기』보다는 『삼국유사』의 기록이 역사적 진실에 더 가까운 것이 아닐까요? 더욱이 『삼국사기』에서는 포상팔국을 '모포某浦'로 표현하여 가야제국을 국가체로 인정하지 않는다는 뉘앙스를 풍기는 데 비해 『삼국유사』에는 '모국某國'이라 지칭하여 하나의

예안리고분군 원경   예안리고분군 발굴 전 모습

국가체로서 의미를 부여하고 있어 역사서 편찬자의 가야에 대한 인식을 짐작할 수 있습니다.

포상팔국을 남부가야제국으로 보았을 때 비로소 침공지역이 신라 변경이나 갈화라는 점이 쉽게 이해됩니다. 기록의 내용을 그대로 따른다면 포상팔국의 1차 침입이 패배로 끝난 후 가라가 건재한 상태에서 다시 2차로 지금의 울산인 갈화로 침공한다는 것은 배후에 적국인 가라를 두고는 결코 가능하지 않기 때문입니다. 1차 포상팔국의 침입에는 신라에서 이음(내음과 동일인)을 중심으로 한 육부의 군사가 막았지만 2차 침입에는 왕이 직접 군대를 지휘하였습니다. 왕이 직접 전장에 나서는 것은 국가가 위중한 지경에 이르렀을 때라는 것이 모든 역사서의 일반적인 서술방식입니다. 따라서 2차 침공은 1차에 비해 사태가 더욱 심각했다는 사실을 알려주는 것입니다. 이것은 당연히 1차 침공이 신라의 변경 또는 신라 밖에서의 전투였음에 비해 2차는 포상팔국군이 변경의 방어선을 돌파하여 신라 영역 내로 진입했기 때문입니다. 아시다시피 울산은 경주까지의 거리가 약 30km로 그 사이에는 지형적 장애물이 전혀 없어 경주로 수월하게 침입할 수 있을 뿐 아니라 신라의 대외교류에서 가장 중요한 항구였습니다. 이곳으로의 침입은 신라의 수도를 직접 위협하는 것이나 마찬가지였던 것입니다.

예안리고분군 전경

　『삼국사기』와 『삼국유사』에는 모두 포상팔국전쟁에서 신라가 대승을 거둔 것으로 기록되어 있습니다. 그렇지만 사실은 국왕까지 나서서 신라의 전군사력을 동원하여 가야의 침입을 겨우 막아내었을 것입니다. 문헌기록의 재검토와 고고자료에서 나타난 현상으로 보아 포상팔국전쟁은 4세기 말~5세기 초반의 역사적 사실일 가능성이 큽니다. 침공지역을 통해 보면 이 전쟁이 남부가야제국 연합군이 신라의 수도 근처까지 공격할 정도로 국력을 기울인 전쟁이었음을 알 수 있습니다. 즉 가야와 신라는 4세기 말경 각각 군사적, 문화적으로 주변지역을 장악한 상태에서 해상교역권을 놓고 대립하고 있었는데, 이러한 분위기에서 먼저 선제공격을 감행하여 신라를 침공한 사건이 바로 포상팔국전쟁이었던 것입니다.

　가야의 초기사회라 할 수 있는 변진사회에는 포상팔국전쟁과 같은 대규모 전쟁은 일어나지 않았습니다. 그것은 고고유물에서 잘 나타납

1 예안리고분군 발굴모습
2 예안리77호분
3 예안리117호분

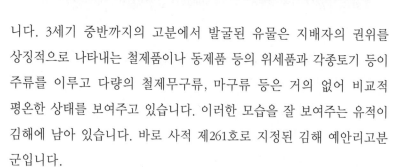

니다. 3세기 중반까지의 고분에서 발굴된 유물은 지배자의 권위를 상징적으로 나타내는 철제품이나 동제품 등의 위세품과 각종토기 등이 주류를 이루고 다량의 철제무구류, 마구류 등은 거의 없어 비교적 평온한 상태를 보여주고 있습니다. 이러한 모습을 잘 보여주는 유적이 김해에 남아 있습니다. 바로 사적 제261호로 지정된 김해 예안리고분군입니다.

김해 예안리고분군은 무덤 형태나 출토 유물로 보아 가야의 전기부터 후기까지 오랜 시기에 걸쳐 이루어진 유적입니다. 1976년에서 1979

예안리고분군 토기

예안리고분군 짧은목항아리

예안리고분군 뚜껑있는 굽다리항아리

예안리고분군 뚜껑있는 굽다리항아리

예안리49호분 병형토기

예안리고분군 솥모양토기

년까지 부산대 박물관에 의한 네 번의 연차발굴을 통해 덧널무덤[木槨墓] 59기, 돌덧널무덤[石槨墓] 93기, 돌방무덤[石室墳] 13기, 독무덤[甕棺墓] 17기, 기타 무덤 1기 등 183기의 무덤이 확인되었습니다. 이 무덤들은 땅 위에 봉분이 남아 있지는 않았지만 지하에 층을 이루어 조성되어 3세기부터 7세기까지의 가야시대 무덤의 형태와 변화를 알 수 있었습니다. 특히 1976년의 발굴조사에서는 88기의 무덤에서 125구의 인골이 나와 고대 가야인의 존재를 확인할 수 있는 계기가 되었습니다.

예안리의 무덤들은 규모로 보아 최상위 계층이 아닌 일반 서민계층의 공동묘지로 추정됩니다. 거의 대부분의 무덤에서 인골이 발견되었으며 1,100여 점의 토기를 비롯하여 철기류가 660점, 구슬류가 180점, 귀고리 41쌍, 골촉 60점 등 2,000여 점의 유물도 출토되었습니다. 모든 유물들이 중요하지만 그 중에서도 190여 구가 발견된 인골은 숫적으로도 역사상 유례가 없으며 보존 상태도 대단히 좋아서 가야인의 모습과 생활상을 복원할 수 있는 결정적인 자료를 제공하였습니다.

이 인골 가운데 특별한 것이 있는데, 정상적인 인골에 비해 얼굴의 폭이 넓고 미간에서 정수리까지의 길이가 훨씬 짧은 두개골이 그것입니다. 이 두개골은 다른 것과 달리 이마 부분도 뒤로 누워 있습니다. 190여 구의 뼈 가운데 10구의 뼈가 이러한 두개골을 가지고 있습니다. 그런데 놀랍게도 이러한 인골의 형상을 제대로 표현한 증거가 있습니다. 바로 『삼국지』 위서 동이전 변진전에 전하는 '편두編頭' 기록입니다.

땅은 비옥하고, 오곡과 벼에 알맞으며, 양잠과 견포를 짓고, 소와 말을 탄다. 결혼하는 것에 예절이 있으며 남녀에 구별이 있다. 큰 새의 깃털로 장사지내는데, 그 뜻은 죽은 자가 날아오르게 하고자 하는 것이다(위략에 말하기를 그 나라는 집을 지을 때 나무를 가로로 얽어매

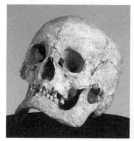
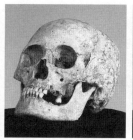

예안리41호분 남성인골   예안리86호분 여성인골   예안리144호분 유아인골

는데 감옥과 비슷하다). 나라에 철이 생산되는데 한, 예, 왜가 모두 이를 가져다 썼다. 시장에서 철을 사용하는 것이 중국에서 돈을 사용하는 것과 같다. 또한 두 군에도 공급하였다. 풍속에 노래하고 춤추고 술 마시는 것을 즐긴다. 거문고가 있는데 그 모양이 '축'과 비슷하고, 연주하면 역시 음률이 있다. 아이가 태어나면 돌로 머리를 누르는데 머리를 납작하게 하려는 것이다. 지금 진한사람들이 모두 편두이다. 남녀가 왜국과 가까워 또한 문신을 한다. 보병전을 하고 병사의 무기는 마한과 같다. 그 풍습에 길가던 사람이 서로 만나면, 모두 길을 양보한다.

土地肥美 宜種五穀及稻 曉蠶桑 作絹布 乘駕牛馬 嫁娶禮俗 男女有別 以大鳥羽送死 其意欲使死者飛揚(『魏略』曰 其國作屋 橫累木爲之 有似牢獄也) 國出鐵 韓濊倭皆從取之 諸市買皆用鐵 如中國用錢 又以供給二郡 俗喜歌舞飮酒 有瑟 其形似筑 彈之亦有音曲 兒生 便以石厭其頭 欲其褊 今辰韓人皆褊頭 男女近倭 亦文身 便步戰 兵仗與馬韓同 其俗 行者相逢 皆住讓路

이 기록은 3세기대 진·변한의 사정을 알려주는 내용입니다. 진·변한 사람들의 경제생활과 풍습, 전쟁 등에 대한 내용이 압축적으로 기록되어 있습니다. 그런데 이 기록이 김해 예안리고분군의 발굴 전만 해도 역사적 사실이었다는 것을 증명할 수 없었습니다. 물론 예안리고분군

예안리고분군 정상인골과 편두인골

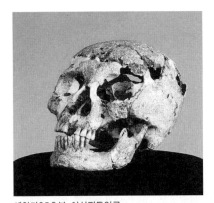

예안리85호분 여성편두인골

이전의 발굴조사에서 가야고분의 풍부한 철제품 부장을 알 수 있었지만 최상위계층의 무덤도 아닌 일반민들의 무덤에서도 많은 철제품이 출토되는 것으로 보아 김해의 가야가 발달된 철기 제작기술을 보유하였고, 국내에서 생산된 철을 외국에 수출할 만큼 역량을 가지고 있었음을 명확하게 알 수 있었습니다.

그리고 현재 부산대 박물관에 소장되어 있는 190여 구의 인골 가운데 10구의 '편두' 인골은 『삼국지』위서 동이전의 기록이 대단히 정확하다는 것을 알려주는 결정적 자료가 되었습니다.

편두는 일종의 성형술이라 할 수 있습니다. 이 풍습은 가야만의 특수한 것은 아니며 이집트, 마야, 인도, 시베리아, 중남미 등을 비롯한 세계 각 지역의 고대사회에서 상당히 유행하던 풍습이었음이 확인되고 있습니다. 그러나 『삼국지』가 진·변한 사회에 대한 아주 적은 기록 속에서 특별히 편두 풍습을 전하고 있는 것은 이 풍습이 고구려, 백제 지역에서는 행해지지 않았던 특수한 풍습이었기 때문일 것입니다.

진·변한 사회에서는 편두가 드물지 않게 행해졌으므로 진·변한 지역의 무덤에서는 많이 발견되어야 하지만 실제로는 김해 예안리고분군을 제외하고는 발견된 예가 없습니다. 아니, 인골 자체가 원래 우리나라 토양에서는 그다지 오래 남아있지 못합니다. 그러므로 김해 예안리고분군에서 190여 구의 인골이 발견된 것은 이곳이 인골이 보존될만한 특수한 지형을 가지고 있기 때문일 것입니다.

무덤터는 겉으로 보기에 평범하지만 곳곳에 조개껍질이 흩어져 있습니다. 바로 이곳이 3세기경만 해도 해안가였다는 것이 지질조사 결과 확인되었습니다. 실제 고분군은 육계사주로 백사장같이 깨끗한 모래 지형이었습니다. 1600년 전 예안리는 바닷가 마을이었고 현재의 무덤터는 백사장이었는데, 100년 뒤 바닷물이 빠지면서 이곳에 무덤을 만든 것입니다. 그래서 이 지역은 일반 토양이 산성임에 비해 칼슘 함량이 높은 알칼리성 토양을 유지하고 있었습니다.

조개껍질이 많이 섞인 토양은 비가 오면 패각의 칼슘 성분이 녹아 밑으로 스며들게 되는데, 모래땅은 특히 물이 잘 스며들어 땅 속의 인골까지 탄산칼슘이 충분히 공급되었습니다. 또 알칼리성 토양 속의 규산이 녹아서 빠져나와 인골에 침착沈着되면서 마치 니스칠을 한 것 같은 효과를 내었습니다. 이것이 김해 예안리고분군의 인골이 잘 보존될 수 있었던 이유입니다.

그런데 한 가지 특이한 것은 편두의 인골은 모두 4세기경의 덧널무덤에서만 출토된다는 점입니다. 예안리고분군은 이후 7세기까지도 만들어졌지만, 5세기 이후의 무덤들에서는 이러한 두개골 성형의 흔적이 발견되지 않았습니다. 『삼국지』는 3세기경 가야사회에서 유행하였던 두개골 성형의 풍습을 정확하게 기록하였던 것입니다.

그러면 도대체 어떤 사람들이 두개골 성형을 하였을까요? 발견된 편두 인골 10구 중 7구는 나이 든 여성이었고, 2구는 장년의 남성, 1구는 5~6세의 어린애였습니다. 예안리고분군에서 출토된 190여 구 인골의 평균 연령은 40세 정도였습니다. 그런데 편두 인골은 어린애를 제외하면 모두 50~60세 정도의 연령으로 추정됩니다. 편두를 한 사람들이 일반인들보다 더 오래 살았음을 알 수 있습니다.

편두 인골이 출토된 무덤에는 이미 보편화되어 있었던 철기가 한 점도 출토되지 않았고 부장품이 전혀 없거나 약간의 토기만이 부장되었을 정도로 하나같이 대단히 빈약하여 이들은 신분적으로 권력가나 재력가 또는 종교적 지도자 등은 아니었습니다. 원래 예안리고분군에 매장된 사람들이 가야사회 내에서도 지배층이 아닌 일반민들이었지만 편두 인골들은 그 중에서도 더 열악한 지위를 가진 존재였던 것 같습니다. 머리뼈를 변형시키는 성형술은 생명을 잃는 위험도 감수해야 할 정도였을 텐데 이러한 풍습이 행해졌던 것은 무엇 때문일까요? 그 이유는 아직도 해명되지 않고 있습니다.

예안리 인골들은 가야사람들의 모습뿐만 아니라 그들의 생활상까지 알려주고 있습니다. 부산대 박물관에서 조사한 바에 의하면 이 당시 사람들은 남자가 평균 163cm, 여자가 150.3cm의 신장을 가지고 있어 남녀 모두 1930년대 중부 이남지역의 사람들보다 큰 것으로 나타났습니다. 예안리 인골은 척추디스크를 앓았던 흔적, 관절염, 골막염 등의 흔적 등 다양한 질병을 앓았던 것을 보여주고 있습니다. 그런데 무기에 의한 손상이나 전쟁으로 인한 부상은 거의 보이지 않습니다. 이러한 인골의 상태는 이 시기의 김해지역이 비교적 평화로운 시대였음을 증명해주고 있는 것입니다. 그들을 괴롭혔던 것은 전쟁이 아니라 여러 가지 질병이었던 것입니다.

한편 치아의 상태를 보면 그들은 상아질이 완전히 닳을 정도로 치아를 많이 사용했으며, 특히 아래턱을 많이 사용하여 인골의 치아가 대부분 옥니였습니다. 또 딱딱하고 거친 음식 때문인지 치아 대부분에 균열이 나 있었습니다. 가야 사람들의 고단한 삶이 치아의 상태에서 그대로 전해지고 있습니다.

예안리고분군에서 편두 인골이 사라지는 것은 4세기 이후입니다. 묘제에도 변화가 나타났습니다. 널리 유행하던 덧널무덤에서 부장품을 놓는 위치가 달라졌던 것입니다. 즉 4세기 이전 초기 덧널무덤은 무덤 가장자리에 나무판자를 대고 시신 옆에 부장품을 놓았습니다. 그런데 4세기 이후부터는 무덤 가장자리에 나무판자를 대는 형식은 같지만 부장품을 발치에 놓거나 따로 덧널을 만들기도 했습니다. 또한 3세기 말 김해지역 지배층의 무덤인 대성동고분군에서는 이전에는 볼 수 없었던 순장문화가 갑자기 등장하였습니다. 평온했던 가야사회에 새로운 변화가 나타난 것입니다. 묘제의 변화와 편두 풍습의 소멸은 가야사회의 정치적, 문화적인 변화를 잘 보여주는 현상이라 할 수 있습니다.

06

전기가야의 맹주, 김해 가락국
가락국 발전의 원동력

'가야'라고 하면 가장 먼저 머릿속에 떠오르는 지역은 아마도 김해일 것입니다. 그만큼 김해는 가야의 상징적인 지역으로 일반에 널리 알려져 있습니다. 그런데 옛 가야지역을 돌아보면 다소 미심쩍은 풍경을 접하게 됩니다. 즉 경남의 곳곳에서 거대한 봉분을 가진 고분들을 만나게 되는데, 일반적으로 이러한 고분을 고총고분高塚古墳이라고 부르고 있습니다. 이 고분은 당시 지배자의 상징물로서 지배권력의 강도를 짐작할 수 있습니다. 그런데 이러한 무덤이 현재 김해에 거의 없습니다. 어째서일까요?

사실 가야에 대한 기록은 김해와 고령 중심으로 남아 있습니다. 시조설화가 남아 있는 것도 이 두 지역이고 멸망에 관한 기록도 이 두 지역만 비교적 상세하게 남아 있는 것입니다. 그 중에서도 김해는 가장 많은 역사기록을 가지고 있습니다. 그렇게 된 까닭은 금관가야의 왕실이 신라로 귀부하여 진골로 편입되었으며, 마지막 왕인 구형왕의 증손자인 김유신은 삼국통일에 혁혁한 공을 세웠기 때문입니다. 또한 삼국통일을 이룩한 문무왕은 김유신의 누이인 문희의 아들이었으므로 금관가야의 왕실이 신라왕가의 외가가 되는 셈입니다. 이로 말미암아 김해는 비록 신라에 흡수된 지역이었지만 다른 지역과는 다른 대접을 받았을 것입니다. 통일신라시대 김해지역에 금관소경金官小京이 설치된 것만 보아도 충분히 그러한 사실을 짐작할 수 있습니다.

결국 여타 가야제국은 그들의 기록을 남기지 못했으므로『삼국유사』「가락국기」와 같은 역사기록에 전하는 김해지역 관련 자료가 가야 역사의 전체인 듯 치부되어 왔습니다. 그렇지만 1970년대 이후 영남지역에서 진행된 가야 관련 발굴조사 결과 고령, 함안, 합천 등 경남내륙 각지에서 강력한 국가체를 입증할 만한 유적, 유물이 쏟아져 나왔습니다. 이를 통해 문헌으로만 그려졌던 가야제국의 이미지를 근본적으로 제고해야 할 필요성이 제기되었습니다. 즉 발굴 결과로 볼 때는 적어도 5~6세기에는 김해의 가락국(금관가야)이 다른 가야지역에 비해서 정치적, 경제적으로 우월하다는 증거를 찾기가 어려운 것입니다.

하지만 그 이전 삼한시대의 김해는 인근 지역에 비하면 훨씬 선진지역이었습니다. 고고학적인 조사에 의하면 김해지역은 신석기시대 이후부터 사람들이 살았던 흔적을 보여주고 있습니다. 범방패총과 수가리패총, 북정패총, 부원동패총, 농소리패총 등이 그 대표적인 예입니다. 청동기시대에는 회현동패총 아래문화층을 비롯하여 내동지석묘, 장유면 무계리지석묘, 주촌면 일대의 지석묘군, 진영읍 사산리지석묘 등 김해 전역에 걸쳐 지석묘유적들을 남겼습니다.

이러한 유적들은 '국國'이라고 부를 수 있을 만큼의 정치력을 소유한 집단이 본격적으로 대두하기 훨씬 이전부터 김해지역에 인간이 생활하고 있었다는 사실을 말해 줍니다. 그 이유로는 남해안과 낙동강을 끼고 있는 지리적인 조건을 들 수 있습니다. 이러한 지리적 조건으로

1
2 | 3

1 수가리패총
2 회현동패총
3 회현동패총

인하여 김해지역은 당시 대륙에서 남하하는 북방계 문화의 종착지임과 동시에 해양루트를 통해 들어오는 남방계 문화의 상륙지점으로서의 역할을 담당하였습니다.

삼한사회의 모습을 전하고 있는『삼국지』위서 동이전 한전에 의하면 변한사회의 중심적 역할을 한 나라는 변진구야국이었습니다. 이것이 역사자료에서 보이는 김해지역 최초의 '국國'이 되는 셈입니다.

그렇다면 구야국의 형성 시기는 언제쯤이었을까요?

사람들이 모여 살던 자연적인 취락이 확대되어 읍락이 되고, 여러 읍락이 모여 '국'이 형성되었는데 이러한 사회변화는 철기문화의 발전과 보급에 따른 생산력의 발달에 의해서 가능하게 되었던 것입니다. 당시 중국의 기록에서도 높이 평가하듯이 삼한시대 김해를 중심으로

1 | 2
1 장유면 무계리지석묘
2 내동지석묘

한 지역은 철 생산의 중심지였습니다. 이 시기에 김해가 국제적으로, 그리고 우리나라 고대사상 중요한 위치를 차지하게 된 것도 바로 이 철을 생산하였기 때문입니다. 김해지역에서 철이 생산되었다는 증거를 보면, 김해 회현동패총과 부원동패총에서 제철 과정 중에 생기는 슬래그(slag, 鐵滓)가 출토되었으며, 조선시대의 『세종실록』 지리지와 『신증동국여지승람』에 따르면 조선시대까지도 철은 김해도호부에서 첫째로 꼽히는 특산물로서 감물야촌甘勿也村에서 산출되고 있었습니다. 감물야촌은 김해도호부에서 동쪽으로 이십 리 되는 지역에 위치하고 있다고 하였는데, 대체로 김해시 대동면 부근이 이에 해당합니다. 대동면 일대에는 '대감리' '감내' '감천' '소감' 등 감물야촌과 음이 비슷한 지명들이곳곳에 남아 있으며, 이들 지역에서 가까운 곳에 철을 생산하는 김해광산이 위치하고 있습니다. 다만 조선시대 김해에서 나는 철의 종류가 암철岩鐵이 아닌 사철砂鐵이라 하였으므로 현재의 김해광산과 바로 직결시키기는 어렵습니다. 아무튼 김해지역에는 직접 철을 제련한 흔적도 발견되었고, 후대에도 풍부하게 철을 생산하였다는 기록이 남아 있으므로 삼한시대에도 철 생산이 활발했을 것으로 미루어 짐작할 수 있습니다.

그런데 김해를 비롯한 한반도 남부에서 철을 제련하여 생산하기 시작한 시기는 최근의 고고학적 발굴 성과를 볼 때 기원전 4세기 말~3세기 초 무렵이었음이 증명되고 있습니다. 경남 삼천포 늑도유적의 발굴 결과를 검토해 보면 기원전 2세기 무렵쯤에는 철기가 남부지역에 이미 일반화되었다는 것을 알 수 있습니다.

역사기록으로도 구야국의 형성 시기를 추정해 볼 수 있습니다. 『삼국지』에 의하면 고조선의 준왕準王이 위만衛滿에게 쫓겨 도망하여 한韓의 지역에 거주하면서 스스로 한왕韓王이라 칭하였다고 하였는데, 여기에서 준왕이 남쪽으로 간 시기에 남쪽 땅에는 이미 한의 국들이 존재하고 있었다는 것을 알 수 있습니다. 물론 마한, 변한, 진한 78국이 모두 성립해 있었는지는 알 수 없지만, 기원후 3세기 단계에 삼한의 대국으로 표현된 구야국이나 안야국 등은 이미 이 시기에 형성되었을 가능성이 큽니다. 준왕이 남쪽으로 도망한 시기가 기원전 194년임을 감안한다면 '한'지역에 국이 형성된 시기는 기원전 3세기 초까지도 소급할 수 있을 것입니다. 이러한 추정이 가능하다면 구야국은 기원전 3세기 초에 성립되었다고 보아도 되겠습니다.

구야국 발전의 원동력이 된 것은 철을 매개로 한 이웃나라들과의 교역이었습니다. 『삼국지』위서 동이전 한전에 다음과 같은 기록이 있습니다.

나라에서는 철이 생산되는데, 이웃의 한과 예, 왜가 모두 와서 가져간다. 시장에서의 매매는 모두 철을 사용하는데 마치 중국에서 돈을 쓰는 것과 같다. 또 두 군에도 공급하였다.

國出鐵 韓濊倭皆從取之 諸市買皆用鐵 如中國用錢 又以供給二郡

이 기록을 통하여 구야국을 중심으로 한 변한지역은 이웃한 지역뿐만 아니라 중국의 군현과도 활발한 교류가 있었음을 짐작할 수 있습니다. 이처럼 삼한시대의 김해는 당시 동북아시아 문화 및 문물 교류의 중심지였습니다. 『삼국지』위서 동이전 왜인전을 살펴볼까요?

왜인은 대방 동남의 큰 바다 가운데 있다.…… 군으로부터 왜에 이르려면 해안을 따라 항해를 하면서 여러 한국을 지나게 되는데 남행하다가 동행하여 그 북쪽 해안의 구야한국에 도달하니 칠천여 리 정도이다. 여기에서 시작하여 한 바다를 건너 천 여리를 가면 대마도에 이른다. …… 다시 남쪽으로 바다를 건너 천여 리를 가면 이름하여 한해라고 하는데 일지국에 이른다.…… 다시 한 바다를 건너 천여 리를 가면 말로국에 이른다.

倭人 在帶方東南大海之中 …… 從郡至倭 循海岸水行 歷韓國 乍南乍東 到其北岸 狗邪韓國 七千餘里 始度一海 千餘里 至對馬國 …… 又南渡一海 千餘里 名曰瀚海 至一支國 …… 又渡一海 千餘里至末盧國

이 기록에 의하면 구야한국, 곧 김해는 한군현인 대방군에서 왜로 가는 행로상의 첫 번째 경유지였습니다. 구야한국이라고 표기한 것은 '한韓'을 의식적으로 첨가함으로써 왜국과의 구별을 분명히 한 것으로 추정됩니다. 대방군에서 해안을 따라서 한반도의 서해안에서 남해안으로 연안항해를 하여 구야국에 이르러 일시 정박한 뒤, 여기서부터는 바다를 횡단하여 쓰시마에 도달하고, 다시 바다를 횡단하여 일지국에 이르는데, 지금의 이키시마壹岐島입니다. 다시 바다를 횡단하여 도착한다는 말로국은 현재의 후쿠오카 현福岡縣 마쓰우라松浦 해안입니다.

3세기경까지 구야국은 단순한 항로상의 경유지였을 뿐만 아니라, 한반도 북부지역의 중국 군현과 일본열도를 잇는 교역의 중심지였다는 사실이 확인되고 있습니다. 구야국은 이러한 동아시아의 교역을 경제적 기반으로 하여 가락국으로 발전하게 되었으며 이른바 전기가야의 여러 나라들 중에 두각을 나타낼 수 있었다고 생각됩니다.

봉황대 화천

동북아시아 교역의 중심지였던 구야국의 모습은 김해지역에서 출토되는 고고학적 자료로도 증명되었습니다. 먼저 눈에 띄는 것이 화천貨泉입니다. 화천은 왕망전王莽錢이라고도 하는데, 중국 전한에 이은 신新의 왕망에 의하여 기원후 14년경에 주조되어 10년 정도의 기간 동안 유통되었던 화폐입니다. 이것이 평양의 낙랑유적, 김해의 회현동패총, 일본의 야요이 유적에서 각각 출토되었습니다. 출토지에서 알 수 있듯이 화천은 중국 군현으로부터 김해의 구야국을 거쳐 일본열도로 가는 고대의 해상교통로상에서 발견되고 있습니다. 이것은 김해에서 출토된 화천이 다른 한국에 의하여 중개되지 않고 중국 군현으로부터 직접 전해졌으며 일본열도 내에서 발견되는 화천이 구야국과의 교역을 통하여 전달되었다고 볼 수 있는 결정적인 증거입니다. 또 화천이 아주 짧은 기간 유통되었던 화폐였다는 사실을 고려하면 당시 김해지역을 중심으로 동북아시아의 문물교류가 매우 빈번하였음을 짐작할 수 있습니다.

둘째, 김해 양동리유적에서는 중국식 청동거울[後漢鏡]이 출토되고 있어 구야국을 매개로 하여 중국 군현과 문물교류를 했던 상황을 짐작할 수 있습니다.

셋째, 구야국 시기에 해당하는 김해 고분에서는 왜계통의 문물이 출토되고 있으며, 일본의 기타큐슈北九州에서는 야요이彌生 시대에 해당하는 대부분의 고분에서 민무늬토기, 세형동검, 다뉴세선문경과 같은 한韓 계통의 문물이 다수 출토되고 있습니다. 이를 통해 구야국과 일본 기타큐슈의 왜국들 사이에 다양한 문물교류가 이루어지고 있었음을 짐작할 수 있습니다.

한편『삼국지』위서 동이전 변진전에 보이는 국의 규모를 보면 변한 내에서의 구야국의 위상을 짐작해 볼 수 있습니다. 즉 변진의 인구는 '대국이 4~5천가, 소국은 6~7백가로 총 4~5만호'라고 기록되어 있습니다. 김해의 구야국은 활발한 철 생산을 바탕으로 대외교역의 중심지 역할을 하였으므로 변진 12국 가운데 가장 큰 국가였을 것으로 추정되는데, 기록대로라면 당시 구야국의 인구는 약 2만 5천 명 정도였을 것입니다.

최근에는 구야국이 성립되어 인구가 집중된 이유가 농경이 발달했기 때문이 아니라는 연구결과가 나왔습니다. 왜냐하면 구야국이 형성되던 시기에 지금의 김해평야 일대는 바다였으므로 농경지로 쓸 만한 땅이 없었다는 것입니다. 당시 이 지역은 지금의 산자락까지 바닷물이 들어오는 만灣을 형성하여 항구로서 천혜의 입지조건을 갖추고 있었습니다. 학계에서는 이곳을 고김해만古金海灣이라고 부르고 있는데 신석기시대 중기에 형성된 고김해만은 대체로 가야시대까지도 동일한 해역으로 유지되었다고 합니다. 따라서 구야국은 이러한 자연조건과 풍부한 철자원을 이용한 주변국과의 교역을 통한 선진문물의 획득과 경제력의 축적으로 변한지역 내에서 가장 높은 위상을 유지할 수 있었던 것 같습니다.

구야국을 중심으로 한 변한사회는 3세기 중반 내지 후반을 기점으로 가야사회로 발전하게 되었습니다. 그 발전의 계기는 국제적인 정치질서의 변동으로 보는 견해가 유력하지만 아직까지 학계의 의견이 일치

대성동고분군 원경

하고 있지 않습니다. 그렇지만 어쨌든 변한사회에서 가야사회로의
이행 과정에는 사회상의 변화가 내재해 있을 것입니다. 이러한 측면은
가락국(금관가야)의 수장묘역인 김해 대성동고분군의 발굴조사에서
어느 정도 확인되고 있습니다.

　김해 대성동고분군은 가야의 건국설화가 전해져 오는 구지봉과 김해
패총의 중간에 위치하며, 동쪽으로 인접하여 수로왕릉이 있습니다.
고분군은 김해 공설운동장의 북쪽편에 높이 22.6m의 '왜(애)꼬지'라
불리는 구릉을 중심으로 형성되어 있습니다. 이 유적은 1990년부터
1992년, 2001년 등 4차에 걸쳐 부산 경성대 박물관이 발굴조사를 실시
하였으며, 그 결과 가락국 지배자 집단의 공동묘역으로 판명되었습니
다. 입지조건이 좋은 구릉의 능선부에는 왕묘와 이에 상응하는 지배자
의 무덤이, 경사면에는 보다 신분이 낮은 계급의 무덤들이 조성되어
있었습니다. 무덤의 조성 시기는 대체로 1세기 전후부터 5세기까지이
며, 구지로의 낮은 곳에서 정상부를 향하여 지석묘, 독무덤[甕棺墓], 널무
덤[木棺墓], 덧널무덤[木槨墓], 구덩식돌덧널무덤[竪穴式石槨墓], 앞트기식돌

방무덤[橫口式石室墳] 등이 축조되었습니다.

조사된 무덤은 총 136기인데 덧널무덤이 가장 중심되는 무덤 형식입니다. 널무덤은 모두 34기가 조사되었으며, 대체로 표고 9m 이하의 평지나 거의 평지에 가까운 곳에 조성되었습니다. 널은 대체로 두께 3cm 내외의 판재를 조립한 것으로서 평면 형태는 상자모양이며 각종 토기, 철기, 칠기, 장신구류 등이 출토되었습니다. 이는 기원전 1세기에 조성된 창원 다호리유적의 널무덤에서 조사된 널이 통나무 널임에 비해 이 시기가 되면 판재 널로 바뀌었다는 것을 보여주며, 낙랑문화의 영향이 있었음을 시사하는 것입니다. 토기는 와질토기瓦質土器가 대부분이며, 종류로는 소뿔모양손잡이항아리[組合牛角形把手附壺], 주머니호, 소형옹, 짧은목항아리[短頸壺] 등이 있습니다. 철기는 화살촉, 창과 같은 무기류, 도끼, 낫 등의 농공구류가 몇 점씩 부장되었을 뿐 그 수량은

대성동29호분

많지 않습니다. 장신구류로는 청색의 유리구슬로 만든 목걸이나 팔찌
가 출토되었습니다. 널무덤의 구조와 출토유물로 보아 1~2세기대에
축조되었던 것으로 추정되며, 삼한시대 김해에 존재하던 구야국의 문
화상을 알려주는 것으로 보아도 좋겠습니다.

　덧널무덤은 대성동유적의 가장 중심되는 무덤 형식으로서 모두 46기
가 조사되었습니다. 구릉의 능선부에서 대형 덧널무덤이 30기, 주변지
역에서 소형 덧널무덤이 16기 발굴되었습니다. 특히 능선부에 있는
덧널무덤은 길이 9m, 너비 5m 전후의 대형 무덤으로 덧널의 구조나
출토된 유물의 내용으로 보아 3세기 후반에서 5세기 전반까지의 이

대성동고분군 두귀달린항아리   대성동3호분 화로모양토기

대성동1호분 소뿔모양손잡이항아리   대성동2호분 항아리와 그릇받침

지역 가락국 지배자집단의 무덤이라 할 수 있습니다. 이들 대형 덧널무덤은 서로 중복되어 조성되었으며 구조적 특징으로 인하여 크게 두 가지 유형으로 나누어 볼 수 있습니다.

첫 번째 유형은 구릉의 북쪽에 위치하는데, 무덤의 깊이가 100cm 전후로 비교적 얕고 길이에 비해 폭이 특히 넓은 편입니다. 무덤의

대성동39호분 원통모양그릇받침   대성동1호분 원통모양그릇받침

대성동29호분 시루   대성동2호분 뚜껑있는 굽다리접시

바닥에는 아무런 시설을 하지 않았으며, 덧널은 판재로 조립하였습니다. 이러한 유형의 덧널무덤은 중국 군현의 하나인 낙랑 덧널무덤의 영향을 받은 것으로 추정됩니다.

두 번째 유형은 첫 번째 유형에 비해 무덤구덩이의 깊이가 깊으며 폭에 비해 길이가 길어 상대적으로 좁은 편입니다. 또한 으뜸덧널[主槨]

대성동2호분 덩이쇠

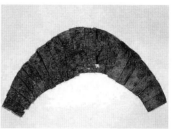
대성동39호분 경갑

대성동18호분 투구

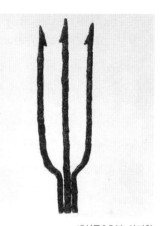
대성동2호분 삼지창

과 일자형日字形을 이루는 딸린덧널[副槨]이 처음으로 등장하며, 으뜸덧널에는 순장한 인골도 발굴되었는데, 많을 경우 5~6명이 함께 순장되었음을 알 수 있습니다.

이들 덧널무덤에서는 각종의 토기, 철기, 장신구, 의기儀器 등 많은 유물이 출토되어 가락국 전성기의 문화를 잘 보여줍니다. 3세기 말로 추정되는 대성동29호분에서는 가장 빠른 도질토기가 출토되었는데, 두귀달린항아리[兩耳附壺], 짧은목항아리 등 항아리 종류들입니다. 도질토기는 항아리 종류가 먼저 등장한 후 4세기 무렵이 되면서 점차 굽다리접시[高杯], 화로모양토기[爐形土器], 입큰작은항아리[廣口小壺], 작은그

룻받침[小形器臺], 뚜껑있는 굽다리항아리[有蓋臺附壺], 바리모양그릇받침 [鉢形器臺] 등 각종 토기가 출토되었습니다.

토기 외에도 각종의 농공구, 무기, 무구, 마구 등 철기 종류가 풍부하게 부장되어 있었습니다. 특히 29호분의 시신이 안치된 바닥면에는 판상철부板狀鐵斧가 100점 정도 열을 지어 깔려 있었으며, 4세기 무렵이 되면 판상철부를 대신하여 덩이쇠[鐵鋌]을 깔기도 하고 10장씩 묶어 쌓아 두기도 하였습니다. 철제 무기로는 고리자루큰칼[環頭大刀], 철검, 철창, 철모, 화살촉 등이 있으며, 갑옷과 투구가 다량으로 출토되었습니다. 갑옷에는 판갑板甲과 찰갑札甲이 있는데, 찰갑은 4세기 후반의 무덤에서부터 부장되기 시작하며, 대성동39호분 으뜸덧널에서는 판갑과 함께 찰갑의 부속구인 경갑頸甲, 요갑腰甲이 세트로 부장되는 등 4~5세기 갑주자료가 풍부하게 출토되었습니다. 이처럼 무기와 무구가 다량으로 출토되는 것은 이전 시기와 확연히 다른 점입니다.

대성동3호분 말띠드리개

말갖춤으로는 재갈, 말띠드리개[杏葉], 발걸이[鐙子], 안장틀[鞍橋]과 말을 보호하는 말머리가리개[馬冑], 말갑옷[馬甲] 등이 출토되었습니다. 대성동1호분에서는 금으로 장식된 안장틀과 발걸이, 가야에서 최고로 오래된 형식의 말머리가리개 등 다양한 말갖춤이 부장되어 있었습니다. 이를 통해 가락국의 지배자집단은 이미 기마습속이 보편화되어 철갑으로 무장한 기병을 보유하고 있었다는 것을 알 수 있습니다. 이것은 지금까지와는 다른 전쟁의 양상이 전개되었음을 알려주는 자료입니다. 즉 보병전에서 기병전으로 전투 형태가 변하면서 이전 시기보다 훨씬 더 먼 곳까지 이동하여 전투를 수행할 수 있게 되어 다른 지역과의 전쟁이 더 빈발한 상황에 직면했음을 짐작해 볼 수 있습니다.

장신구로는 수정, 마노, 비취, 호박, 유리 등으로 만든 구슬류인데, 이 구슬들은 대부분 목걸이로 사용되었습니다.

이들 유물 외에도 대성동고분군에서는 중국, 북방, 일본열도 등지의 유물들이 출토되었습니다. 중국계의 유물로는 2호, 14호, 23호분에서 출토된 방격규구 사신경方格規矩四神鏡과 내행화문경內行花文鏡의 깨진 조각이 있는데, 모두 중국 후한시대에 만들어져 전해져 온 전세경傳世鏡입니다.

대성동13호분 내행화문경편

북방계의 유물로는 29호, 47호분에서 각 1점씩 출토된 청동솥[銅鍑]과 11호분에서 나온 호랑이모양띠고리[虎形帶鉤] 등이 있습니다. 일본열도계 유물로는 파형동기巴形銅器, 벽옥제碧玉製 석제품 등이 있습니다. 이러한 유물은 당시 일본의 세력집단이 헌상한 것이거나 교역을 통하여 획득한 것으로 추정됩니다.

김해 대성동고분군의 구릉 능선부에 형성된 대형 덧널무덤은 매장주체부의 크기, 부장유물의 질과 양을 통하여 3세기 후반에서 5세기 전반에 걸쳐 형성된 가락국 지배자들의 무덤임을 알려주었으며, 이 무덤의 조사결과 가락국의 전성기는 4세기대를 중심으로 하는 시기였음이 밝혀졌습니다. 이처럼 김해 대성동고분군은 가락국의 실체를 규명하는 데 획기적인 자료를 제공하였을 뿐만 아니라 고대 한일간의 문화교류를 연구하는 데도 크게 기여할 것으로 기대되고 있습니다.

대성동29호분 청동솥

대성동11호분 호랑이모양띠고리

대성동13호분 파형동기와 통형동기

대성동13호분 벽옥제석제품

　가락국은 김해 대성동고분군의 발굴조사에서도 드러났듯이 풍부한 철과 활발한 교역을 통하여 경제적 부를 축적하였습니다. 동시에 선진 지역의 문화를 섭취함으로써 강력한 정치집단으로 성장하였습니다. 낙동강 하류역의 대표적 유적인 김해 대성동유적과 양동리유적, 그리고 가락국과 관련성이 있는 부산 복천동유적의 무덤 규모나 그 출토유물을 보면 가락국의 국력과 문화수준을 짐작할 수 있습니다. 같은 시기 백제나 신라에 비해 결코 뒤지지 않았으며 오히려 신라에 비해서는 문화적 역량이 더 우수한 것으로 판단됩니다.

삼한시대에도 그러했지만 여전히 4세기대까지 가락국은 주변 가야 제국과의 관계를 주도한 것으로 생각됩니다. 『삼국유사』「가락국기」에 전하는 6개의 알에 관한 설화도 비록 설화 형식을 띠고 있지만, 가락국 주도의 역사적 사실을 반영하는 것입니다. 특히 가야시대 대표적인 토기인 도질토기의 발생과 관련하여 김해 대성동고분군에서 남부지방에서 시기가 가장 빠른 도질토기가 출토되었으며, 이것이 인근 지역으로 파급되는 과정을 보더라도 가락국의 위상을 충분히 짐작할 수 있습니다.

하지만 4세기대 가락국의 모습을 유추해 볼 수 있는 역사자료는 거의 없습니다. 『삼국사기』에 전하는 가야 관계 기록은 3세기 초반까지 단편적으로 그 모습을 보이지만 「신라본기」내해왕 17년(212)에 가야가 신라에 왕자를 인질로 보냈다는 기록을 끝으로 가야는 역사서에서 찾아볼 수 없습니다. 가야가 역사서에 다시 등장하는 것은 신라 소지왕 3년(481)입니다. 고구려가 말갈과 더불어 신라의 북경을 침입하자 백제와 연합하여 신라군을 도왔다는 것입니다. 『삼국사기』기록만으로 보면 무려 269년 동안 가야는 역사무대에서 자취를 감추었던 것입니다.

그런데 광개토대왕릉비문 경자년조(400) 기록을 보면 '임나가라任那加羅'라는 이름으로 가야가 역사무대에 여전히 존재하고 있음을 볼 수 있습니다. 김해 대성동유적과 양동리유적 등의 고고자료를 살펴보아도 『삼국사기』에 전혀 그 존재가 보이지 않는 시기에도 가야는 여전히 강력한 군사력과 경제력을 소유하고 있던 나라였으며, 적어도 4세기대까지는 가락국이 가야제국의 주도세력이었다는 것은 의문의 여지가 없습니다.

하지만 정작 우리가 궁금한 것은 변한사회에서 가야사회로 전환하는 시점이 '왜 하필 3세기 중·후반인가'라는 점입니다. 또 김해 예안리고분 군 단계까지만 해도 도대체 전쟁이라고는 일어날 것 같지 않은 평온한 모습을 보여주던 가야사회에 어떻게 해서 김해 대성동고분군의 대형 덧널무덤 주인공처럼 수많은 철제무기와 기병을 소유한 존재가 나타나 게 되었을까요? 단순한 권력 과시용이었을까요, 아니면 어떤 급격한 정세변동으로 인해 전쟁 상황이 발생한 것이었을까요? 이 의문은 단순 히 가야 자체만의 문제가 아니므로 회를 달리하여 계속 검토해 보고자 합니다.

07

가락국 지배자의 정체
가락국과 부여족남하설

1990년 발굴이 시작된 김해 대성동고분군은 전기 가야제국을 주도했던 가락국 지배자집단의 공동묘역이 발견되었다는 점에서 큰 의의가 있습니다. 그뿐만 아니라 가락국의 국가 형성 문제, 가락국 지배세력의 정체 등 가야라는 국가에 대한 새로운 문제점이 다각도로 제기되는 계기가 되었습니다.

사실 가야의 성립과 정치적 동향에 대한 문제는 역사학계나 고고학계에서 가장 중요한 연구 주제임에도 불구하고 모두를 만족시킬 만한 견해가 나오지 않고 있습니다. 연구자들은 각자 개성이 뚜렷한 견해를 제시하면서 역사적 진실에 접근하고자 하지만 기초적인 역사자료가 빈약하여 상당 부분을 추론에 의존하고 있으므로 합일점을 찾기란 쉽지 않을 것 같습니다.

대체로 역사학계에서는 가야의 어원과 변천, 문헌에 나타나는 가야 관련 기록을 기반으로 고고학의 연구성과를 반영하여 가야사의 시작을 설명하는데 1~3세기의 변한을 가야사에서 어떻게 다룰 것인가를 놓고 크게 두 가지 견해로 나뉘어져 있습니다. 하나는 변한의 역사를 가야사에 포함시키는 것이고, 다른 하나는 1~3세기는 변한의 역사이고 가야의 성립은 3세기 말~4세기 초로 보아야 한다는 견해입니다. 경북대 주보돈 교수는 전자를 전기론前期論, 후자를 전사론前史論으로 명명하였습니다.

이 가운데 전사론은 3세기 말~4세기 초가 한국고대사 더 나아가 고대 동아시아사 전체가 커다란 정치적 변동의 시기였다는 고고학계의 견해에 동의하고 있습니다. 즉 부산대 신경철 교수는 가야라고 불렸던 여러 정치세력이 구체적으로 모습을 드러내는 시기를 3세기 말~4세기 초로 보고 이를 기준으로 삼한시대와 가야시대를 구분해야 한다고 주장하였습니다. 가야가 성립되었다는 것은 한반도 남부에서 이전의 삼한사회와는 국가체의 성격, 지배권력의 강도 면에서 확연히 차이가 나는 새로운 정치세력의 등장으로 인하여 본격적인 삼국시대가 성립되었음을 의미한다는 것입니다.

김해 대성동고분군은 가야사회 성립에 대한 획기적인 발상을 잉태하게 한 유적이라 할 수 있습니다. 이 고분에서 고고학자들은 과연 무엇을 보았기에 전기론의 입장에서는 그다지 중요하게 생각하지 않았던 3세기 말~4세기 초의 시기를 주목하게 되었을까요? 신경철 교수는 '3세기 말의 대변혁'이라고 표현할 만큼 한반도 남부사회를 뒤흔든 변화의 물결이 있었다고 주장하는데, 대체 그 변화의 실체는 무엇이었을까요?

지금부터 김해 대성동고분군 발굴을 주도했던 신경철 교수의 견해를 통하여 이 시기의 정치적 변동을 추적해 보기로 하겠습니다.

3세기 말에 큰 변화가 있었다는 것을 가장 잘 보여주는 고고학적 자료는 신라, 가야 토기로 불리는 도질토기입니다. 도질토기의 등장을 기점으로 하여 가야사회는 큰 변화를 보였습니다. 도질토기는 섭씨

김해 구지로유적 두귀달린항아리

1,200도 전후의 높은 온도에서 구운 환원염 소성의 단단한 토기를 말합니다. 도질토기가 출현하기 이전의 삼한시대 토기는 섭씨 700~900 도 정도의 낮은 온도에서 구운 환원염 소성의 와질토기였습니다.

도질토기는 최근의 조사성과에 의하면 3세기 말 낙동강 하류역 김해와 부산지역에서 가장 먼저 출현하여 영남지방 각지로 퍼져나갔습니다. 처음 만들어진 도질토기는 두귀달린항아리[兩耳附壺]의 형태를 하고 있었습니다. 그런데 이 두귀달린항아리는 중국 북방에서 만들어진 독특한 토기 형태이므로 가야에서 출현한 도질토기는 이전부터 제작되고 있었던 와질토기문화를 바탕으로 하여 북방토기문화를 결합시켜 만들어낸 것임을 알 수 있습니다. 즉 도질토기는 북방토기문화의 영향을 받아 출현하게 되었다는 것입니다. 이러한 도질토기가 한반도 남부의 어느 지역보다도 김해, 부산에서 가장 먼저 나타났다는 것은 주목할 만합니다.

한편 이 지역에서는 도질토기와 함께 순장 풍습도 가장 먼저 출현하였습니다. 순장은 주인이 죽으면 노비나 가신을 죽여서 함께 묻는 것을 말하는데, 변한시대에는 한반도 남부에 없었던 풍습이 3세기 말에 나타났던 것입니다. 김해 대성동29호분에서는 목걸이로 사용되었던 유리제 옥류가 출토되었는데 이것이 무덤 주인공의 발치에 놓여 있었습니다. 이 옥류가 발견된 곳 주변에는 아무런 부장품도 놓이지 않은 꽤 넓은 빈 공간이 있었는데 이곳이 목걸이를 착용한 시신이 안치된 곳으로 보입니다. 적어도 2인 이상의 순장자가 안치되어 있었던 것입니다.

또 순장에는 사람 외에 소나 말 등의 동물을 희생시키는 행위가 있는데, 대성동유적에서도 동물 순장이 확인되었습니다. 김해 대성동1호분 으뜸덧널의 덧널 위에서 소의 아래턱뼈가 발견되었습니다. 이처럼 소나 말의 목을 베어, 머리를 덧널 위에 놓는 것은 북방유목민족의 동물 순장 형태와 동일한 것으로, 김해 대성동유적의 순장은 북방의 습속과 관련이 있다는 것을 알 수 있습니다. 부여의 무덤으로 추정되는 유수노하심楡樹老河深의 중간층 무덤에서도 이러한 형태의 소와 말의 순장이 확인되었습니다.

영남지역 고분에서는 이처럼 동물의 머리만을 잘라 매장주체부 부근에 놓은 것도 있지만, 매장주체부를 원형으로 둘러 싼 도랑[溝]에 희생시킨 말의 몸통이 발견되는 경우도 있습니다. 전자가 북방의 습속을 그대로 이어받고 있는 것이라고 한다면, 후자는 영남지역에서 발전된 순장의 형태라고 보아도 좋을 것 같습니다.

134

3세기 말 영남지역에서는 이러한 순장의 풍습이 다른 고분에서는 발견되지 않고 오로지 김해 대성동고분군과 부산 복천동고분군 단 두 곳에서만 나타납니다. 이 두 고분군은 각각 낙동강 하류역의 서쪽과 동쪽지역을 관할하는 지배자집단의 무덤이라는 점에서 순장은 특정 지배자집단에서만 행해진 매장의례임을 알 수 있습니다. 따라서 김해 가락국의 지배집단은 김해 대성동고분 축조집단과 부산 복천동고분 축조집단의 연합으로 이루어진 것으로 생각되며, 순장자의 숫자나 부장된 유물의 질적인 면으로 보아 김해 대성동고분군 축조집단이 상대적으로 우위에 있었다고 추측됩니다. 그 후 순장의 풍습은 주변지역으로 파급되어 신라의 경우에는 가야의 영향을 받아 4세기 중엽 이후부터 순장이 행해지게 되었습니다.

이러한 순장 풍습을 전해주었던 원류지를 알 수 있는 중요한 자료로서 '오르도스형 청동솥'이라고 불리는 유물이 있습니다. 이 솥은 북방유목민족들의 독특한 청동솥으로 김해 대성동고분군에서 2점, 김해 양동리고분군에서 1점이 출토되었습니다. 원래 이 솥은 북방민족들이 사용하던 취사

대성동47호분 청동솥

도구의 일종인데, 북방민족은 목축을 하면서 물과 풀을 따라 옮겨다녔기 때문에 양 귀에 끈을 꿰어 말 안장에 매달 수 있도록 만들었던 것입니다. 가야지역에서 이 청동솥은 지배층만이 소유할 수 있는 대단히 귀한 물건인데 세부 형태나 제작기법이 부여의 중심지였던 중국 길림성 북부지역 출토품과 유사하므로 그 지역에서 제작되었던 것으로

추정할 수 있습니다.

한편 김해 대성동45호분에서는 큰칼을 일부러 구부려 부장시키는 사례가 발견되었고, 김해 대성동29호분은 덧널을 불에 그을린 흔적이 남아 있습니다. 이러한 사례는 최근의 가야지역 발굴조사에서 광범위 하게 나타나고 있습니다. 이와 같이 무기를 의도적으로 훼손하여 무덤 에 부장하거나 덧널을 불에 그을리는 행위는 흉노, 선비, 부여 등 북방 유목민족의 특별한 장례행위로 이것이 도질토기의 출현, 오르도스형 청동솥의 매납과 동시에 가야의 매장의례에 행해지고 있다는 점은 주목해 보아야 합니다.

3세기 말에 이와 같은 북방유목민족과 관련 있는 문물과 습속의 등장을 기점으로 가야지역에서는 철제의 갑옷과 투구[甲冑], 그리고 기 마용의 말갖춤이 고분에서 출토되고 있습니다. 영남지역에서 발굴된 갑주로는 북방유목민족의 독특한 기마용 갑주에 영향 받아 제작된 것과, 재래의 가죽이나 나무로 만든 갑옷이 모델이 된 영남지역 특유의 철제 갑옷이 있습니다. 그런데 이러한 갑주의 원류지인 북방유목민족 의 무덤에서는 철제 갑주가 출토되는 경우가 드물며 거의 가죽제 갑주 가 보편적인 것에 비하여 가야지역에서는 오히려 철제 갑주의 출토량 이 북방보다도 월등히 많습니다. 신체 보호에 보다 효율적인 철제 갑주가 다량으로 제작되었다는 점에서 철의 왕국이라고 불릴 만한 가야지역의 왕성한 철기문화가 그 저변에 깔려 있음을 증명해주는 것입니다.

기마용 말갖춤도 이 무렵 김해 대성동고분군과 부산 복천동고분군에 서 가장 먼저 출현하였는데, 최근의 연구성과에 따르면 말갖춤의 직접 적인 원류지도 지금의 중국 동북지방으로 판명되었습니다. 즉 말갖춤 가운데 재갈과 고삐는 중국 동북지역의 선비, 부여 계통에서 사용하던

김해퇴래리 판갑　　　　　　　기마형토기

것으로 대표적인 북방문물이라 할 수 있습니다.

이 기마용 말갖춤의 등장은 매우 중요한 의미를 담고 있습니다. 그것은 그 이전 시기까지의 전투형태인 보병전에서 기병전으로 전투양상이 확연히 달라졌음을 의미하는 것이며 이때부터 비로소 먼 거리까지 원정하여 정복전쟁을 수행할 수 있게 되었다는 것을 보여주는 것입니다. 이러한 철제의 갑옷과 투구, 말갖춤의 출현은 이때부터 낙동강 하류역의 가야사회가 본격적인 군대의 보유와 함께 바야흐로 전쟁의 시대에 접어들었음을 나타내는 가장 분명한 자료라고 할 수 있습니다.

고분에서 발견된 유물과 습속을 통해 볼 때 3세기 말~4세기 초에 낙동강 하류역에서는 이전 시기와는 뚜렷이 구분되는 북방문물의 유입이 있었음을 알 수 있습니다. 이러한 점은 묘제에서도 찾아볼 수 있습니다. 3세기를 전후한 영남지역의 주된 묘제는 덧널무덤[木槨墓]이었습니다. 덧널이라는 것은 고고학적으로는 시신과 함께 많은 부장유물이

양동리162호분

들어갈 수 있는 규모의 매장시설이라고 말할 수 있습니다. 덧널무덤보다 먼저 사용되었던 널무덤은 시신만 매장할 수 있는 규모의 매장시설이므로 많은 물품을 부장할 수 없었습니다. 따라서 덧널이 출현하였다는 것은 이전 시기에 비해 훨씬 많은 물품을 무덤 속에 부장할 수 있는 강력한 권력을 가진 존재가 등장하였다는 것을 의미하며, 이때부터 계급의 분화가 더욱 현저해졌다는 것을 보여줍니다.

영남지역의 덧널무덤 가운데 가장 먼저 등장한 것은 2세기 후반의 김해 양동리162호분임이 최근의 발굴조사에서 확인되었습니다. 3세기 말~4세기 초에 접어들면서 이 덧널무덤에 변화의 조짐이 나타납니다. 즉 이전의 덧널무덤은 변한과 진한의 구별이 없이 같은 형태를 지니고 있음에 비해 이 시기에는 가야와 신라지역의 덧널무덤이 서로 현격하게 달라진 것입니다. 즉 2세기 후반에서 3세기 후반까지는 덧널무덤의 무덤구덩이가 폭과 길이의 비율이 2 : 3 정도 되는 폭 넓은 덧널무덤[Ⅰ류덧널무덤]을 공통으로 채용하고 있었는데, 3세기 말이 되면 김해와 부산을 주축으로 하는 가야지역은 폭 넓은 덧널무덤[Ⅱ류덧널무덤]을 그대로 채용하고 있음에 비해, 경주를 중심으로 하는 신라지역은 폭과 길이의 비율이 1 : 3~5 정도의 폭이 좁은 덧널무덤을 축조하였습니다.

이처럼 이 시기에 공동의 묘제로 사용되었던 덧널무덤이 갑자기 분화된 것은 이때부터 양 지역이 이전 시기와는 다른 정치적 환경에 직면하였기 때문이라고 설명할 수 있지 않을까요? 즉 이것은 철제 갑옷과 투구, 철갑으로 무장한 기병을 보유한 집단이 낙동강 하류역에 등장한 데 따른 경주를 중심으로 한 지역의 위기의식에서 비롯된 현상으로 볼 수 있지 않을까요? 가야지역에서 일어난 급격한 정세변화가 진한사회에 영향을 미쳐 사로국을 중심으로 한 중앙집권화를 촉진하였을 가능성도 있습니다.

한편 낙동강 하류역의 덧널무덤도 Ⅰ류덧널무덤과 Ⅱ류덧널무덤을 비교하면 무덤구덩이의 평면 특징은 같지만 내용은 현저하게 차이가 납니다. 즉 Ⅱ류덧널무덤은 Ⅰ류덧널무덤에는 없었던 순장의 습속이라든가 부장품을 후하게 넣는 후장厚葬 등 무덤의 내용에는 차별성을 보이고 있습니다. 또 Ⅰ류덧널무덤에는 부장유물의 배치가 무덤주인공의 허리쪽, 말하자면 덧널의 한쪽길이를 따라 일렬로 되어 있던 것이, Ⅱ류덧널무덤에는 무덤주인공의 발치 아래쪽으로 배치되는 변화를 보였습니다.

그런데 Ⅱ류덧널무덤을 축조하면서 앞시기의 무덤을 파괴하는 현상이 나타났습니다. 왜 그랬을까요? 무덤을 축조할 수 있는 공간이 부족해서였을까요? 이 시기에 생산력의 증대와 더불어 인구가 증가하면서 가용할 수 있는 토지가 부족하였을 가능성을 제기하는 연구자도 있습니다. 또 일본 야요이 시대에 친족관계에 있는 피장자들을 매장할 때 독무덤[甕棺墓]을 중복하여 만드는 경우도 있으므로 중복된 덧널무덤의 주인공들은 친족이었을 것으로 추정하는 연구자도 있습니다.

그러나 앞 시기 무덤을 파괴하는 현상이 그 전에는 이 지역에 전혀 보이지 않았던 점, 북방문물과 습속이 이 지역에 유입됨과 동시에 앞 시기 무덤에 대한 파괴행위가 행해지고 있다는 점, II류덧널무덤이 앞 시기 무덤의 바닥까지 철저하게 파괴하고 있는 경우도 있던 점에서 무덤주인공들을 혈연적인 관계로 보기에는 무리가 있습니다.

이러한 현상은 II류덧널무덤을 축조하였던 집단이 앞 시기의 무덤을 의도적으로 파괴하고 그들 집단의 무덤을 조성했다는 것을 의미합니다. 이것은 앞 시기의 체제와 관념을 완전히 부정하는 행위로 볼 수 있습니다. 이런 모습에서 우리는 3세기 말 낙동강 하류역에 이전의 무덤을 파괴하면서 기존의 정치체제마저도 부정할 수 있는 북방문물과 관련을 가진 새로운 정치세력이 등장한 것이 아닌가 하는 의구심을 갖게 되는 것입니다.

이상과 같은 북방문물과 습속, 그리고 영남지역 묘제에서 추정되는 낙동강 하류역과 경주지역과의 정치적 긴장관계를 어떻게 이해할 수 있을까요?

먼저 쉽게 생각해 볼 수 있는 것은 북방문화가 전파된 것이 아니겠는 가라는 추정입니다. 하지만 단순한 문화의 전파라면 도질토기의 발생이나 순장의 습속이 우선 북부지역으로부터 차츰 남하하는 현상이 보여야 할 것인데, 한반도의 동남단인 낙동강 하류역에서 가장 먼저 출현하였다는 점이 문제입니다.

한편 이들 북방문화를 문헌에 보이는 3세기 말 진한과 서진의 교섭 기록을 중시하여 교역의 산물로 보려는 견해도 있습니다. 그런데 기록 대로라면 이러한 북방문화가 어느 곳보다도 진한의 중심지라 할 수 있는 경주에서 가장 먼저 자리를 잡는 것이 당연할 텐데 실제로는 낙동강 하류역에서 가장 먼저 나타나고 있다는 점에서 납득하기 어려운 의견입니다. 더욱이 북방문화가 등장하는 시점에 낙동강 하류역과 경주지역의 묘제에 차이가 생겼다는 점에서도 단순한 교역론으로 설명하기에는 무리가 있습니다.

3세기 말 낙동강 하류역에 나타난 여러 현상은 북방문화를 소유하고 있는 특정한 주민의 이동 없이는 불가능한 일입니다. 즉 도질토기, 청동솥, 갑옷과 투구, 말갖춤 등 북방문물만의 유입이라면 북방문화의 전파 내지는 교역으로 설명할 수 있겠지만, 문물과 동시에 순장, 무기의 훼손, 덧널을 불에 그을리는 행위 등 북방의 습속까지 나타나고 있는 점은 이러한 습속이 몸에 배인 종족이 이 지역에 이주했을 경우에만 가능한 현상인 것입니다.

그렇다면 과연 당시의 국제적 상황 속에서 어떠한 종족이 이 지역으로 들어올 수 있었을까요? 김해 대성동고분군에서 확인되는 현상을 모두 만족시킬 수 있는 종족은 바로 부여족입니다. 또 하나 그런 추정의 근거가 되는 것이 중국측 기록입니다. 중국의 『진서晉書』 동이열전東夷列傳 부여국조夫餘國條에 다음과 같은 기록이 전하고 있습니다.

무제 때에는 자주 와서 조공을 바쳤는데, 태강 6년(285)에 이르러 모용외의 습격을 받아 패하여 왕 의려는 자살하고, 그의 자제들은 옥저로 달아나 목숨을 보전하였다. 무제는 그들을 위하여 다음과 같은 조서를 내렸다.

"부여왕이 대대로 충성과 효도를 지키다가 몹쓸 오랑캐에게 멸망되었음을 매우 가엾게 생각하노라. 만약 그의 유족으로서 나라를 회복할 만한 사람이 있으면 마땅히 방책을 강구하여 나라를 세울 수 있게 하라."

이에 유사가 보고하기를, "호동이교위인 선우영이 부여를 구원하지 않아서 기민하게 대응할 기회를 놓쳤습니다."고 하였다. 조서를 내려 선우영을 파면시키고 하감으로 교체하였다.

이듬해에 부여후왕 의라는 하감에게 사자를 파견하여, 현재 남은 무리를 이끌고 돌아가서 다시 옛 나라를 회복하기를 원하며 원조를 요청하였다. 하감은 전열을 정비하고 독우 가침을 파견하여, 군사를 거느리고 호송하게 하였다. 모용외 또한 그들을 길에서 기다리고 있었으나, 가침이 모용외와 싸워 크게 깨뜨리니, 모용외의 군대는 물러가고 의라는 나라를 회복하였다.

武帝時 頻來朝貢 至太康六年 爲慕容廆所襲破 其王依慮自殺 子弟走保沃沮 帝爲下詔曰 夫餘王世守忠孝 爲惡虜所滅 甚愍念之 若其遺類足以復國者 當爲之方計 使得存立 有司奏護東夷校尉鮮于嬰不救夫餘 失於機略 詔免嬰 以何龕代之 明年夫餘後王依羅遣詣龕 求率見人還復舊國 仍請援 龕上列 遣督郵賈沈以兵送之 廆又要之於路 沈與戰 大敗之 廆衆退 羅得復國

기록에 따르면 모용외의 습격을 받아 부여 왕은 자살하고 자제들은 옥저로 피신하였으며, 이듬해 부여후왕이 진나라의 도움을 받아 나라를 회복하였습니다. 옥저로 갔다는 국왕의 자제들은 그 뒤에 어떻게 되었는지에 대해서는 전하지 않습니다. 아마도 옥저로 피신했던 부여왕의 자제들과 그들을 따르는 무리들이 옥저를 출발하여 동해안 루트를 따라서 남하하여 낙동강 하류역에 이르러 정착한 것으로 추측됩니다. 바로 이 집단이 기존의 재지지배층을 교체하면서 김해 대성동고분을 축조하고 가락국을 성립시킨 주체였던 것입니다. 이처럼 가락국은 부여의 국가, 사회시스템을 그대로 옮겨온 집단에 의해 이루어졌으므로 국가 성립부터 강력한 국가시스템과 기마군단 등 군대조직을 갖추고 있었습니다.

3세기 말~4세기 초에 북방 부여족의 일부가 남하하여 낙동강 하류역을 정복하였다는 신경철 교수의 이른바 '부여족 남하설'은 역사적 사실 여부는 논외로 하더라도 가야의 성립, 더 넓게는 삼국의 성립시기에 대한 문제를 제기하였을 뿐만 아니라 그동안 공백 상태에 있던 4세기대의 가야사를 설명할 수 있다는 점에서 대단히 주목해야 할 견해입니다.

『삼국사기』에 전하는 가야 관계기록은 212년(신라본기 내해왕 17년조)의 기록 이후 481년(신라 소지왕 3년조) 다시 모습을 보일 때까지 무려 269년 동안의 기록이 없습니다. 그에 반해 광개토대왕릉비문 400년 경자년조에는 '임나가라'라는 명칭으로 가야 관계기록이 전하며, 중국 남북조시대 남제南齊의 역사를 기록한 『남제서』에는 가라국왕 하지荷知가 중국 남제에 사신을 보냈다고 기록하고 있어 5세기대의 가야는 상당한 힘을 가진 정치집단으로 역사무대에서 활동하고 있음을 확인할 수 있습니다. 그렇지만 3세기 말부터 4세기대는 우리의 역사에서 가야를 찾아볼 수 없습니다. 이러한 기록의 공백과 함께 그 동안의 옛 가야지역 발굴조사 또한 5세기대 이후의 유적에 집중되어 있어 4세기대의 가야사는 알 수 없는 시간으로 남아 있었습니다.

이러한 점을 염두에 두면 부여족 남하설은 가야사의 잃어버린 4세기대를 복원할 수 있는 실마리를 제공한 점에서 매우 중요한 의미가 있습니다. 다만 이것이 역사적 사실로 증명될 수 있을지는 다각도로 검토해 보아야 할 것입니다.

그런데 어떻게 한반도 남부에서 지배세력이 재편되는 큰 변화가 『삼국사기』 같은 문헌기록에 전혀 기록되지 않았을까요? 물론 이러한 일들은 역사 속에서 비일비재하게 있었던 현상입니다만, 우리는 이 문제에 대하여 몇 가지 가능성을 생각해 볼 수 있습니다.

우선 당시 부여인들이 문자에 큰 관심을 갖지 않았던 것이 아닐까 하는 점입니다. 앞의 기록에서 보듯이 중국과 우호적인 관계로 교류를 했으므로 문자를 사용하지 않았던 것은 아닐 겁니다. 그러나 농경정착 민들과 달리 이동성이 강한 그들의 성격상 기록의 보존에 대해서는 그다지 중시하지 않았을지도 모릅니다.

또 하나는 기록으로 남았다 하더라도 그들의 활동이 원래의 모습과 다르게 표현되었을 가능성이 있습니다. 즉 낙동강 하류역에 들어온 이 집단은 피정복자들의 눈에는 침입자들로 비춰졌을 것입니다. 그렇 지만 이들은 기존의 토착민들과 동화하면서 정착했을 것이므로 후에 그들의 역사를 기록할 때 자신들을 정복자로 기록하지는 않았을 것이 며, 신화 등의 형식으로 표현했을 가능성은 충분히 예상할 수 있는 일입니다. 누군가에 의해 침입을 받았다는 기록이 없다는 사실은 정복 했던 당사자가 그 후의 역사 전개과정에서 주도적인 위치에 있었다는 것을 알려주는 것입니다. 현재 우리들에게 가야의 역사를 전해주는 자료로는 고려시대에 편찬된『삼국사기』와『삼국유사』가 있지만 이것 은 3세기 말보다 훨씬 이후에 만들어진 책입니다. 더구나『삼국사기』 처럼 신라를 중심으로 하여 편찬된 기록에서는 가야의 구체적인 정황 이 제대로 반영되지는 않았을 것입니다. 이런 측면들을 고려해 보면 부여족의 남하와 관련된 기록이 전하지 않는 것은 어쩌면 당연한 일일 지도 모릅니다.

한편 부여족 남하설은 한국판 기마민족설이라는 비판을 받고 있습니 다. 1940년대 일본의 동양사학자인 에가미 나미오江上波夫에 의해 제기 되었고, 1970년대 미국의 동양학자 레드야드 교수에 의해 보완된 '기마 민족설'은 '일본열도 내 기마민족 정복왕조론'의 약칭으로 고대 일본이 동북아시아 계통의 외래 기마민족에 의해 정복당했다고 보는 학설입니

다. 이 주장에 따르면 서기 300년을 전후한 시기에 중국 북방의 오호민
족五胡民族이 중국의 화북지방으로 이동할 무렵, 고구려와 가까운 퉁구
스 계통의 북방 기마민족의 일부가 새로운 무기와 말을 가지고 한반도
로 남하하여 한반도 남부의 구야국을 중심으로 한 변한지역을 정복했
다고 합니다. 또『삼국지』위서 동이전 한조에 보이는 삼한세력의 연맹
장인 진왕辰王은 이렇게 남하한 퉁구스계 족속의 지배자였다는 것입니
다. 이들 기마민족은 4세기 초에 이르러 바다를 건너 북큐슈 쓰쿠시筑紫
지방에 도착하여 토착세력을 정복하고 왜·한 연합왕국을 건설하였다
고 합니다. 이후 4세기 말경에는 다시 기나이畿內로 진출하여 야마토大
和 정권을 수립하게 되었는데, 전자를 제1차 건국으로, 후자를 제2차
건국으로 보았습니다.

이 가설에서 문제가 되는 것은 애초부터 이 가설은 한국사의 입장을
고려하지 않았기 때문에 한국사에 대입하게 되면 일본열도내 세력이
한반도 남부를 지배하고 있었다고 보는 점에서 기존의 '임나일본부설'
과 같은 관점이라는 점입니다. 즉 야마토 정권을 세운 기마민족은
원래의 근거지였던 한반도 남부 지역을 여전히 지배하고 있었다고
보는 것입니다. 이 때문에 특정 종족의 이동과 국가 건설이라는 동일한
관점에서 출발한 부여족 남하설이 기마민족설의 재판이 아닐까라는
부정적인 시각도 존재하는 것입니다.

그러나 부여족 남하설은 이러한 기마민족설을 비판적으로 수용한
것으로 볼 수도 있지만, 역사를 보는 관점에는 근본적인 차이점이
있습니다. 에가미 나미오는 일본열도를 정복한 기마민족이 일본열도
로 건너가기 전의 근거지였던 한반도 남부지역을 여전히 지배하고 있었
다고 파악한 데 비하여, 신경철 교수는 이를 전혀 인정하지 않습니다.

그렇다면 김해 대성동고분군에서 출토된 왜계倭系 유물은 어떻게

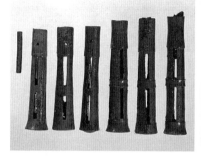

1
─────
2 │ 3

1 대성동13호분 파형동기
2 대성동1호분 통형동기
3 대성동13호분 벽옥제석제품

설명할 수 있을까요? 기마민족설을 그대로 따른다면 이 유물들은 왜에 의한 가야 지배와 관련지어 설명할 수 있지 않을까요?

그러나 김해 대성동고분군의 유물 출토 양상은 당시 가락국이 왜보다는 훨씬 선진지역이었음을 보여주며, 이 지역이 왜에게 선진문화의 전달창구로서의 역할을 한 것을 증명해 줍니다. 김해 대성동고분군에서 출토된 파형동기巴形銅器, 통형동기筒形銅器, 벽옥제품碧玉製品들은 일본 고분시대 전기 수장들의 특수물품으로, 왜의 수장이 가야의 철을 중심으로 한 선진문물을 수입하기 위해 일종의 성의 표시로 바친 교역품의 일부로 파악됩니다. 특히 그동안 일본에서만 출토되던 통형동기 같은 유물은 그 원류가 가야 쪽에 있었을 가능성도 엿보입니다. 이러한 점은 기마민족설에서 말하는 왜가 한반도 남부를 지배했다는 가설은 있을 수 없다는 것을 확실하게 보여주는 것입니다.

부여족 남하설은 앞으로도 많은 검토와 연구가 축적되어야 하는 현재진행형의 학설입니다. 이를테면 3세기 말~4세기 초에 별다른 지배층의 교체 없이도 경주지역은 덧널무덤의 평면형태가 변화하고 있었습니다. 그런데 김해지역에서 특정 종족의 정복이 수반되었음에도 선행무덤의 파괴는 있었지만 이전 시기와 동일한 무덤형태를 고수한 것에 대해서는 해명이 필요합니다. 또 선행 무덤의 파괴를 과연 정복의 결과로 단정지을 수 있는지도 검토해 보아야 합니다. 김해 대성동고분군에서 출토된 유물에 대해서도 심도 있는 연구가 진행되어 단순한 북방문물의 전파 및 교섭의 산물이 아니라 북방민족의 직접적인 이동의 결과라는 것을 더욱더 명쾌하게 밝혀 주어야 할 것입니다.

부여족 남하설이 당시의 역사적 사실이라고 단언할 수는 없습니다. 그러나 문헌에서 외면당한 3세기 말~4세기대의 가야를 역사의 전면에 부각시켰다는 점만으로도 이 학설은 대단한 가치를 지니고 있습니다. 더욱이 가야라는 국가의 성립에 대해서 전면적으로 문제를 제기하였고, 지배세력의 성격을 명확히 함으로써 가야의 정체성에 대한 인식을 제고시켰으며, 북방민족의 정치적 변동을 한반도 남부사회와 연결하여 가야사를 동아시아 고대사의 흐름 속에서 살펴볼 수 있는 큰 틀을 제시하였습니다. 또한 제2의 임나일본부설이라 할 수 있는 기마민족설을 전면적으로 부정하면서 오히려 가락국에 대한 왜의 문화적 종속성을 실증적인 자료를 통해 보여줌으로써 왜곡된 임나일본부설을 불식시켰습니다.

1990년 김해 대성동의 나지막한 언덕에서 1700여 년 만에 찬란한 햇빛 아래 드러난 무덤들은 이처럼 그들의 자태만으로도 잊고 있었던 가야의 역동적인 역사를 우리들에게 조용히 일깨워 주었습니다.

08

광개토대왕 남정南征이 가야사회에 남긴 것
전기가야연맹의 해체

김해 대성동고분군의 발굴조사 결과를 통하여 우리는 문헌에 전해지지 않은 3세기 말부터 4세기대의 강력한 철의 왕국 가야사회를 주도했던 세력이 김해의 가락국이었음을 알게 되었습니다. 그런데 가락국 번성의 상징이자 100여년 이상 가야제국의 정치와 문화를 주도했던 대성동고분군에는 5세기 초가 되면 갑자기 더 이상 무덤이 축조되지 않습니다. 즉 이 무렵 김해에는 대성동고분군 집단으로 상징되는 가락국 지배자집단의 무덤이 더 이상 만들어지지 않았던 것입니다.

이것은 다른 가야지역 지배자집단의 무덤이 가야 멸망 무렵인 6세기 전엽까지 의연히 축조되고 있었던 것과는 확연한 대조를 보이는 현상입니다. 이를테면 가락국을 이끌었던 양대 축 가운데 하나인 부산 복천동고분군을 조성하였던 집단은 복천동 일대에서 지배자집단의 무덤을 조성하다가 5세기 후반 무덤 축조공간이 부족해지자 인근 연산동고분군으로 묘역을 옮겨 6세기 전반까지도 무덤을 계속 조성하였던 것입니다.

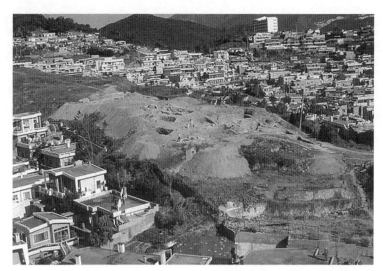

복천동고분군 발굴모습

연산동고분군

연산동 구덩식돌덧널무덤

연산동고분군 발굴모습

　　그렇다면 이 시기 김해지역에서
만 왜 갑자기 이러한 고고학적 나타
난 것일까요? 쉽게 생각해보면 김
해 대성동고분군에서 무덤이 더 이
상 만들어지지 않는다는 것은 사실
상 가락국의 몰락과 동시에 이른바 가락국이 중심이 되었던 전기가야
연맹이 해체되었다는 것을 의미합니다.

　　여기서 말하는 '전기가야연맹'이라는 표현은 가야사회의 성립에서
멸망까지의 역사 전개과정을 보다 체계적으로 이해하기 위하여 시기구
분을 하는 과정에서 제기되었던 것입니다. 가야의 역사를 크게 전기와
후기로 나누어보면 대체로 김해 가락국이 중심이 되는 시기를 전기,
고령 가라국이 중심이 되는 시기를 후기로 설정할 수 있습니다. 또
가야의 정치적 성격은 연맹체를 형성하였다고 보는 견해와 개별 국으
로 존재하였다고 보는 두 가지 견해로 크게 나누어 볼 수 있지만 연맹체
로 보는 견해가 지배적입니다. 전기가야연맹은 3~4세기 김해의 가락국
을 맹주국으로 하여 성립되었으며, 따라서 이 시기 가야는 낙동강하류
역이 정치적 중심지였다고 할 수 있습니다.

　　그런데 이 전기가야연맹을 이끌었던 가락국의 지배자 묘역에서 5세

기 초 이후에는 더 이상 지배자의 무덤이 축조되지 않습니다. 100여 년 간 계속해서 큰 문제 없이 권력과 영화를 누렸던 무덤축조집단에게 갑자기 어떤 문제가 생겼던 것일까요? 가락국이 이처럼 갑작스레 몰락의 길을 걷게 되었던 이유는 과연 무엇일까요? 이 의문에 대해서는 관련 자료를 치밀하게 검토하여 당시의 국제정세를 이해한다면 해결의 실마리를 찾을 수 있습니다.

400년대를 전후한 시기 가야 주변의 국제정세는 북쪽에 자리잡은 고구려가 정치적, 군사적으로 팽창함으로써 이전 시기와는 전혀 다른 분위기로 접어들었습니다. 즉 391년 고구려의 국왕으로 즉위한 광개토대왕(391~413)은 선대부터 고구려에 위협이 되었던 선비족鮮卑族 모용씨慕容氏의 후연後燕 세력을 완전히 몰아내고 요동지역을 차지하였으며, 서북방으로는 비려稗麗를 정벌하고, 동북방면에 있던 숙신肅愼을 정벌하였으며, 동해안의 동부여東夫餘를 복속하여 비약적으로 영토를 확장함으로써 조부였던 고국원왕 이래 일시적으로 위축되었던 국가의 위상을 드높였습니다. 그리고 한반도 남부지역으로 방향을 돌려 남쪽의 백제를 공격하여 옛 대방지역(황해도)에서부터 한강 이남의 충주지역까지 진출하고 동해안 방면으로는 하슬라何瑟羅까지 남하하여 신라와 국경을 접하게 되었습니다.

이러한 고구려의 급격한 팽창은 한반도 남부지역에 있었던 백제, 신라, 가야 등에게 위협을 주게 되었습니다. 한반도 남부의 여러 세력들은 고구려에 대한 대응책을 모색하게 되었는데, 그 과정에서 고구려의 정치적 영향력 아래에 있던 신라의 구원 요청에 응하여 400년에 고구려 광개토대왕이 5만의 남정군南征軍을 파견하여 가야를 정벌한 사건이 발생하였습니다.

이 사건으로 인한 국제정세의 변화는 가야사회에 엄청난 충격과

광개토대왕릉비(19세기 말)   광개토대왕릉비

변동을 가져오게 되었는데, 그 결과를 이야기하기에 앞서 우선 광개토
대왕 남정 무렵의 가야를 둘러싼 국제관계를 살펴보도록 하겠습니다.

　광개토대왕 남정군에 대한 가장 정확한 기록은 「광개토대왕릉비」입
니다. 광개토대왕릉비는 고구려의 옛 도읍이었던 국내성國內城(현재는
행정구역상 중국 지린성吉林省 지안현集安縣 퉁거우通溝)에 있는 거석비
로, 고구려의 국가 발전에서 하나의 획기적인 계기를 열어 놓은 광개토
대왕의 위업을 찬양하고자 그의 아들 장수왕때 세운 기념비입니다.
능비는 몸돌[碑身]과 받침돌[臺石]로 이루어져 있는데, 몸돌은 기본적으
로 사각기둥 모양으로, 무게 37톤, 높이 6.39m, 너비 1.3~2.0m 의 반듯
하게 가공되지 않은 천연석입니다. 응회암으로 알려져 있었으나, 화산
암질 현무암이라는 의견도 있습니다. 받침돌은 화강암을 다듬어 만든
길이 3.35m, 너비 2.7m의 네모진 모양으로 홈이 있어, 여기에 몸돌을

광개토대왕릉비탁본(부분)

세웠습니다. 현재 남아 있는 것은 세 조각으로 깨져 있는데, 제작 당시에 몸돌의 하중을 이기지 못해 깨진 것으로 추정하고 있습니다.

비문을 새겨 넣은 형식은 매끈하지 않은 각 4면에 비문이 들어갈 윤곽을 긋고, 다시 그 안에 세로로 길게 선을 그어 각 행을 구분하였습니다. 동남쪽의 제1면에 11행 449자, 서남쪽의 제2면에 10행 387자, 서북쪽의 제3면에 14행 574자, 동북쪽의 제4면에 9행 369자, 4면을 합하여 총 44행 1775자가 새겨져 있으며, 이 중 150여 자가 훼손되어 읽을 수 없습니다.

「광개토대왕릉비문」의 남정 기록에 의하면 고구려가 신라를 구원하기 위해 군대를 보내기 이전인 399년에 백제왕이 영원히 고구려왕의 노객奴客이 되겠다는 3년 전의 약속을 저버리고 왜와 화통했다는 내용이 보입니다. 광개토대왕은 이러한 백제의 행위에 대단한 분노를 느끼고 있었을 것인데, 바로 이 해에 신라왕의 다급한 구원 요청이 전해졌습니다. 광개토대왕은 그 다음 해인 400년, 5만의 군대를 파견하여 남쪽으로 내려와 신라 영역으로 침범하였던 왜를 쫓아내고, 다시 달아나는 왜를 추격하여 임나가라를 함락시켰습니다. 이 자료로 미루어 보면 남정 이전 4세기대에 김해 가락국을 중심으로 한 가야제국은 백제, 신라 및 왜와 일정한 관계를 지속하고 있었음을 알 수 있습니다.

백제의 경우는 3세기 중반까지는 마한 지역의 소국이었는데, 이후 점차 성장하여 4세기 중반 근초고왕대에 이르러 마한지역의 대부분을 차지하고 북쪽으로 옛 대방 지역을 점령하여 고구려와 영토를 접하게 되었습니다. 이때부터 고구려와 대립 경쟁하였던 백제는 자신의 지지 세력을 결집시켜 힘의 우위를 확보하고자 하였습니다. 이를 위하여 백제 근초고왕은 중국과 외교관계를 추진함과 동시에 한반도 남해안의 가야제국과 교섭을 시작하였습니다. 가야제국의 입장에서는 313년 중국 군현세력이 완전히 소멸하고 북방 선진지역과의 교류가 축소된 후 선진문물을 입수하는 루트를 새로 개척할 필요성이 있었습니다. 기록에 의하면 4세기 중반에 이르러 가락국, 안라국安羅國(함안), 탁순국卓淳國(창원) 등의 가야제국은 백제와 교류를 시작하였습니다.

즉 가야제국은 북방 및 중국과 교류가 활발한 백제와 외교관계를 유지함으로써 새로운 문물을 입수할 수 있는 통로를 확보할 수 있게 된 것입니다. 5세기 후반에 이르러 가라국加羅國(고령)이 중국 남조南朝의 제齊와 통교할 수 있었던 기반도 4세기대 백제와의 교섭에 의해 조성된 것으로 추측됩니다.

그렇다면 가야제국과 신라는 어떤 관계였을까요? 신라는 3세기 중반까지 경주지역에 위치한 사로국이라는 진한지역의 소국으로 존재하였습니다. 3세기 후반에 이르러 주변 소국을 통합하거나 연맹관계를 이루었고, 4세기 후반이 되면 고구려의 도움을 얻어 중국의 전진前秦과 외교관계를 맺어 국제적으로 알려지게 되었습니다. 가야제국 가운데 가락국은 신라와 지리적으로 가까웠고 양국의 세력이 확대되는 과정에서 일찍부터 접촉이 빈번하였습니다.

예를 들면 가락국의 수로왕은 진한에 정착하기 이전의 석탈해昔脫解와 김해에서 경쟁하였다는 설화가 전하고 있습니다. 또 그 후 진한지역의 소국들 사이에 분쟁이 일어나자 수로왕이 이를 해결하였는데, 석탈해와 관련 있는 사로국의 한기부漢祇部(울산으로 추정) 세력이 수로왕에게 접대를 잘못하여 그 부주部主가 살해 당한 사건이 발생하였다고 전합니다. 4세기에 해당하는 관련 기록은 전혀 없어 가야와 신라가 어떤 관계를 맺고 있었는지 잘 알 수 없습니다. 다만 두 나라는 국가 발전과정이 유사하고 지리적으로 가까웠던 점, 설화상에서 보이듯이 서로 경쟁관계에 있었던 점, 고고학적으로 두 나라는 3세기 후반부터 문화적인 특성이 달라지고 있는 점 등으로 추측하면 두 나라의 관계는 친선을 유지했다기보다는 경쟁이나 대립하는 경우가 많았을 것으로 보입니다.

가야와 왜의 관계는 활발한 상호교류를 통하여 우호적인 관계를 유지하였습니다. 『삼국지』 위서 동이전 왜인조에 나오는 기록을 보면 대방군과 왜의 통교 루트가 서해안을 돌아 남해안의 변한지역을 거쳐 일본열도의 규슈 지역에 이르렀다고 하였으므로 일찍부터 양 세력간에는 활발한 교류활동이 이루어졌습니다. 남해안지역에는 왜인계 유물이, 일본열도 서부지역에는 한반도 남부계통의 유물이 많이 출토되고 있는 점이 그 증거입니다.

일본열도의 왜는 한반도와의 교류를 통하여 철을 비롯한 각종 선진 문물을 수용하려 하였고, 가야나 신라에서는 일본열도를 통하여 남방물자를 입수하기 위하여 왜와 접촉하였습니다. 3세기 중반까지 왜는 대방군을 통하여 북방의 선진문물을 받아들였는데, 이는 중국 대륙이 3세기 초에 위魏, 오吳, 촉蜀의 3국으로 분열된 상황 아래 북방의 위가 남방물자를 입수하기 위하여 왜와의 교류를 적극적으로 추진한 데서 비롯된 것이었습니다. 3세기 후반 중국을 통일한 서진西晉은 외래물자를 그다지 필요로 하지 않았으므로, 다른 민족과의 교류에는 소극적이었습니다.

원거리 교역 능력이 거의 없다시피한 왜로서는 기존의 교역루트를 통하여 목적을 달성하는 것이 합리적이었을 것입니다. 그러므로 왜는 선진문물을 입수하기 위하여 중국 대륙과 직접 관계를 맺고 있던 한반도, 특히 동남 해안지역과의 교류를 적극 추진하려 하였을 것입니다. 즉 4세기 중반 이후 남해안에서 전개되고 있었던 백제와 가야제국 사이의 외교관계에 왜도 우방이었던 가야제국의 협조를 통하여 참여하게 되었던 것입니다.

이러한 국제정세 아래 백제는 북방 고구려와의 경쟁력을 강화시킬 목적으로 가야제국 및 왜와의 우호선린관계를 적극 활용하려 하였고, 가야제국은 북방 선진문물을 얻기 위하여 백제의 해상 교역기반을 이용하려 하였습니다. 한편 가야와 경쟁관계에 있던 신라는 한반도 남부의 정치질서 속에서 고립되자 이에 대응하기 위하여 북방에 이웃한 고구려와 친선을 도모하였습니다.

즉 4세기 중반 이후 가야제국은 이전부터 있었던 백제와의 외교관계를 매개로 하여 남해안지역의 교역에서 주도권을 유지하고 더욱 강화시키려 하였습니다. 한편 신라도 동남해안의 울산·양산 지역을 세력기반으로 남해안지역에서 전개되는 한반도 남부의 교역체계에 참여하려 하였습니다. 신라도 가야 못지않게 일찍부터 왜와 교섭을 하고 있었을

경주 호우총 발굴모습   경주 호우총 호우

것입니다. 그러나 왜의 입장에서는 북방 여러 선진지역의 문물을 수용
하기 위해 가야와 백제를 통하여 교류하는 편이 한반도 동남쪽에 치우
쳐서 중국과의 교류를 위해 고구려의 힘을 빌려야 하는 신라보다는
현실적으로 이익이 훨씬 컸을 것입니다. 신라에서는 왕자 미사흔未斯欣
을 비롯한 사절단을 보내어 왜를 설득하려 하였으나, 왜는 이들을
볼모로 삼고 신라의 요청을 거절해 버렸습니다.

신라는 이처럼 국제적으로 고립된 상황을 타개하기 위하여 보다
능동적으로 대처하기 시작하였습니다. 비록 굴욕적이기는 하였지만
고구려와의 외교관계를 성사시켰고, 아울러 고구려의 도움을 얻어 중
국 전진과의 접촉에 성공함으로써 선진문물을 수용하게 되었습니다.
또 남해안지역으로 진출하여 백제, 가야, 왜 사이에서 전개되는 교섭체
계에 참여하여 한반도 남부지역에서의 자신의 위상을 강화하려 하였습
니다.

그렇지만 바라는 만큼의 성과를 얻지 못하자 신라는 남부지역에서
전개되는 여러 나라의 교섭활동을 방해하기에 이르렀습니다. 가야제
국과 왜는 신라의 이 같은 행위에 적극 대응하였습니다. 가야제국,
특히 가락국의 입장에서 보면 이전부터 유지해 온 남해안지역의 교역
주도권 경쟁에 신라가 개입하게 됨으로써 경제적 이해관계에 타격을

입을 위험이 증대하게 되었습니다. 왜는 가야제국, 백제를 통한 한반도와의 일원적인 교섭관계에 신라가 개입하여 교역을 방해할 경우 선진문물의 수용과 북방물자의 획득 과정에서 혼란이 일어나 자신의 역할이나 몫을 잃을 위험이 있었습니다.

백제의 입장에서 보면 가야나 왜와는 우호적인 관계를 유지할 수 있는 반면, 신라는 경제적으로 가야제국의 산물産物과 별 차이가 없고, 특히 정치적으로는 자신의 적대국인 고구려와 친선을 유지하고 있었기 때문에 신라를 그들의 교섭체계에 끌어들일 필요성이 전혀 없었습니다. 따라서 백제, 가야제국, 왜는 남해안지역의 교섭체계에 대한 신라의 직접적인 개입을 좌시할 수 없었던 것입니다.

그리하여 김해 가락국을 중심으로 한 가야제국과 왜가 신라에 대해 직접적인 대응에 나서게 되었습니다. 『삼국사기』에 의하면 4세기 중반을 전후하여 왜가 신라의 동남해안이나 왕성에까지 자주 침입하고 있습니다. 또 「광개토대왕릉비문」에 의하면 399년 왜가 신라를 대대적으로 공격하였습니다. 기록만으로는 왜의 단독 군사행동처럼 보이지만 실질적인 주축은 전기가야연맹의 맹주 가락국이었을 것입니다. 그 당시 왜는 가야의 철에 전적으로 의지할 수밖에 없었고 선진문물 전수에 대한 반대급부로 노동력 또는 군대를 제공하였던 것입니다. 고립된 신라는 가락국과 왜 연합군의 공격이 이전보다 강력하여 격퇴하기 어려워지자 결국 고구려에 구원을 요청하였습니다.

5세기 초 가야지역의 대외관계를 이해하는 데 가장 중요한 자료가 바로 「광개토대왕릉비문」입니다. 비문에 따르면 영락永樂 10년(400) 고구려의 남정군이 가야지역으로 파죽지세로 쳐들어갔습니다. 자료를 살펴보겠습니다.

영락 9년(399) 기해년에 백잔이 맹세를 어기고 왜와 화통하였다. 이에 왕이 평양으로 행차하여 내려갔다. 그 때 신라왕이 사신을 보내어 아뢰기를 "왜인이 그 국경에 가득차 성지城池를 부수고 노객으로 하여금 왜의 민으로 삼으려 하니 이에 왕께 귀의하여 구원을 요청합니다."라고 하였다. 태왕이 은혜롭고 자애로워 신라왕의 충성을 갸륵히 여겨, 신라 사신을 보내면서 고구려 측의 계책을 알려주어 돌아가서 고하게 하였다. 10년(400) 경자년에 왕이 보병과 기병 도합 5만 명을 보내어 신라를 구원하게 하였다. 고구려군이 남거성男居城을 거쳐 신라성新羅城에 이르 렀을 때, 그 곳에는 왜적이 가득하였다. 관군이 막 도착하자 왜적이 퇴각하였다. 고구려군이 그 뒤를 급히 추격하여 임나가라의 종발성從拔 城에 이르니 성이 곧 항복하였다. 【판독할 수 없는 글자가 많아 정확한 해석이 어려운 부분】 예전에는 신라 매금寐錦이 몸소 고구려에 와서 일을 의논한 적이 없었는데, 국강상광개토경호태왕대에 이르러 왜적을 격퇴해준 은혜에 힘입어 신라 매금이 스스로 와서 조공하였다.

九年己亥, 百殘違誓與倭和通, 王巡下平穰. 而新羅遣使白王云, 倭人滿其國境, 潰破城池, 以奴客爲民, 歸王請命. 太王恩慈, 矜其忠誠, □遣使還告以□計. 十年庚子, 敎遣步騎五萬, 往救新羅. 從男居城, 至新羅城, 倭滿其中. 官軍方至, 倭賊退□ 侵背急追至①任那加羅從拔城, 城卽歸服. 【②安羅人戍兵□新□□ □城, 倭□大城大□□盡□□尖②安羅人戍兵□□城□□其□□□□□□ □言□□□□□城□城□□□□□□□□□□□□□□□□□辭□ □□□□□□□□□□□□□□□②安羅人戍兵】昔新羅寐錦未有身 來論事, □國岡上廣開土境好太王□□□□寐錦□□僕勾□□□□朝貢.

기록의 요지는 신라의 급박한 구원 요청을 받아들여 광개토대왕이 군대를 파견함으로써 신라의 남거성에서 신라성에 이르기까지 가득했던 왜군을 몰아내고 임나가라 종발성까지 항복 받았다는 내용입니다. 이 기록에서 몇 부분은 해석에서 의견이 엇갈리고 있습니다.

즉 ① 任那加羅從拔城은 '從拔'을 동사로 보아 "고구려가 달아나는 왜를 추격하여 임나가라에 이르러 성을 함락시키자 성이 귀부하여 복종하였다"라고 해석하는 견해와, '從拔城' 자체를 고유명사로 보아서 "고구려가 달아나는 왜를 추격하여 임나가라 종발성에 이르자 성이 귀부하여 복종하였다"라고 해석하는 견해가 있습니다. 대체로 고유명사로 보는 설이 유력합니다.

임나가라에 대해서는 김해의 가락국 또는 고령의 가라국으로 추정하고 있습니다. 하지만 400년 전후의 고고학적 상황으로 보아 김해에 비하여 고령은 정치체로서 뚜렷이 부각되지 않았다는 점에서 임나가라는 김해 가락국을 당시 고구려에서 일컫는 명칭이었다고 보아도 좋을 것 같습니다.

다음으로 ② 安羅人戍兵……. ② 안라인수병 부분에 대해서는 워낙 읽을 수 없는 글자들이 많아서 문장을 정확하게 해석하기 어렵습니다. 그 다음 기록에 이전까지 신라의 매금(왕)이 몸소 와서 '논사論事'한 적이 없었는데 조공하게 되었다고 한 것을 보면 이 부분은 당시 고구려군의 활약상을 묘사한 것이 아닌가 생각됩니다.

그런데 이 '안라인수병'에 대한 해석은 다양합니다. 크게 두 가지로 나누어보면 첫째, 안라국의 수병으로 보는 견해와, 둘째, '안安'을 동사로 보아서 뒤의 '라인羅人'(=신라인)을 안치하였다고 보는 견해입니다. 워낙 읽을 수 없는 부분이 많다는 것을 감안하면 두 견해 가운데 안라국의 수비병으로 해석하는 것이 비교적 합리적입니다.

광개토대왕릉비문에서 가야제국 정벌과 관련된 단어는 바로 이 '임나가라종발성'과 '안라인수병'입니다. 광개토대왕의 군대가 남거성(지역을 알 수 없음)에서 신라성(지금의 경주로 추정됨) 사이의 왜를 토벌하자, 왜는 임나가라 종발성으로 달아났다고 전합니다. 이러한 왜의 퇴각로를 기준으로 399년 왜의 신라공격 진출 루트를 추적한다면, 일본열도를 출발하여 종발성(김해)에 도착하여 군대를 정비한 후 출병하여 신라성을 공격하였다고 추정할 수 있습니다. 이러한 사정은 왜의 신라지역 공격에 김해 가락국이 깊이 관여하고 있음을 보여주는 것입니다. 즉 가락국은 종발성에서 왜의 군대와 회동하여 연합군을 편성한 후 신라 공격을 지휘하였을 것입니다. '안라인수병'은 안라인 수비병이란 뜻인데 '안라'는 『삼국유사』에 아라가야로 전하는 지금의 함안지역입니다. 고구려의 남정 중에 그 전장戰場을 살펴보면 신라의 어느 지역인 남거성, 경주, 김해였음을 알 수 있습니다. 안라지역은 직접 전장이 되지는 않았습니다. 그렇지만 안라인 수병이 존재한다는 것은 안라의 군대도 가락국을 지원하여 고구려에 대항하여 전쟁을 수행했다는 것을 의미합니다.

결국 고구려와의 전쟁에서 가락국, 안라국, 왜가 공동전선을 형성하였으며, 그 과정에서 안라인 수비병이 전선에 배치되었던 것입니다. 비록 비문에서는 전기가야연맹을 대표했던 임나가라와 안라만 보이지만 실제로는 낙동강 하류역에 있던 가야제국 전체가 총력을 기울여 맞서 싸운 전쟁이었을 것입니다. 그러나 실전에서의 전투 경험이 풍부한 동아시아 최강의 고구려 기마군단과 보병에 맞선 가야제국과 왜의 연합군은 속수무책으로 궤멸되었습니다.

전쟁의 결과는 참혹했습니다. 문헌기록은 더 이상 이 전쟁 이후의 가락국의 사정을 전하지 않지만 김해 대성동고분군의 고고학적 현상을 보면 당시의 정황을 충분히 짐작해볼 수 있습니다. 전기가야연맹의 맹주국이었던 가락국은 실질적으로 이때 멸망 당했던 것입니다.

이에 비해 전기가야연맹의 구성원이었던 안라는 그 중심부가 직접적인 전쟁터가 되지 않았으며, 고구려군의 직접적인 침입을 받지 않아 국력 소모를 최소한으로 줄였으므로 남정 이후에도 어느 정도 자신의 국력을 유지할 수 있었습니다.

광개토대왕은 남쪽 정벌을 통하여 한반도 남부의 가장 큰 위협세력인 백제와 동맹관계에 있었던 가야제국과 왜 연합군을 쳐부수어 백제를 견제하는 한편, 신라를 정치적으로 종속시키는 소기의 성과를 거두면서 한반도 남부의 정치 지형을 일거에 바꾸어 놓았습니다. 광개토대왕의 남정으로 전쟁터가 되었던 가야제국은 정치적, 군사적으로 큰 자극을 받았습니다. 또한 가락국의 궤멸로 인하여 전기가야연맹을 구성하였던 가야제국의 재편성은 불가피하였습니다.

김해 대성동고분군에서 더 이상 지배층의 무덤이 축조되지 않으면서 김해지역은 물론 부산 복천동을 비롯한 부산지역에서도 신라식新羅式 토기가 정착하는 고고학적 현상이 나타났습니다. 이것은 고구려세력을 등에 업고 신라세력이 이 지역으로 진출하였다는 것을 의미합니다. 가락국의 양대 축이었던 복천동고분군 집단이 묘역을 옮겨가면서 6세기 전반까지 무덤을 계속 축조하는 현상은 5세기 전엽 가락국이 사실상 멸망한 이후 신라에 협력하면서 신라의 정치권으로 편성되었음을 시사해주는 것으로 생각됩니다. 문헌에서 전하는 532년 금관국이 신라에 투항하였다는 사실은 복천동고분군 집단이 묘역을 옮겼던 연산동고분군의 무덤 축조 중단시기와 연결시켜 볼 필요가 있습니다. 즉 5세기 전엽부터 6세기 전반대까지 본래의 가락국 영역인 김해지역을, 대성동고분군 집단 대신 비록 신라 정치권으로 편입되기는 하였으나 재지지배권在地支配權을 신라로부터 인정 받은 복천동고분군 집단이 관할했던 것은 아닐까요? 6세기 전엽 전후 복천동고분군 집단의 무덤을 비롯한

후지이테라藤井寺 시 후루이치노나카미야야마古市野中宮山 고분 출토 투구(좌)와 판갑(우)

여러 가야지역 지배자집단의 무덤축조 중단은 바로 이 시기부터 신라의 중앙정부가 지방통치체제를 강화하면서 기왕의 재지지배권을 박탈하였거나 그 지역 자체를 병합하였음을 의미하는 것입니다.

그렇다면 대성동고분군을 축조했던 세력은 어떻게 되었을까요? 고구려 남정군에 의해 모두 살해 당했을까요? 아니면 고구려군을 피하여 근거지를 옮겼을까요?

이에 대하여 일찍이 가락국으로부터 왜 및 가라국으로 지배세력이 이동하였을 것이라는 가설이 제기되었습니다. 합천 다라국으로 가락국의 주축세력이 이동하였다는 주장도 제시되었습니다. 문헌기록으로는 찾아볼 수 없는 이 시기의 변화상에 대하여 고고학적인 상황으로 유추해 보면 어느 정도의 설명이 가능합니다.

400년 무렵 일본열도에는 주목할 만한 변화가 나타났습니다. 이 시기 일본열도에는 갑자기 가야에서 사용하던 정결기법釘結技法으로 만든 새로운 형태의 판갑옷이 출현하고, 양적으로도 이전 시기보다 비약적으로 증가하였던 것입니다. 또한 농경이나 주술과 관련된 비교

긴키近畿 초기 스에키   스에키 그릇받침

적 평화적인 성격을 띤 유물들에서 5세기 이후 쇠칼, 말갖춤, 갑옷과
투구처럼 전투적이면서 강력한 권력을 상징하는 유물들이 나타났습니
다. 한편 가야계 토기인 스에키須惠器가 일본열도에 등장하였습니다.
스에키는 같은 시기의 가야토기와 모양뿐만 아니라 만드는 방법까지
비슷합니다. 기나이畿內(오사카) 지방에서 처음 등장하여 일본 각지로
퍼진 이 토기의 존재야말로 가락국 유민의 일본열도로의 집단이주를
상정할 만합니다.

　가야제국 내에서도 변화의 모습이 나타나면서 차츰 새롭게 질서가
잡혀가기 시작하였습니다. 변화의 양상은 특히 서부경남 일대에 광범
위하게 일어났는데, 그 가운데 유력한 정치세력이 낙동강 중류에 위치
한 고령의 가라국加羅國이었습니다. 고고학적으로는 이전까지 그 존재
가 미미했던 고령 가라국의 지배집단무덤에서 5세기 초에 접어들면서
갑자기 철갑옷이 등장하였습니다. 둥근고리자루큰칼 등 권위를 과시
하는 무구류도 출토되었습니다. 고령 가라국에서 나타나는 이러한
고고학적 현상은 김해 가락국 주축세력의 이동이었다고 단언할 수는

없지만 갑자기 이 시기 가라국 지배층의 권력이 비약적으로 강화되었다는 점에서는 가락국 세력의 이동이라는 해석도 고려할 만하다고 생각됩니다.

한편 합천 옥전고분군 발굴조사 결과 김해 가락국 주축세력이 이동했을 가능성이 더욱 커졌습니다. 이 고분군은 5세기 초가 되면 대규모 고분이 본격적으로 축조되는데, 무덤에 부장된 도질토기들은 김해 대성동고분군 축조 중단 시기의 그것과 흡사하며, 인근에는 대규모로 고분군을 조성할 수 있었던 집단의 전신前身이 될 만한 고분군이 전혀 확인되지 않았습니다. 이전 시기와 다른 점은 무덤 축조 방식이 변화하였으며 새로운 그릇 형태가 등장하였다는 것입니다.

그러나 무엇보다도 앞 시기에 보이지 않던 갑옷과 투구, 말갖춤, 미늘쇠 등 각종 무구류와 금공품 등이 처음으로 나타나는 현상은 바로 이 5세기 초에 옥전고분군을 축조한 다라국多羅國 세력이 재지주민이 아니라 김해 가락국에서 이동해 온 선진문물을 소유한 집단이었음을 잘 보여주는 것이라 할 수 있습니다. 광개토대왕의 남정이라는 역

고령 지산동고분군 판갑과 투구

옥전8호분 투구

옥전68호분 판갑

옥전M6호분
봉황문양고리자루큰칼

옥전35호분
봉황문양고리자루큰칼

옥전28호분
세잎고리자루큰칼

1
—
2 | 3

1 옥전M1호분 말머리가리개
2 옥전10·11호분 미늘쇠
3 옥전7호분 미늘쇠

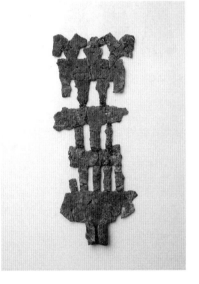

사적 사건이 있었던 5세기 초에 새롭게 등장한 가라국과 다라국은 이후 후기가야연맹체를 주도하는 세력으로 성장하게 되었습니다.

이처럼 광개토대왕의 남정은 가야사의 입장에서 본다면 전기가야연맹의 해체와 가락국의 실질적인 멸망을 초래하였으며, 가야제국 내부의 재편을 통하여 가야의 정치적 중심지가 낙동강 하류역에서 고령,

옥전35호분 재갈

옥전67-A호분 발걸이

옥전35호분 말띠드리개

옥전M6호분 말띠드리개

합천, 함안 등 경남 내륙으로 이동하는 결과를 가져왔습니다.

09

후기가야의 맹주, 고령 가라국

가라국의 흥망

　가야사를 크게 전기와 후기로 나누어본다면 전기의 중심국가는 가락국, 후기 가야사회의 주축은 가라국이라고 할 수 있습니다. 이제 후기 가야사회를 이끌어갔던 가라국에 대하여 살펴보기로 하겠습니다. 가라국은 『삼국유사』 오가야조五伽耶條에는 나라이름이 '대가야大伽耶'라고 되어 있습니다. 또한 『동국여지승람』의 고령조에는 고령이 '대가야국'이었다는 것을 밝히고 있습니다.

　이러한 기록으로 인하여 우리는 고령의 가야왕국을 칭할 때 '대가야'라는 명칭에 익숙해져 있습니다. 그러나 이 국명은 모두 후대에 쓰인 기록이므로 당시의 국명과는 차이가 있었을 것입니다. 물론 고령의 가야왕국이 후기 가야사회를 주도하면서 여러 가야국 가운데 가장 크고 강한 가야라는 의미에서 '대가야'라고 스스로 칭했을 가능성도 있습니다. 그렇지만 당시의 기록인 『남제서南齊書』에 보면 '가라加羅'라는 국명으로 나타나고 있고, 그보다 다소 늦긴 하지만 『일본서기』에도 '가라'로 전하고 있는 것으로 보아 고령은 가야 당시에는 주변 국가들에게 '가라'로 알려졌던 것 같습니다. 따라서 이 글에서도 고령 대가야를 칭할 때 당시의 국명이었던 가라국加羅國이라고 서술하기로 하겠습니다.

김해 가락국에 수로왕과 허왕후의 개국신화가 있듯이 가라국도 개국 신화가 전합니다. 비록 가락국의 시조설화처럼 풍부한 내용은 아니지만 『동국여지승람』 고령조에는 가라국이 시조 이진아시왕伊珍阿豉王으로부터 도설지왕道設智王에 이르기까지 16대 520년 동안 존속하였다고 기록되어 있습니다. 또한 통일신라 말의 문장가인 최치원이 편찬한 「석이정전釋利貞傳」과 「석순응전釋順應傳」이라는 문헌을 인용하여 또 하나의 설화를 싣고 있습니다.

> 가야산신인 여신 정견모주正見母主는 곧 천신 이비가夷毗訶에 감응한 바 되어, 대가야의 왕 뇌질주일惱窒朱日과 금관국의 왕 뇌질청예惱窒靑裔 두 사람을 낳았는데, 뇌질주일은 이진아시왕의 별칭이고, 청예는 수로 왕의 별칭이라 하였으나, 가락국 옛 기록의 여섯 알의 전설과 더불어 모두 허황한 것으로서 믿을 수 없다.…… 대가야국의 월광태자月光太子 는 정견의 10세손이요, 그의 아버지는 이뇌왕異腦王인데, 신라의 이찬 비지배比枝輩의 딸에게 청혼하여 태자를 낳았다.
>
> 伽倻山神正見母主乃爲天神夷毗訶之所感 生大伽倻王惱窒朱日金官國王惱窒靑 裔二人 則惱窒朱日爲伊珍阿豉王之別稱 靑裔爲首露王之別稱 然與駕洛國古記 六卵之說俱荒誕不可信 …… 大伽倻國月光太子乃正見之十世孫 父曰異惱王 求 婚于新羅迎夷粲比枝輩之女 而生太子

가라국의 건국신화는 가락국의 '6개의 알 강림설화'와 마찬가지로 신비롭고 설화성이 짙은 믿기 어려운 내용으로 구성되어 있습니다. 또한 정견모주의 '정견正見'은 불교에서 말하는 팔정도八正道의 첫 번째

가야산

로서 후대의 불교적인 윤색도 많이 가미되었음을 알 수 있습니다. 건국신화의 내용은 가라국 시조 뇌질주일이 가야산신 정견모주와 천신 이비가의 감응으로 태어났는데, 이때 금관국왕 뇌질청예도 함께 탄생했다는 것입니다. 이 기록을 통해서 가야사를 이해하는 데 몇 가지 중요한 사실을 알 수 있습니다.

첫째, 가락국의 '구지봉'과 마찬가지로 가라국 건국신화의 주무대가 되었던 '가야산'은 가야의 주산으로서 가야 당시 가라국인들에 의해 신성시되었을 가능성이 높다는 점입니다. 가야산신 정견모주는 후대 해인사 경내 국사단局司壇에 모셔져 신성시되었고, 근래까지 가야산 산신제의 주인공으로 제사의 대상이 되었습니다.

둘째, 가라국과 가락국을 형제의 나라로 묘사한 것을 볼 때, 가야

해인사 국사단

당대든 멸망 이후든 두 나라가 가야의 대표성을 가진 정치체로서 상호 밀접한 관계에 있었음은 분명하다는 점입니다. 이것은 건국한 해가 A.D.42년으로 똑같다든가, 비록 후대에 사용되었던 용어이긴 하지만 '대가야' '대가락'이라는 다른 가야제국과는 구분되는 대표국명을 쓰고 있는 것을 보아도 알 수 있습니다.

셋째, 가락국의 건국신화가 '6개의 알=6국 설화'임에 비해 가라국은 '2국설화'라는 점이 주목됩니다. 이것은 신화를 구성할 때 신성성보다는 역사성을 강조한 것으로 가야지역 전체를 지배한다는 관념이 반영된 것으로 볼 수 있습니다.

가라국의 건국신화는 고조선이나 삼국의 건국신화처럼 천신족(유이민세력)과 지신족(토착세력)의 결합을 나타내고 있으나, 다른 국가의 건국신화와 달리 시조 탄생의 주역이 '천신'이 아니라 '지신'인 가야산신 정견모주이기 때문에 유이민 세력을 중심으로 한 건국신화라기보다는, 이 지역에 토착세력으로 자리잡았던 정치세력이 중심이 되어 신화를 구성하였음을 알 수 있습니다.

이러한 신화의 구성요소를 분석해보면 단순한 초기국가 형성기의 유이민세력과 토착세력이 정치적으로 연합하는 모습을 보여주는 것이 아니라 보다 발달된 국가단계로 진입한 시기의 상황을 반영하고 있음을 말해줍니다. 즉 가라국 건국신화는 그 기원이 오래된 가락국의 수로왕 설화를 모티프로 삼아 무대를 구지봉에서 가야산으로 옮겨와 건국 기년은 동일하게 하고 수로왕을 형제간으로 설정하였던 것입니다. 이처럼 건국신화의 구성요소가 유사하다는 것이 뜻하는 바는 무엇일까요?

단정적으로 말할 수는 없지만 이 건국신화의 내용은 바로 광개토대왕 남정 이후 가락국 지배세력의 일부가 고령지역으로 흘러 들어와 토착세력과 결합했던 역사적 사실을 알려주는 것은 아닐까요? 이렇게 본다면 건국 기년이 동일하다는 것도 설명될 수 있을 것이고, 가라국 시조와 가락국 시조를 형제간으로 설정한 것도 이해할 수 있을 것입니다. 물론 가라국 시조가 형으로 기록된 것은 이주해온 집단보다는 토착세력이 더 큰 정치적 영향력을 가지고 있었으므로 가능했을 것입니다.

그렇다면 고령지역에 있었던 토착세력의 정체는 무엇이었을까요? 『삼국지』 위서 동이전을 보면 변한지역에는 구야국, 미리미동국, 접도국, 고자미동국, 고순시국, 반로국, 낙노국, 군미국, 미오야마국, 감로국, 주조마국, 안야국, 독로국 등이 있었음을 알 수 있습니다. 이와 함께 『삼국사기』, 『삼국유사』 물계자전에 보이는 골포국, 칠포국, 보라국, 고자국(앞의 고자미동국과 동일국으로 추정), 사물국 등 포상팔국 중 다섯 개의 국명을 통하여 가야지역에는 변한 12국 외에 포상팔국과 같은 다른 정치체들이 있었음을 짐작할 수 있습니다.

자료가 너무나 적은 탓에 위에서 거명된 국가들을 현재의 지역과 연결시키기에는 다소 무리가 따르지만 대체로 구야국은 김해, 미리미동국은 밀양, 고자미동국은 고성, 반로국은 고령, 안야국은 함안, 독로국은 부산 동래로 비정되고 있습니다. 따라서 가라국은 삼한시대 고령지역에 존재했던 국가인 반로국半路國이 성장하여 이루어졌다고 할 수 있습니다.

고령 양전동암각화

고령 안화리암각화

고령 지산동30호분
덮개돌 암각화

174

고령지역의 청동기 및 초기철기문화를 기반으로 성립한 반로국은 가야사회가 성립되면서 국호를 '가라加羅'로 개칭하고 크게 두각을 나타내게 되었습니다. 이후 5세기 초 고구려의 남정으로 김해 가락국의 영도력이 약화되자 가야연맹체의 맹주국 지위를 차지하게 되었던 것입니다.

반로국 당시 이 지역의 신앙체계를 짐작하게 하는 것은 고령지역에 있는 암각화岩刻畵들입니다. 고령지역의 암각화는 양전동암각화와 안화리암각화 및 지산동30호분 덮개돌에 새겨진 암각화가 있습니다. 대체로 동심원과 가면 등 태양숭배신앙을 알려주는 상징들이지만, 지산동30호분 하부 돌덧널 덮개돌 윗면에 새겨진 암각화는 남성과 여성의 정면상正面像인데 성기性器가 강조되어 있는 것이 특징이므로 신앙체계에서는 다소 차이를 보이고 있습니다.

이 반로국은 점차 주변 세력들과 지역연맹체를 형성하였던 것 같습니다. 『삼국사기』지리지에 다음과 같은 기록이 있습니다.

> 고령군은 본래 대가야국이다.…… 두 개의 현을 거느렸다. 야로현은 본래 적화현인데 경덕왕이 이름을 고쳤으며 지금도 이를 그대로 쓴다. 신복현은 본래 가시혜현인데 경덕왕이 이름을 고쳤으나 지금은 어디인지 자세히 알 수 없다.
> 高靈郡 本大加耶國 …… 領縣二 冶爐縣 本赤火縣 景德王改名 今因之 新復縣 本加尸兮縣 景德王改名 今未詳

이 기록에 나오는 가시혜현=신복현은 오늘날 고령군 우곡면에 위치하였고, 적화현=야로현은 오늘날 합천군 야로면과 가야면에 해당합니다. 이들은 본래 적화국과 가시혜국으로 독립적으로 존재하다가 신라의 영역으로 편입되었습니다.

그런데 『삼국사기』지리지에 나오는 주군과 속현은 통일신라에 의해 편제된 것이지만 이러한 영속領屬관계는 이들 지역이 신라에 편입되기 이전에 맺었던 관계를 바탕으로 한 것이었습니다. 이렇게 볼 때 고령군과 두 개의 속현의 관계는 반로국을 중심으로 적화국과 가시혜국이 지역연맹체를 형성한 것을 보여준다고 할 수 있습니다.

반로국이 지역연맹체를 형성한 시기는 언제인지 분명하지 않습니다. 그러나 『삼국지』 위서 동이전에 반로국의 이름이 보이고 있는 것에서 미루어 볼 때 늦어도 3세기 중엽경에 반로국은 적화국, 가시혜국 등 인근지역 세력들과 지역연맹체를 이루었을 것으로 짐작됩니다.

3세기 말에서 4세기 초에 변한사회는 가야사회로 전환되었습니다. 전환 과정에 대해서는 역시 사료 부족으로 제대로 파악하기 어렵지만 반로국은 이 과정에서 쇠퇴하지 않고 지속적으로 성장하였을 것으로 추정됩니다. 이러한 성장 모습을 잘 보여주는 것이 수장 칭호의 변화와 국호의 개칭입니다. 변한사회에서 일국의 수장 칭호는 신지臣智, 험측險側, 번예樊穢, 살해殺奚, 읍차邑借 등이었습니다. 이 가운데 신지는 대국의 수장 칭호였는데, 당시 반로국은 대국이 아니었기 때문에 그 수장도 신지라고 칭할 수 없었을 것입니다.

그러나 4세기에 접어들면서 새로운 상황이 전개되었습니다. 이를 보여주는 것이 수장 칭호의 변화였습니다. 『일본서기』진구기神功紀 62년(연대를 수정하면 서기 382년)에 인용된 『백제기百濟記』에는 '가라국왕기본한기加羅國王己本旱岐'라 하여 가라국 왕의 칭호로 '한기'라는 말이 나옵니다. 수장의 칭호 변화는 수장의 권력 강화와 직결됩니다. 이렇게 볼 때 4세기에 이르러 반로국 수장의 칭호가 한기로 바뀌었다는 것은 수장의 권력이 그만큼 확대·강화된 것을 의미합니다.

한편 『일본서기』 진구기 49년(연대를 수정하면 서기 369년)조에는 가라국이 비자발, 남가라, 탁국, 안라, 다라, 탁순과 더불어 이른바 '가야 7국'의 하나로 나옵니다. 이 국명들은 520년대에 작성된 것으로 추정되는 『양직공도梁職貢圖』에 나오는 국명과 비교하면 상당히 일치합니다. 이 7국 가운데 남가라는 김해의 가락국을, 가라는 고령의 가라국을 지칭하는 것으로 파악됩니다. 남가라로 표현된 가락국은 가야사회가 성립하는 과정에서 주도적인 역할을 하여 가야연맹체의 맹주국이 되었는데, 광개토대왕릉비문에서는 가락국을 임나가라任那加羅로 칭하였습니다. 임나의 '임'을 '임금'의 뜻으로, '나'를 '나라'의 뜻으로 보는 견해를 따른다면 임나가라는 가야제국 가운데 가장 중심되는 국가라는 의미로 해석할 수 있습니다. 그렇다면 『일본서기』에서는 남가라가 아니라 임나가라로 표기되어야 마땅합니다. 그럼에도 불구하고 남가라로 표기되어 있는 것은 이 기록의 원본이 된 『백제기』의 편찬 시기가 6세기 무렵이었던 까닭입니다. 이때는 이미 가야연맹체의 맹주국이 가락국에서 가라국으로 바뀌어 있었고, 김해세력은 남가라로, 고령세력은 가라로 불리고 있었던 것입니다. 아무튼 이러한 기록에서 가라국이라는 국명은 4세기 중엽 이후에 성립되었을 것이라는 추측이 가능합니다.

이처럼 반로국은 재지수장의 권력이 강화되고 이전 시기보다 영역이 확장되면서 그러한 변화에 걸맞게 수장의 칭호도 고치고 아울러 국호도 가라국으로 바꾸었던 것입니다.

5세기에 접어들면서 가야사회에 큰 충격과 변화를 초래한 것은 400년에 일어난 고구려 광개토대왕의 남정이었습니다. 이 전쟁에서 가야군을 동원하는 데 주도적인 역할을 한 것은 임나가라였습니다. 그러나 임나가라는 그 땅이 전장戰場이 되었을 뿐만 아니라 이 싸움에서 참혹하게 패배함으로써 거의 멸망에 가까운 타격을 입게 되어 가야사회에서의 그 위상이 크게 흔들리게 되었습니다. 반로국은 가야 남부에서 일어난 전쟁에 깊이 관여하지 않았으므로 피해가 없었으며, 임나가라로부터 이주해온 집단을 받아들임으로써 비약적인 발전의 계기를 마련하였습니다. 아마 국호도 바로 이 무렵에 가라로 바꾸지 않았을까요? 또한 이 무렵 역시 임나가라에서 이주한 집단이 중심이 되어 발전하기 시작한 이웃의 다라국과 동맹 관계를 형성하였던 것으로 짐작됩니다.

『삼국사기』에는 481년부터 562년까지 가야관련 기록이 많이 나옵니다. 신라, 백제 양국에 구원군을 보낸다거나(481), 신라와 결혼동맹(522)을 맺는 등 삼국과 대등한 외교관계를 유지하고 있습니다. 이들 활동의 주체는 바로 후기가야의 중심국가로 등장한 고령 가라국으로 추정하고 있습니다.

『남제서』에서는 "가라국왕 하지가 479년 사신을 남제에 보내 공물을 바치니 이에 보국장군본국왕을 제수하였다."라는 기록이 전하고 있는데, 5세기 후반 이후 가야제국의 맹주로 등장한 가라국이 가야제국을 대표하는 대중對中 교섭의 주체가 되었음을 알 수 있습니다. 가라국의 극성기는 6세기를 전후한 시기로 추측되는데, 이것은 토기를 중심으로 한 고령계유물의 확산과 우륵12곡에서 보이는 가야의 국명을 통해서 확인됩니다.

즉 후기가야의 중심국가로 부상한 후의 가라국 세력권을 보여주는 것은 『삼국사기』 권32 잡지雜志 악樂 가야금조에 전하는 우륵于勒이 제작한 12곡의 곡명입니다.

우륵이 제작한 12곡은 1곡은 하가라도, 2곡은 상가라도, 3곡은 보기, 4곡은 달사, 5곡은 사물, 6곡은 물혜, 7곡은 하기물, 8곡은 사자기,

9곡은 거열, 10곡은 사팔혜, 11곡은 이사, 12곡은 상기물이다.

于勒所製十二曲 一曰下加羅都 二曰上加羅都 三曰寶伎 四曰達巳 五曰思勿 六曰
勿慧 七曰下奇物 八曰師子伎 九曰居烈 十曰沙八兮 十一曰爾赦 十二曰上奇物

이 곡명은 크게 셋으로 구분해 볼 수 있습니다. 첫째는 하가라도와 상가라도처럼 수도를 의미하는 도都가 붙은 곡명이고, 둘째는 달사, 사물, 물혜, 하기물, 상기물, 거열, 사팔혜, 이사 등 지역 명칭이나 국명이 붙은 곡명이고, 셋째는 보기와 사자기처럼 불교적 성격의 곡명입니다. 그렇다고 하면 우륵12곡에는 10국의 국명이 들어 있는 셈입니다. 가야금 12곡의 제작 동기는 가라국 가실왕이 "여러 나라의 방언에 각기 소리[聲]와 가락[音]이 다르니, 어찌 일정하게 할 것인가"라고 하여 여러 나라들의 성음을 통일하고자 한 시도였습니다. 따라서 우륵12곡의 10국은 가라국 중심의 연맹체에 참여한 나라들로서 가라국과 관련이 있는 국가라고 할 수 있습니다.

이들 국가를 현재의 지명과 연결하기에는 어려움이 많지만 대체로 하가라도는 합천(또는 김해로 보지만 당시 김해는 너무 미약했으므로 신빙성이 없음), 상가라도는 고령, 달사는 하동, 사물은 사천, 물혜는 고성, 하기물은 남원, 거열은 거창, 사팔혜는 합천 초계(또는 의령 부림), 이사는 의령(사이기국으로 본다면 합천 삼가일 가능성도 있음), 상기물은 임실에 비정되고 있습니다. 이 중에서 하가라도는 합천 옥전 고분군을 축조한 다라국세력으로 보는 견해도 있으며, '하부下部'라는 명문이 새겨진 항아리가 발견된 합천군 봉산면 일대로 추정하기도 합니다.

아무튼 우륵12곡의 지명으로 미루어 보면 이 곡이 제작될 당시 가라국의 세력권은 서부 경남지역과 남해안의 일부 및 섬진강 일대까지

미친 것으로 볼 수 있습니다.

이러한 세력권 설정은 고령양식 토기의 분포범위에서도 입증됩니다. 5세기 말에서 6세기 전반경에는 남원지역까지 고령양식 토기 일색으로 되며 합천지역과 삼가지역은 고령양식 토기와 재지계토기가 복합되어 나타나며, 진주, 고성, 함안에도 고령양식 토기가 재지계 및 왜계토기와 복합되어 나타납니다. 토기의 분포권이 문화권인가 경제권인가 정치권을 나타내는 것인가 하는 것은 쉽게 파악할 수 없지만 일정한 시점 이후로 고령양식 토기가 신라양식 토기로 교체되고 있다는 사실은 토기양식권이 정치권을 의미하는 것으로 해석될 수 있습니다. 이렇게 볼 때 고령양식 토기의 분포권은 가라국의 권역으로 보아도 무방할 것으로 봅니다.

479년 남제에 사신을 파견하는 등 독자적인 활동을 벌였던 가라국은 6세기에 이르러 백제와 신라의 가야지역 진출정책으로 말미암아 고전하게 되었습니다. 백제는 무령왕대에 이르자 고구려에게 아산만 이북지역을 빼앗겨 축소된 경제기반을 확대하기 위해 영역 확장에 주력하였습니다. 그리하여 자연히 가야지역으로의 진출을 적극 도모하게 되었습니다. 그 결과 백제는 512년에 상다리, 하다리, 사타, 모루 등 네 지역을 영역으로 편입하였고, 513년에는 섬진강 상류의 기문(남원)과 섬진강 하구의 다사(하동)까지 진출하였습니다.

백제가 이처럼 가야지역으로 적극 진출해오자 가라국은 이에 대항하기 위해 신라와의 우호관계를 도모하였습니다. 가라국은 522년에 사신을 신라에 보내 신라왕녀를 비로 맞아들일 것을 제의하였고, 이 제의를 받은 신라 법흥왕은 이찬 비조부比助夫의 누이를 보냈습니다. 이리하여 가라국과 신라 사이에 결혼동맹이 맺어지게 되었던 것입니다.

그러나 신라가 가라국에 왕녀를 보낸 것은 정략적 결혼에 불과하며 근본 목적은 가야지역으로 진출하기 위한 교두보를 확보하고 명분을 쌓기 위해서였습니다. 가라국은 신라왕녀를 따라온 여종들을 여러 곳으로 흩어놓으면서 신라 옷을 입도록 하였는데 이들이 명령을 따르지 않고 옷을 바꾸어 입자 본국으로 돌려보냈습니다. 이 일을 계기로 하여 신라는 도리어 가라국의 도가, 고파, 포나모라의 3성과 북쪽 경계의 5성을 함락시켜 버렸습니다. 이로 인하여 결혼동맹관계는 7년 만인 529년에 파기되었고 이를 계기로 신라는 남가라와 탁기탄, 탁순도 점령하여 영역으로 편입시켰습니다. 한때 가야연맹체의 맹주국이었던 남가라의 멸망은 가야사회에 큰 영향을 미쳤을 것입니다.

이처럼 백제와 신라가 세력을 확장해 왔지만 가라국은 이들을 제압할 수 있는 힘을 가지지 못했기 때문에 적절한 대응수단이 없었습니다. 이렇게 가라국이 연맹체를 구성한 가야제국들의 안전을 보장해줄 수 없게 되자 가야 각국은 각자의 활로를 모색하지 않을 수 없게 되었고 그 과정에서 연맹체에 참여하였던 일부 세력들이 떨어져 나가기도 하였습니다. 탁국의 함파 한기가 가라국에 두 마음을 품어 신라에 내응한 것이 그 예입니다.

연맹체에 대한 가라국의 통제력이 약화되자 안라국이 두각을 나타내면서 연맹체의 주도권을 잡으려고 하였습니다. 안라국은 신라에게 멸망한 남가라, 탁기탄, 탁순을 부흥시킨다는 명분 하에 가야제국들을 자국의 영향력 아래에 모으기 시작하였습니다. 이와 동시에 안라국은 섬진강 하구지역까지 진출하여 있었던 백제의 지원을 받았습니다. 이렇게 되자 가라국도 점차 백제에 의존할 수밖에 없게 되었습니다. 임나복권회의가 백제 성왕의 주도하에 두 번에 걸쳐 사비에서 개최되었을 때 가라국이 상수위 기전해旣殿奚를 파견한 것은 이를 보여주는 것입니다.

529년 이후 가라국은 그 힘이 약해지면서 멸망의 길을 걷게 되었습니다. 가라국이 멸망하게 된 요인은 몇 가지 측면에서 살펴볼 수 있습니다. 먼저 내적인 조건으로는 지배세력 내부의 갈등을 들 수 있겠습니다. 이 시기 가라국의 지배세력들은 가라국의 존립 방향을 놓고 친백제파와 친신라파로 나누어졌습니다. 친신라파는 신라와의 결혼동맹을 성사시켜 자국의 안위를 도모하고자 하였지만 동맹 파기와 남가라 등의 신라 병합 등으로 권력다툼에서 밀려나고 친백제파가 정치의 주도권을 장악하게 되었습니다. 상황이 이렇게 전개되면서 친신라적 입장에 섰던 세력의 일부는 신라로 망명하였습니다. 그 대표적인 인물이 우륵이 아닌가 생각됩니다.

한편 가라국의 힘이 약해지자 가라국의 영향 아래에 있던 세력들도 이탈해 나가기 시작하였습니다. 연맹체가 제대로 유지되기 위해서는 맹주국의 보호와 적절한 통제가 있어야 하지만 가라국의 영도력이 쇠약해지면서 신라와 내응하는 세력이 나타나게 되고 안라국처럼 맹주권에 도전하는 세력도 나타났습니다.

이러한 내적인 조건 속에서 가라국을 멸망으로 이끈 결정적인 요인은 554년 백제의 요청에 의한 군대의 파견이었습니다. 529년 이후 친백제정책을 취한 가라국은 백제 성왕이 551년에 한강 유역을 되찾기 위해 군대를 일으킬 때 신라와 함께 원군을 파견하였습니다. 이 삼국 연합군은 고구려를 공격하여 승리를 거두었습니다.

그런데 문제가 야기된 것은 554년 다시 백제를 위해 군대를 파견했던 일 때문이었습니다. 553년 신라가 군대를 일으켜 백제가 차지한 한강 하류지역을 점령하자 성왕은 신라를 응징하기 위한 정벌군을 일으켰습니다. 이때 성왕은 가라국에 대해 원군을 요청하였고 이 요청을 받은 가라국은 군대를 동원하여 백제를 지원하였던 것입니다. 백제·가라

지산동고분군과 대가야박물관

연합군과 신라군은 관산성에서 전투를 벌였는데, 여기서 백제군은 대
패하여 왕은 포로로 잡혀 죽고 좌평 4명을 비롯하여 3만에 가까운 사졸
이 전사하였습니다. 가라국 군대의 상당수도 전사하였을 것입니다.

　이 패배는 가라국에 큰 영향을 미쳤습니다. 대군을 동원하였다가
패전함으로써 연맹체 맹주국으로서의 권위가 크게 무너졌을 것입니
다. 또한 경제적으로도 엄청난 부담이 되었을 것입니다. 더욱이 이
패전은 신라가 가라국을 공격할 명분을 주었습니다. 국운을 걸고 백제
와 전쟁을 치렀던 신라로서는 가라국이 백제를 지원하는 군대를 보낸
것을 용납할 수 없었겠지요.

　가라국을 공격하기로 작정한 진흥왕은 561년에 창녕으로 가서 군신
들과 회맹하였습니다. 그리하여 창녕을 전진기지로 삼고 562년에 가야
가 반하였다는 것을 명분으로 이사부를 시켜 가라국을 공격하게 하였
습니다. 불의의 공격을 받은 가라국은 미처 방어할 준비를 하지 못한

지산동34·35호분

채 멸망하고 말았습니다.

　지금까지 가라국의 성장과 발전, 쇠퇴 과정을 살펴보았는데, 자료의 한계 때문에 가라국 역사를 완벽하게 복원하기에는 아무래도 제약이 많은 것이 사실입니다. 다만 그들이 남긴 유적과 유물을 통하여 가라국 사회를 다소나마 이해할 수 있습니다.

　가라국의 성장과 발전을 잘 보여주는 것이 고령 지산동고분군입니다. 지산동고분군은 주산 남쪽으로 뻗은 주능선 위에 위치하고 있는 대형봉토분 5기를 비롯하여 대소 200여 기가 분포하고 있습니다. 발굴 결과 지산동고분군에서는 소위 고령양식 또는 대가야양식으로 불리는 여러 종류의 토기류와 철제품, 말갖춤, 금동관과 관장식, 금은장신구, 옥류, 청동합 등 최고급 유물들이 출토되었습니다. 출토된 유물과 문헌 기록으로 보아 이들 고분군은 대체로 5~6세기대에 걸쳐 조성된 것으로 생각됩니다.

지산동32호분

　지산동고분군 중 가장 먼저 조영된 것은 쾌빈동1호분의 전통을 이은 바리모양그릇받침[鉢形器臺]이 출토된 지산동35호분입니다. 이후 지산동30호분이 조영되는데 이곳에서 출토된 금동관은 2호 순장 돌덧널에서 3~11세 사이의 작은 아이의 시신이 쓰고 있었으며, 실제 신분은 으뜸돌덧널[主石槨] 무덤주인의 노비나 하층계급에 해당하며 다른 사람을 대신해서 순장된 것으로 추정됩니다. 더불어 하부돌덧널 덮개돌에 새겨진 암각화는 기왕의 신앙체계에 대해 새로운 신앙체계가 등장하였음을 알 수 있게 해줍니다.

　그 후 지산동32호분에서 출토된 금동관과 무구류는 이 시기 초월적인 존재인 왕의 등장을 짐작하게 합니다. 왕의 존재는 이후 거대한 고총고분인 지산동44·45호분과 같은 대규모 순장묘를 조성할 수 있었고, 가라국의 최전성기를 구가하였습니다. 지산동44호분에서는 무려

지산동44호분

지산동45호분

32개의 순장자의 무덤이 발견되었고, 지산동45호분에서는 11개의 순장자의 무덤이 발견되어 후기가야 맹주국이었던 가라국 국왕의 권위를 잘 보여 주고 있습니다.

가라국 고분의 특징을 살펴보면 대체로 다음과 같습니다. 우선 입지 조건은 산성을 배후에 두고 앞에 취락과 평야, 강이 한눈에 내려다보이는 능선의 정상부 혹은 융기부에 거대한 봉토를 쌓아 조성하였습니다. 이런 고분들은 정해진 묘역 중앙에 으뜸덧널[主槨]을 설치하고 으뜸덧널 옆에 딸린덧널[副槨]이나 순장덧널을 설치한 다음 원형 혹은 타원형의 호석을 쌓았습니다. 경우에 따라서는 순장덧널 없이 돌덧널만 단독으

지산동32호분 원통모양그릇받침

지산동고분군 항아리와 그릇받침

지산동고분군 뚜껑있는 굽다리접시

지산동35호분 뚜껑있는 짧은목항아리

로 설치한 것도 있습니다. 매장부의 축조는 지하에 구덩이를 파고 할석이나 자연석을 이용하여 4벽이 서로 엇물리게 쌓는데, 평면형태를 보면 길이 대 너비의 비율이 대개 5:1 이상이 되어 세장방형 평면을 이루고 있습니다.

```
   1
  2   3
  4   5
     6
```

1 전고령출토 금제귀고리
2 전고령출토 금관
3 전고령출토 금관
4 고령출토 말갖춤
5 고령출토 농공구
6 지산동고분군 고리자루큰칼

출토유물 중에서 가라국 토기로 설정할 수 있는 주요 기종으로는 뚜껑있는 긴목항아리와 바리모양그릇받침, 뚜껑있는 굽다리접시, 굽다리접시, 짧은목항아리가 세트를 이루고 있습니다. 토기 이외에는 무덤주인이 지배층신분임을 나타내는 위세품으로 금동관(금관) 등의 관모류, 갑주류, 목걸이, 금은제귀고리, 고리자루큰칼 등이 있습니다.

지산동고분군 아래에는 대가야왕릉전시관과 대가야박물관이 건립되어 가라국의 성장과 발전 과정을 일목요연하게 보여주고 있습니다. 근래에는 이곳에서 멀지않은 곳에 우륵박물관이 개관하였고, 고분군 맞은편 골짜기에는 대가야의 역사와 문화를 즐기면서 배울 수 있도록 대규모 대가야역사테마관광지가 조성되었습니다. 바야흐로 후기가야의 맹주국이었던 가라국의 역사가 오늘 다시 되살아나고 있습니다.

10

불꽃무늬토기의 고향, 함안 안라국
안라국의 역사와 문화

안라국安羅國은 현재 함안군 일대에 있었던 가야제국의 한 국가였습니다. 옛 문헌에서 안라국에 대한 국명國名을 살펴보면 다양한 형태로 나타나고 있습니다. 『삼국사기』 지리지에는 아시량국阿尸良國과 아나가야阿那加耶라는 국명으로, 물계자전에는 아라국阿羅國으로, 『삼국유사』 오가야조에는 아라가야阿羅伽耶로, 『일본서기』에서는 안라安羅와 아라阿羅 등으로 기록되어 있습니다.

지금까지는 주로 '아라가야'라는 명칭을 사용하여 왔으나, 이 용어는 가야가 존재했던 당시의 국명이 아니라 신라말 고려초에 만들어진 조어造語이므로 적당하지 않습니다. '아시량阿尸良'의 '시尸'는 옛말의 사이시옷을 표기한 것이므로 아시량은 곧 '아ㅅ라'를 표기한 것이며, 이것은 아나 또는 아라로도 쓰인 것으로 보입니다. 따라서 아시량, 아나, 아라, 안라 등은 모두 '아ㅅ라'라는 나라 이름을 뜻하며, 현대음을 기준으로 하여 볼 때 사이시옷은 'ㄹ'받침의 음가를 나타내는 것이므로 '아ㅅ라'는 '알라'로 읽을 수 있습니다. 이와 가장 가까운 것이 '안라'이므

칠원오곡리1호지석묘

로 함안지역 가야국의 국명은 '안라' 또는 '안라국'으로 사용하는 것이 가장 적절합니다.

안라국은 삼한시대 변진弁辰의 한 국가인 안야국安邪國이 성장 발전하여 성립되었습니다. 함안군의 지형을 살펴보면 남쪽이 높고 북쪽이 낮은 분지입니다. 남동쪽으로 해발 500~700m 정도의 산들로 창원, 마산, 진주와 경계를 이루며, 북서쪽으로는 낙동강과 남강이 합류하는 남쪽에 위치하고 있어 이들 강으로 창녕, 의령과 각각 경계를 이루고 있습니다. 이러한 지형 조건은 외부로부터의 방어에 유리했을 것입니다.

함안군 일대에는 많은 지역에서 지석묘가 발견되고 있는 것으로 보아 청동기시대에 이 지역에는 이미 마을이 형성되어 있었음을 알 수 있습니다. 함안지역의 청동기시대 사람들은 평지와 구릉지의 경사면을 개간하여 농경을 하면서 차츰 성장하여 기원 전후시기 안야국을 형성하였던 것입니다.

『삼국지』위서 동이전에 의하면 안야국은 구야국과 함께 변한제국 중에서는 중국 군현과 교섭하면서 중국에 잘 알려진 유력한 정치집단이었습니다. 안야국의 인구는 『삼국지』의 기록에 의거해 보면 4천~5천호 정도였을 것으로 추정됩니다. 국의 구조는 대개 국읍國邑과 읍락邑落으로 구성되는데, 안야국의 국읍은 청동기시대의 유적과 변한시대의 널무덤[木棺墓] 유적, 5세기대 이후 대형고분군이 밀집되어 있는 가야읍 일대였을 가능성이 높습니다. 안야국의 정치적 발전이 가능했던 것은 농업생산력, 교역에 유리한 조건 등이었습니다. 즉 남쪽의 산지에서 발원한 계곡의 물을 이용한 계곡 사이의 평야들과 남강, 낙동강의 배후 저습지를 이용한 농경이 안야국의 경제적 기반이었습니다. 그리고 강을 이용한 교통로 확보와 교통의 요충지로서 차지할 수 있는 경제적 이익 등도 안야국의 성장 기반이었을 것입니다.

삼한의 여러 나라들은 일찍부터 중국 군현 및 인근 국가들과 교역을 하고 있었으며, 그 증거로 중국계 유물과 왜계 유물이 조사되고 있습니다. 함안지역에서도 가야읍 사내리에서 전한경前漢鏡을 모방한 소형방제경小型倣製鏡이 출토되었습니다. 이로 미루어 보면 안야국도 인근 변한제국이나 진한 및 마한제국, 한의 군현, 중국, 왜 등과 교역관계를 맺고 있었을 것으로 추정됩니다. 안야국의 대외교역로는 대체로 진동만으로 통하는 교통로와 마산만으로 통하는 교통로를 이용하여 해로로 진출하였을 것입니다.

안야국이 성장할 수 있었던 조건 중에 자원도 중요한 부분을 차지했습니다. 식량 이외에 철, 수산자원 등이 중요한 자원이었습니다. 현재 함안지역에는 황철광인 제1군북광산이 있고, 동광銅鑛의 산출지로는 함안광산과 군북광산이 있습니다. 동광의 산출지에는 황철광이 함께 산출되고 있어 동광의 개발과 함께 철광석도 채굴되었을 가능성이 있습니다. 안야국 당시에도 이러한 자원을 이용하여 주변지역과 교역하였을 것으로 추정됩니다.

안야국이 성장하여 안라국이 된 시기는 대체로 변한에서 가야로 변하는 3세기 말~4세기 초 무렵으로 추정됩니다. 즉 이 시기 낙동강 서남부지역은 고고학적 유물, 유적의 양상이 이전의 시기와 현격한 차이를 보이고 있습니다. 3세기 말 고식도질토기古式陶質土器의 출현과 딸린덧널[副槨]을 가진 대형덧널무덤大型木槨墓의 등장, 4세기대 이후 지배자의 무덤에 나타나는 철소재鐵素材의 다량 부장, 철제갑주鐵製甲胄의 출현, 철제농기구의 발전에 따른 농업생산력의 발전 등의 현상은 가야 사회로의 이행을 알려주는 중요한 증거입니다. 이것은 문헌기록에는 전하지 않지만 3세기 말 김해 가락국에서부터 나타난 큰 정치적인 변화가 인근 가야제국으로 파급된 결과로 볼 수 있습니다. 완만한 발전을 보이던 안야국도 낙동강 하류역의 정치적 변동에 연동하여 안라국으로 재편된 것으로 파악됩니다. 4세기대 이후 함안지역에서 김해 가락국뿐만 아니라 신라계 및 왜계 등 외래계 토기문화의 양상이 다양하게 보이는 것은 안라국으로의 전환 과정에서 보다 넓은 교역망을 갖추고 비약적으로 성장하였기 때문일 것입니다.

4세기대 이후 안라국의 실재를 잘 보여주는 것은 광개토대왕릉비문입니다. 광개토대왕릉비문 경자년(400) 기록에는 왜가 신라를 침입하자 신라는 고구려에 구원을 요청하였고 이에 고구려는 5만의 군대를 파견하여 신라를 구원하였다는 내용을 담고 있습니다. 여기에 '안라인수병安羅人戌兵'이라는 단어가 세 차례 나타나고 있습니다. '안라인수병'을 이해하는 입장은 다양하므로 여기에서의 안라가 함안의 안라국을 지칭하는지에 대해서는 좀더 깊이 있는 연구가 필요하겠습니다만, 안라인수병에 대한 해석 여부를 떠나서 당시 안라가 고구려 남정군과의 전쟁에 참여했다는 것은 사실로 볼 수 있을 것입니다.

도항리10호분 굽다리접시

마갑총 굽다리접시

도항리13호분 뚜껑있는 굽다리접시

마산현동59호분 굽다리접시

많은 연구자들은 당시 고구려의 남정을 고구려-신라 연합과 백제-왜-가야 연합의 대립으로 설정하고 있으며, 고구려-신라 연합군의 승리로 김해 가락국이 치명적인 타격을 받았다고 봅니다. 전기가야연맹의 일원이었던 안라국은 가락국, 왜와 공동으로 고구려와 맞서 싸웠지만 실제 전투는 김해 일대에서 펼쳐졌으며 안라국은 국읍을 비롯한 중심부가 직접적인 전쟁터가 되지 않았으므로 전쟁의 피해는 한결 적었을 것으로 보입니다. 따라서 고구려 남정 이후에도 자신의 국력을 유지하면서 기존의 전기가야연맹에 참여하였던 가야제국에 영향력을 행사했을 것으로 추정됩니다. 이러한 점은 안라국의 발전 모습을 보여주는 도항리·말산리 고분군과 안라국의 영역 확대를 보여주는 독자적 토기 양식인 불꽃무늬토기[火焰文土器]의 확산에서 증명되고 있습니다.

그렇다면 안라국의 권역은 어느 정도였을까요? 사실 안라국의 지방 통치체제나 영역 확대를 보여주는 기록이 거의 없는 상태에서 영역이나 국왕의 통치 범위를 설정하는 것은 매우 어려운 일입니다. 따라서 함안지역에 현존하는 성곽의 분포와 고고자료의 검토를 통하여 대략의 정치권역을 설정할 수 있을 뿐입니다. 함안분지를 둘러싼 산 위에는 어느 시기에 축조된 것인지 알 수 없으나 산성이 다수 분포하고 있습니다. 안라국은 인접한 국가의 침략을 방어하기 위해 산성을 축조했을 것으로 생각되므로 이러한 산성의 분포에 따라 안라국의 지배력이 어디까지 미쳤는지 추정할 수 있습니다.

안라국의 북쪽에는 낙동강, 남강이 있어 자연적인 방어수단이 되었습니다. 서쪽에는 방어산성이 있는데, 이는 백제의 진출을 막기 위한 방어시설이었을 것으로 추정됩니다. 남쪽에 있는 여항산성과 파산봉수는 안라국이 남쪽 해안으로 진출할 수 있는 교통로이자 동시에 남해안을 통한 외적의 침입을 대비한 시설물로 생각할 수 있습니다. 또 대현관문은 함안군 여항면과 마산시 진북면의 경계지역에 있는데 진동만으로 연결되는 길이 나 있는 것으로 보아 안라국의 중요한 경계지역이었습니다. 동쪽에 있는 포덕산성은 마산·창원 방면과 통하는 유일한 통로이므로 그 북쪽에 있는 성지봉산성, 검단산성, 성산성, 안곡산성, 칠원산성과 연결되어 서쪽으로 진출하려는 신라에 대비한 방어를 담당

하였을 것입니다. 이러한 성곽의 배치로 볼 때 안라국의 권역은 칠원의 일부지역을 포함하는 지금의 함안군 일대였습니다.

5세기대 함안의 대표적인 토기인 불꽃무늬토기의 분포를 통해서도 안라국의 지배권역을 추정해 볼 수 있습니다. 이 토기가 조사되는 지역은 함안분지 내의 도항리·말산리 고분군을 비롯하여 외곽지대에는 칠원면 오곡리유적, 마산시 현동유적, 창원시 도계동유적, 의령 예둔리유적, 유곡리고분군, 봉두리고분군, 진북 대평리고분군, 진양 압사리유적 등입니다.

분포지역으로 보아 당시 안라국의 영역은 함안을 중심에 두고 서쪽의 진주 일부지역, 북동쪽의 창원 일부지역, 서북쪽의 의령 일부지역, 남동쪽으로는 마산의 진동지역 등으로 볼 수 있습니다. 물론 이러한 권역이 멸망기까지 그대로 유지되지는 않았을 것입니다. 6세기대에 이르면 백제, 신라가 가야지역으로 진출하므로 권역의 축소 가능성은 충분히 예상할 수 있습니다.

창원도계동2호분 굽다리접시

창원도계동2호분 굽다리접시

창원도계동13호분 굽다리접시

칠원오곡리8호분 굽다리접시

6세기대 안라국은 남부 가야제국을 주도해 가면서 동쪽과 서쪽에서 잠식해 들어오는 백제와 신라에 대하여 군사적 또는 외교적으로 대항하였으며, 왜 세력을 적극적으로 활용하여 가야제국의 독립성을 유지하기 위한 중심적 역할을 하였다는 것을 문헌자료에서 엿볼 수 있습니다. 6세기의 사정을 기록하고 있는 『일본서기』게이타이기繼體紀와 긴메이기欽明紀에는 가야지역을 둘러싼 주변국들, 즉 고구려, 백제, 신라, 왜 등 여러 나라가 서로 각축을 벌이는 모습들이 비교적 풍부하게 실려 있습니다. 그러나 액면 그대로 믿을 수 없는 많은 위험이 내포되어 있어 철저한 사료 비판을 해야만 합니다. 이 시기 역사 자료들이 대부분 '백제삼서百濟三書'를 바탕으로 구성되었지만 8세기 일본의 고대 천황주의사관에 의해 왜곡 윤색되었기 때문입니다. 학자들의 대체적인 동의를 얻고 있는 내용 가운데 안라를 중심으로 하는 대외관계의 동향을 살펴보면 크게 3시기로 나눌 수 있습니다.

　제1기는 백제가 기문(전북 남원), 대사(경남 하동)지역으로 진출하는 시기로서, 기문을 상실한 가라국은 백제에 대립하여 신라와 결혼동맹(522~529년)을 체결하였습니다. 안라국은 백제의 기문지역 진출에 대해서 묵인하였는데, 이로 인하여 가라와 반목하였습니다. 이러한 가야제국의 갈등을 틈타서 신라는 가야지역의 도가刀伽·고파古跛·포나모라布那牟羅 3성을 함락시킨 후 또한 북쪽 경계의 5성을 함락시키면서 차츰 가야지역을 잠식해 갔습니다. 이 시기에 안라는 백제와는 친선관계를 유지하고 신라와는 적대적인 경향을 보였습니다.

　제2기는 백제가 기문·대사 지역을 완전히 장악하고, 신라가 낙동강 서남부지역으로 진출하는 과정에서 안라의 외교적 역할이 두드러진 시기입니다. 529년 안라가 주도한 고당회의高堂會議(이하 안라회의)는 백제와 신라의 가야지역 진출에 대하여 가야지역의 독립성을 유지하기 위한 방책으로 개최되었습니다. 이 회의에서 안라는 의도적으로 백제를 배제하였습니다. 즉 백제가 안라회의에 참여하였으나, 백제의 대표는 고당에 오르지도 못하였습니다. 이는 백제가 대사지역으로 진출함에 따라 남강을 거슬러 올라와 안라지역을 잠식할지도 모른다는 우려에서 나온 대처였을 것으로 보입니다. 신라도 낮은 관등의 관리를 파견하였으므로 안라회의 자체는 성공을 거두지 못했지만 결과적으로는 안라의 성장을 대외에 알리는 계기가 되었을 것입니다.

한편 안라회의가 성공하지 못함에 따라 백제와 신라는 가야지역으로의 진출을 계속하였습니다. 백제는 하동에서 함안 사이의 지역에 걸탁성乞乇城을 축조하였고, 신라는 남가라, 탁기탄 지역을 멸망시켰습니다. 이러한 상황에서 안라는 안라일본부安羅日本府(안라에 파견된 왜의 사신)를 이용하여 안라의 독자성을 유지하고자 하였습니다. 즉 백제의 안라에 대한 진출을 저지하기 위하여 신라와 외교적 관계를 맺었던 것입니다. 신라와의 외교활동을 주도한 것이 일본부였던 것은 안라가 백제와의 정면충돌을 피하려 했던 데 원인이 있을 것입니다.

이러한 안라의 외교정책에 대하여 백제의 성왕成王은 이미 멸망한 남가라·탁기탄·탁순의 재건이라는 명분을 내걸고 두 차례에 걸쳐 사비회의를 개최하였지만, 안라를 비롯한 가야제국은 적극적인 태도를 보이지 않았습니다. 이는 백제가 계속적으로 가야지역에 군령성주郡令城主를 두어 안라지역으로 진출하고자 하는 의도를 버리지 않았기 때문이었습니다. 신라 또한 안라지역으로의 진출을 포기하지 않았습니다.

결국 안라의 외교정책은 성공을 거두지 못하였습니다. 이렇게 되자 안라는 고구려와 밀통하여(548년) 백제를 견제하고자 하였습니다. 안라의 요청에 따라 고구려는 백제를 침공하였으나 신라가 백제를 구원하여 고구려가 전쟁에서 패함으로써 안라의 의도는 무산되었습니다.

따라서 이 시기는 안라와 백제의 사이가 매우 소원한 관계로 변하였으며, 상대적으로 신라와는 우호적인 관계에 있었음을 알 수 있습니다.

제3기는 안라 주도의 외교적 활동이 성공을 거두지 못함에 따라 안라가 다시 친백제적인 성향으로 전환했던 시기입니다. 안라가 다시 백제와 화친하면서 안라는 백제와 신라가 충돌하였던 관산성 전투(554년)에 참여하게 되었습니다. 이 전쟁에 참여하였던 가야의 군대가 2만여 명에 달하는 것으로 보아 안라국은 이 전쟁에 국운을 걸었을 것으로 생각됩니다. 하지만 백제와 가야의 연합군이 신라에 패배하였고 가야제국은 차례차례 신라의 영역으로 편입되어 갔습니다. 그러므로 안라 멸망의 결정적 계기는 관산성 전투의 패배였다고 할 수 있습니다.

신라는 관산성 전투 이후 가야지역에 본격적으로 진출하기 시작하였습니다. 555년 비사벌比斯伐(창녕)에 완산주完山州를 설치하고, 557년에는 감문주甘文州(김천)를 설치하였으며, 561년에 창녕에 진흥왕척경비를 건립하였던 것은 이러한 상황을 반영하는 것이었습니다.

그렇다면 안라국이 멸망했던 때는 언제쯤이었을까요?『일본서기』 긴메이기 22년(561)조에 보이는 "신라가 561년 아라阿羅 파사산에 성을 축조하여 일본에 대비했다"는 내용에서 안라국의 멸망을 추정할 수 있습니다. 아라는 곧 안라국이며, 파사산은『신증동국여지승람新增東國興地勝覽』함안군 산천山川조 및 봉수烽燧조에 나오는 '파산巴山'으로 비정할 수 있습니다. 파산은 지금의 봉화산으로서 봉수대는 안라국이 해안으로 진출하는 루트인 진동지역과 함안의 경계지역에 있으며, 봉화산 북쪽 최고봉상에 위치하여 남으로 진해만(진동만)과 북쪽으로는 함안 일대를 비롯하여 낙동강과 남강 너머 의령까지도 한눈에 조망할 수 있는 입지를 가지고 있습니다. 이렇듯 파산은 안라국의 중요전략기지였을 것이므로 이 지역에 신라가 성을 쌓았다는 것은 이미 안라가

도항리고분군

신라에 의해 복속되었음을 전하는 것이라 생각됩니다.

또한 『일본서기』 긴메이기 23년(562)조에 "어떤 책에는 21년(560)에 임나가 멸망했다"라는 기록을 참조해 본다면 안라의 멸망시기는 560년에서 561년 사이로 볼 수 있습니다. 특히 안라는 가야제국의 중심국 가운데 하나였으므로 이러한 안라국의 멸망을 전하는 기록이 실재하였을 것입니다. 따라서 안라국은 560년에 멸망했을 가능성이 높습니다.

안라국의 흔적은 현재 함안군 가야읍의 말산리와 도항리에 말이산고분군이라는 대형무덤들로 남아 있습니다. 이 유적은 1917년 일본인 이마니시 류今西龍에 의해 말이산34호분(현재 4호분), 말이산5호분(현재 25호분) 등이 발굴조사 된 후 처음으로 학계에 알려지게 되었습니다.

그 후 1986년 국립창원대 박물관에 의해서 도항리14-1호, 14-2호가 조사되었습니다. 이 2기의 대형무덤은 도항리고분군의 성격을 규명하는 데 중요한 단서를 제공하였으며 또한 함안지역에서 광복 후 처음으로 우리나라 연구자에 의해 발굴조사가 실시되었다는 데 큰 의의가

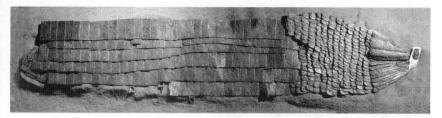

마갑총 말갑옷

있습니다. 그러다가 1991년 국립창원문화재연구소(현 국립가야문화재연구소)가 도항리35호분과 그 주변지역을 발굴조사하여 청동기시대 지석묘 8기와 집터 1동을 확인하였습니다. 이로써 도항리 일대가 선사시대부터 인간 삶의 터전이었음을 알게 되었습니다.

다음 해에는 가야읍 아파트 공사중에 발견된 초대형 덧널무덤인 '마갑총馬甲塚'을 통해 5세기 전·중반 안라국 지배층 고분문화의

마갑총

성격과 양상 규명 및 안라국 철기문화의 우수성을 알 수 있었습니다. 이 고분은 길이 6.9m, 너비 2.8m, 깊이 1.1m의 긴 타원형의 무덤구덩이 안에 판재 형태의 목재로 짠 덧널이 설치된 대형의 덧널무덤입니다. 유구의 북쪽 벽은 굴착공사로 인하여 파괴된 상태였지만, 중앙에 매장

도항리8호분

된 무덤주인공의 흔적과 그 좌우에 가지런한 상태로 놓인 말갑옷은 그동안 영남의 각 지역에서 확인된 것에 비하여 부장 상태가 거의 원형을 유지하고 있어서 이 유구의 명칭을 마갑총으로 정하게 된 것입니다. 이 무덤에서는 말갑옷뿐만 아니라 말의 얼굴을 덮어 보호하는 말머리가리개[馬胄]의 조각으로 추정되는 여러 점의 판상철편도 확인되었습니다.

국립창원문화재연구소에서는 도항리·말산리 고분군의 정확한 성격 규명을 위해 1992~1996년까지 5차례의 연차발굴조사를 실시하였습니다. 조사 결과 고총고분인 5호분, 8호분, 15호분 등과 널무덤 20여 기, 덧널무덤 20여 기, 구덩식돌덧널무덤 10여 기, 돌방무덤 3기 등이 확인되었습니다. 이를 통해 당시 안라국 지배층의 무덤 변천 과정과 당시 안라국의 사회상을 알 수 있는 자료를 확보할 수 있었습니다.

1997~1998년에는 도항리와 말산리 일대의 도로 확장공사 및 단독주택 신축공사로 인하여 발굴조사가 필요하게 되자 경남고고학연구소에 의해 모두 5차례의 시굴 및 발굴조사가 실시되어 널무덤 38기, 독무덤 3기, 덧널무덤 37기, 구덩식돌덧널무덤 4기가 조사되었습니다. 또한

도항리8호분 굽다리접시 　　　도항리8호분 바리모양그릇받침

말이산34호분 바리모양그릇받침 　　말이산34호분 원통모양그릇받침

2002년 경남발전연구원 역사문화센터에서는 말산리의 건물 신축공사 도중 발견된 돌덧널 길이 8.65m, 너비 1.65m의 초대형 구덩식돌덧널무덤 1기를 조사하였습니다.

　이러한 발굴조사 결과 이 유적에 고분이 조성되기 시작한 것은 삼한시대부터였음을 알 수 있었으며 이 시기의 유물들은 구릉의 북쪽에서 출토, 채집되었습니다. 이 구릉에 원형 봉토분이 발생한 시기는 5세기

1 2 | 3

1 말산리34호분 수레바퀴모양토기
2 도항리39호분 등잔형토기
3 도항리48호 죽통형토기

초경으로 추정됩니다. 대형 봉토분들은 입지상 좋은 지점에 위치하면서 구릉의 북쪽에서부터 점차적으로 조성된 경향을 보이며, 대형분의 사이와 구릉의 사면에는 중·소형분이 분포합니다. 유적의 연대는 삼한시대에서 6세기까지입니다.

이제 안라국 사람들이 남긴 유물을 살펴보겠습니다. 먼저 안라국의 토기에 대해 살펴보면 대체로 4세기 전반부터 고식도질토기가 생산되었는데 굽다리접시, 짧은목항아리, 화로모양그릇받침, 손잡이잔 등 종류가 매우 다양합니다. 특히 4세기대에 안라국 토기를 대표할 수

1
2 | 3

1 말이산34호분 뚜껑있는 짧은항아리
2 말이산34호분 각종토기
3 도항리47호분 항아리와 그릇받침

있는 工자형굽다리접시는, 전반에는 굽다리가 길지만 후반으로 갈수록 차츰 짧아지면서 5세기대의 불꽃무늬굽다리접시와 그 계통이 연결되고 있습니다.

5세기대에는 앞 시기의 토기보다 그 형태와 종류가 더 다양하고 발전된 모습을 보여주며, 무덤에 부장되는 양도 많아졌습니다. 이 시기 안라국을 대표할 수 있는 토기는 굽다리에 불꽃모양의 투창이 뚫려 있는 불꽃무늬굽다리접시를 비롯하여 삼각형투창굽다리접시, 긴목항 아리 등이 있습니다. 이 밖에도 수레바퀴모양토기, 등잔형토기, 종형토

도항리10호분 덩이쇠

도항리13호분 판갑

도항리고분군 재갈

도항리고분군 말띠드리개

기도 제작되었습니다.

6세기에 접어들면서 굽다리접시와 뚜껑 등의 토기류는 그 형태가 조잡해지고 규모가 작아졌습니다. 굽다리접시는 굽다리가 짧아지고, 손잡이가 붙은 것도 나타났습니다. 또한 이 시기에는 고령계, 경주계, 창녕계의 토기가 유입되어 안라국 토기문화에 많은 영향을 주었습니다.

안라국의 무기를 살펴보면 공격용 무기로는 고리자루큰칼[環頭大刀], 화살촉 및 화살통, 투겁창[鐵鉾] 등이 있고, 방어용 무기는 투구와 갑옷 등이 조사되었습니다. 의례용 도구들도 출토되었는데, 덩이쇠, 미늘쇠,

점치는 뼈[卜骨] 등입니다. 안라국의 말갖춤은 고구려와 백제의 말갖춤으로부터 많은 영향을 받아 제작·사용되었으며, 신라의 말갖춤이 장식성이 강하고 화려한 데 비해 실용적인 것이 특징입니다. 말안장가리개[鞍橋], 발걸이[鐙子], 말띠드리개[杏葉], 재갈[轡] 등이 출토되었습니다.

안라국의 장신구는 주로 유리, 옥, 수정, 마노, 비취 등을 가공하여 귀고리, 반지, 목걸이 등으로 이용하였습니다. 또 생산도구로는 도끼, 낫, 쇠스랑, 괭이, 가래 등이 출토되었고, 그 밖에도 실을 뽑을 때 사용하는 가락바퀴 등이 주로 발견되고 있습니다.

함안지역에서 출토되는 각종 유물 가운데는 주변의 가야 여러 나라, 또는 백제와 신라, 일본 등지에서 제작되어 이 지역의 무덤에 매납된 것으로 추정되는 외래계 유물이 다수 확인되고 있습니다. 이 자료들은 토기가 대부분으로서 굽다리접시, 뚜껑, 항아리 등이 주류입니다. 주로 5세기 중·후반대에는 창녕의 비사벌, 김해의 남가라계의 유물들이 대부분이고, 5세기 후반에서 6세기 전반에는 백제와 신라, 고령의 가라국과 고성의 고자국 유물들이 주류를 이룹니다. 이러한 유물들은 각 시대별로 안라국의 대외교류관계를 알 수 있는 중요한 자료가 되고 있습니다.

한편 안라국의 국읍에 있었을 것으로 추정되는 왕궁지에 대한 기록은 조선시대의 기록인 『함주지咸州誌』에 비교적 자세하게 기술되어 있습니다. 즉 가야국의 옛터는 부존정扶尊亭의 북쪽에 있다고 했는데, 그 기록으로 보아 부존정은 지금의 가야동 쾌안 뒷산(해발 79m)으로 추정됩니다. 가야동이 안라국의 왕궁지로 추정되는 이유는 문헌기록도 있지만 초석, 우물, 토축흔적 등의 고고학적 유적과 더불어 내성과 외성의 2중구조로 된 봉산산성이 배후에 위치하고 있다는 점입니다. 이것은 고구려, 백제, 신라의 도읍지가 대부분 2중성의 구조로 된 것과

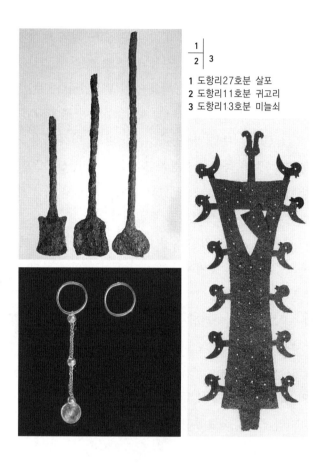

일치합니다. 또한 주변 여러 지역에서 신읍臣邑(신하들의 생활주거지), 선왕동先旺洞(은퇴한 노왕이나 안라국 멸망 이후 왕족이 모여 살던 곳), 궁뒤(왕궁지의 뒤편) 등과 같은 왕궁지와 관련된 지명이 전하고 있습니다. 비록 전해지는 지명이긴 하지만 옛 안라국의 영화를 알려주는 왕궁을 추정하는 근거가 될 수 있을 것입니다.

가야에는 언제 불교가 전래되었을까

가야 불교 전래의 진실

한국 고대사회에서 불교가 수용되었다는 사실은 대단히 중요한 의미를 담고 있습니다. 초기국가의 왕들은 하늘의 자손이라는 설화를 형성하였고 무속신앙은 왕의 권력을 유지하는 데 큰 힘이 되었습니다. 그러나 고구려의 경우 해解氏에서 고高氏로, 백제는 해解氏에서 부여扶餘氏로, 신라는 박朴氏·석昔氏·김金氏로 왕권의 계통이 변하게 되는데, 새로이 권력을 장악한 지배집단은 그들이 가진 정치권력에 비해 종교적 권위가 약하여 이전의 지배집단이 귀족세력을 형성하여 국왕권을 제한하게 되었습니다. 따라서 보다 강력한 왕권을 형성하여 중앙집권적인 정치체제를 갖추기 위해서는 지금까지의 부족적인 성격을 지닌 무속신앙을 대체하여 왕권을 지지해줄 새로운 사상체계가 필요하게 되었고, 그 결과 새로운 종교인 불교를 받아들이게 되었던 것입니다. 불교가 공인될 무렵에 각 국가마다 율령律令이 반포되었다는 점은 불교라는 사상적 뒷받침을 받아 정치적으로도 중앙집권적인 통치체제를 공고히 하겠다는 왕권의 의지로 볼 수 있습니다.

삼국의 불교 수용은 우리의 역사자료인 『삼국사기』와 『삼국유사』의 기록을 통하여 대체적인 사정을 알 수 있습니다. 그러나 가야의 경우는 삼국처럼 불교가 공식적으로 수용되었다는 기록이 없습니다.

물론 『삼국유사』「가락국기」에 가락국의 불교 관련 기록이 보이지만 수로왕 당시의 상황을 보면 가야는 삼국의 일반적인 불교 수용의 경우처럼 중앙집권적인 국가체제나 강력한 왕권이 형성된 시기가 아니었습니다. 즉 기록대로라면 기원 1세기 중반에 해당하는데, 이 시기는 가야가 이제 막 국가를 형성하던 단계였으므로 불교를 수용할 만큼 사회적 여건이 성숙되지는 않았을 것입니다. 그렇게 본다면 수로왕 당시 허왕후가 가야에 오면서 불교가 전래되었다는 점은 아무래도 쉽게 수긍하기 어렵습니다.

현재 가야 여러나라 가운데는 김해 가락국과 고령 가라국에 불교와 관련된 내용이 단편적이나마 전하고 있습니다. 이러한 역사자료를 분석하면 가야에 불교가 언제 전래되었는지 추정해 볼 수 있을 것입니다.

가야 초기부터 불교가 전래되었다는 것은 우리나라 불교 전래의 시기와 초기 불교의 성격 등 여러 가지 측면에서 쟁점이 될 수 있는 주장입니다. 이러한 주장은 대체로 가야伽倻·伽耶·加耶라는 국명에서부터 불교와의 연관을 찾기도 하고, 문헌 및 고고학적 증거를 통하여 수로왕과 허왕후를 불교와 연관지어 설명하기도 합니다.

김해지역의 재야사학자 허명철 씨는 '가야'라는 국명은 불교와 더불어 수입된 단어라고 주장하였습니다. 즉 본래 김해지역의 가야시대 국명은 가락국駕洛國이며, 가야는 문화적 측면의 국명이라는 것입니다. 한자의 뜻으로 '가伽'는 '절(temple)'이며, '야倻'는 범어의 'Gayah'를 음역하는 과정에서 생긴 조어造語인데, 이때 가야의 뜻은 인도어로 '코끼리'입니다. 이 점은 가야불교의 남방 전래설을 주장했던 정수일 교수(이전에 무함마드 깐수란 이름을 사용하였음)도 동의하였습니다.

김병모 교수는 가야라는 국명을 고대 인도어와 연관시켰습니다. 가락과 가야라는 말은 고대 인도어인 드라비다어이고 그 뜻은 모두 '물고기'입니다. 이렇게 되면 가락국·가야국은 모두 신어국神魚國이라고 부를 수 있으며, 김해의 신어문神魚紋도 같은 맥락에서 이해할 수 있다고 보았습니다.

김영태 교수는『법화경法華經』,『대승가야산정경大乘伽耶山頂經』,『관불삼매경觀佛三昧經』등의 불교경전에서 나오는 지명과의 연관성으로 보아 가야라는 국명이 우연히 생겨난 것이 아니라 불교에서 연유한 것으로 보았습니다. 즉 그는 가야는 불교 전래 이후에 쓰였던 이름이며 가락은 불교를 받아들이기 이전의 국호였다고 주장하였습니다. 국호가 이처럼 불교적으로 바뀐 시기는 질지왕銍知王 2년(452)쯤으로 추정하였습니다.

이러한 주장들은 나름대로 논리를 지니고 있지만 치명적인 문제점을 내포하고 있습니다. 우선 가야라는 국명과 불교의 연관성을 주장하는 경우는『삼국유사』「가락국기」에 기록되어 있는 허왕후의 출신과, 가야 지역으로의 도래 과정과 관계되는 내용에 대하여 아무런 비판 없이 그대로 믿은 점이 문제입니다. 허왕후 이야기는 지나치게 불교적으로 윤색되어 있습니다. 현재까지 전해오는 대다수의 역사자료와 마찬가지로 「가락국기」가 전해주는 역사적 사실은 오랜 세월이 지나는 동안 많은 내용이 추가되기도 하고 삭제되기도 하여 허왕후 당시의 사실과는 상당한 차이를 지닌 채『삼국유사』에 수록되었습니다. 그러므로 「가락국기」는 가야의 국가 이름과 불교와의 연관성에 대한 증거자료로서는 의미가 없다고 할 수 있습니다.

가야의 국명과 불교경전을 연관 짓는 견해 또한 문제가 있습니다.

증거가 되는 경전들이 모두 한문경전이라는 점이 그러합니다. 만약 한문경전에서 그 국명을 따왔다면 가야불교가 인도에서 바로 건너왔다는 것과 모순됩니다. 또 관련된 불교경전이 한역된 시기가 「가락국기」에 나오는 불교 전래 연대보다 훨씬 후라는 사실도 문제점으로 지적할 수 있습니다. 예를 들면 『법화경』의 경우 가야의 개국시기보다 한참 뒤인 406년에 한역되었습니다.

한편 『삼국유사』 「가락국기」에 보이는 16나한羅漢과 7성聖의 존재, 『삼국유사』 「어산불영魚山佛影」조의 만어산 설화, 그리고 기타 자료에서 보이는 수로왕대의 사찰 창건 등을 근거로 수로왕과 불교가 밀접한 관계를 맺고 있다는 견해가 있습니다.

먼저 「가락국기」의 관련 기록을 살펴보겠습니다.

2년 계묘 춘정월에 왕이 가로되 "내가 서울을 정하고자 한다" 하고 이에 가궁假宮의 남쪽 신답평―이 땅은 예전부터 한전이다. 새로 경작했기 때문에 신답평이라 한 것이다. 답畓자는 속자이다―에 가서 사방의 산악을 바라보고 좌우를 돌아보며 말하기를, "이 땅이 여뀌잎과 같이 협소하나 산천이 수이하여 가히 16나한이 머물 만하다. 하물며 1에서 3을 이루고 3에서 7을 이루어 7성이 머물 만하지 않겠는가. 강토를 개척하면 장차 좋을 것이다"라고 하였다. 주위 1천 5백보의 나성과 궁궐, 전당과 여러 관사, 무기고, 창고를 건축할 장소를 정한 다음에 환궁하였다.

二年癸卯春正月 王若曰 朕欲定置京都 仍駕幸假宮之南新畓坪 (是古來閑田 新耕作故云也 畓乃俗文也) 四望山嶽 顧左右曰 此地狹小如蓼葉 然而秀異 可爲十六羅漢住地 何況自一成三 自三成七 七聖住地 固合于是 托土開疆 終然允臧歟 築置一千五百步周廻羅城 宮禁殿宇 及諸有司屋宇 湯庫倉廩之地 事訖還宮

이 기록을 불교와 연관시키는 견해가 갖는 문제점은 역시 역사자료를 치밀하게 검토하지 않았다는 것입니다. 앞서도 얘기했듯이 「가락국기」는 후대의 기록이므로 이 기록을 해석할 때는 수로왕 신화의 형성 시점과 그것을 기록으로 남긴 시점에 차이가 있다는 점을 유념해야 합니다. 즉 입에서 입으로 전해졌던 수로왕 신화의 초기 단계, 이것이 가야왕실가계의 기록으로 정착되는 가락국의 어느 왕 시기, 신라 말 고려 초 옛 가야세력의 부흥기에 김해의 호족이었던 김인광, 소율희 등에 의한 수로왕 신화의 확대발전 단계, 고려 11대 문종 대강大康 연간에 금관지주사金官知州事 문인文人의 『가락국기』 저술 단계, 이 내용을 다시 고려 25대 충렬왕대의 승려 일연이 『삼국유사』에 편집해 넣은 시기까지 무려 천여 년의 기간이 흘렀으며 그 간의 기록자들은 자신이 살았던 시대의 성격에 따라 각각 관점의 차이를 갖고 이 설화를 기록하였다는 점을 고려해야 한다는 것입니다.

　이것을 염두에 두고 위의 기록을 살펴보면 1-3-7은 지세地勢를 감정하는 풍수설과 관련이 있습니다. 즉 1은 오행五行의 수水이며, 3은 목木, 7은 화火를 뜻하며 수생목水生木, 목생화木生火의 길지吉地라는 뜻을 함축하고 있습니다. 이 내용은 수로왕이 직접 말했다기보다는 불교와 풍수설의 영향을 입은 후대 사람들이 수로왕의 신성성을 강조하기 위하여 마치 수로왕이 말한 것인양 기록한 것으로 보아야 합니다. 왜냐하면 수로왕 당시는 아직 풍수설이 정립되기 전이기 때문입니다.

　다음으로 「어산불영조」의 만어산 설화를 살펴보면

　　옛날에 천란天卵이 바닷가에 내려와 사람이 되어 나라를 다스렸으니 곧 수로왕이다. 이때 경내의 옥지玉池에 있는 독룡과 만어산의 다섯 나찰녀가 서로 오가며 사귀었는데 때때로 뇌우를 내려 4년이 지나도록 곡식이 되지 않았다. 왕이 주술로써도 금하지 못하자 머리를 조아려 부처님을 청하여 설법한 뒤에야 나찰녀들이 5계를 받아 후환이 없어졌다. 그러므로 동해의 고기와 용들이 이 골 속에 가득찬 돌로 변하여 각각 쇠북과 경쇠 소리가 났다고 했다.

昔天卯下于海邊 作人御國 即首露王 當此時 內有玉池 池有毒龍焉 萬魚山有五羅
刹女 往來交通 故時降雹雨 歷四年 五穀不成 王呪禁不能 稽首請佛說法 然後羅刹
女 受五戒 而無後害 故東海魚龍 遂化爲滿洞之石 各有鍾磬之聲

이 기록을 가야불교와 연관지어 보는 견해는 크게 두 가지입니다. 첫째, 수로왕 당시의 가야 상황을 그대로 기록한 설화라는 주장입니다. 즉 수로왕의 주술이 통하지 않아 부처님께 청했다는 것은 가락국 시대에 불교가 이미 전래되어 있었다는 증거라는 것입니다.

둘째, 만어산의 설화가 가야와 불교의 인연을 강조하는 설화라는 견해입니다. 대체로 허왕후가 가야에 입국한 후 불교가 남쪽에서부터 밀양으로 전파된 후에 윤색되었다고 보거나, 후대에 가야에 불교가 있었음을 보여주는 설화라는 견해입니다.

만어산의 너덜

이 설화에서는 수로왕의 건국설화가 불교설화에 밀려나가는 과정을 보여줍니다. 즉 가락국의 수로왕이 어쩔 도리가 없어 고민하던 일을 부처가 해결해 주었다고 해서 부처의 우위를 입증하고자 하는 것입니

은하사 대웅전

다. 그러기 위해 불경에 수록된 설화를 받아들여 등장인물과 장소를 국내의 것으로 바꾸어 놓았던 것입니다. 그러므로 이 설화는 수로왕 당시의 역사적 사실로 보기가 어렵습니다.

다음으로 수로왕대에 창건되었다고 전하는 사찰들을 살펴보도록 하겠습니다.

수로왕대에 창건된 것으로 기록되어 있는 사찰은 서림사西林寺와 만어사萬魚寺, 흥부암興府菴, 백운암白雲菴 등입니다. 서림사(지금의 은하사)는 『조선사찰사료朝鮮寺刹史料』에 의하면 수로왕 1년(42)에 창건되었다고 합니다. 만어사는 『한국사찰전서韓國寺刹全書』에 따르면 수로왕 5년(46)에 초창되었고, 흥부암은 『조선사찰사료』에 수로왕 13년(54), 백운암 역시 정확한 연대 없이 수로왕대에 창건되었다는 기록이 있습니다.

서림사는 대웅전 취운루중수기 현판(1812)에 의하면 허왕후와 장유화상이 인도로부터 건너온 뒤에 수로왕의 명으로 명월사 등과 함께 창건한 것으로 되어 있습니다. 즉 수로왕 1년(42)은 아닐지라도 수로왕대에 창사되었다는 것입니다. 그러나 취운루중수기 현판보다 앞서 중종 25년(1530)에 증보 간행된 『신증동국여지승람』의 김해 불우佛宇 및 고적古跡조에는 감로사, 금강사, 명월사, 왕후사 등의 이름은 보이지만 서림사라는 이름은 찾아볼 수 없습니다. 이것은 곧 중종대까지도 서림사가 존재하지 않았다는 얘기입니다.

만어사는 『삼국유사』 어산불영조에서 고려 명종 10년(1180)에 처음 창건되었다고 밝히고 있습니다. 그리고 홍부암과 백운암의 창건시기를 수로왕대로 믿을 만한 근거나 고증자료는 없습니다. 그러므로 이들 사찰의 창사설화에 의거하여 수로왕 때 불교가 전래되었다는 것을 입증하기는 어렵다는 것을 알 수 있습니다.

또 현재 김해지역에 남아 있는 불교관계 유물로는 장유암의 장유화상 사리탑·안곡리 삼층석탑 등의 불탑, 김해 구산동 마애불·불암동 마애불·초선대 마애불·진영 봉화산 마애불·장유 유하리 마애불 등의 불상이 있는데 이들은 가야시대 당시에 제작된 것이 아니라 모두 고려시대 이후의 유물입니다.

한편 수로왕대에 가야에 불교가 전래되었다는 주장 가운데는 허황옥과 그녀의 동생(혹은 오빠) 장유화상이 가야로 오면서 불교를 들여왔다는 견해가 있습니다.

만약 장유화상이 가야에 불교를 들여올 만큼 중요한 인물이라면 『삼국유사』 「가락국기」나 「금관성파사석탑金官城婆娑石塔」조에 그 이름이 기록되어야 할 것인데 전혀 언급이 없습니다. 특히 「가락국기」에서는 허왕후의 추종 신하들의 이름과 그 아내의 이름, 그리고 따라온

장유암 장유화상 사리탑

안곡리삼층석탑

구산동 마애불

불암동 마애불

초선대 마애불

노비의 수까지 상세히 기록해 놓고 있습니다. 동생이 함께 왔다면 당연히 수행한 자들보다는 먼저 기록되었을 것입니다. 이것은 곧 『삼국유사』가 편찬된 고려 충렬왕대까지도 장유화상이라는 존재는 없었다는 얘기가 됩니다. 실제로 장유화상이라는 이름과 그의 활약상은

진영 봉화산 마애불　　　　　　　　　장유 유하리 마애불

1800~1900년대 조선 후기의 자료들에서 등장한다는 데 주목할 필요가 있습니다.

　허황옥과 불교를 연관짓는 사람들은 대부분『삼국유사』「가락국기」와「금관성파사석탑」조의 기록을 그대로 인정하고 아유타국의 존재를 찾고 있습니다. 아유타국을 증명하기 위해 고고학적으로는 파사석탑이나 쌍어문의 분포, 그리고 아유타국에서 가야로 오는 경로 등을 제시하고 있습니다.

　먼저『삼국유사』에 전하는 파사석탑에 대한 기록을 살펴보면,

　금관 호계사의 파사석탑은 옛날 이 고을이 금관국이었을 때 세조 수로왕의 비妃 허황후 황옥黃玉이 동한 건무 24년 갑신에 서역 아유타국에서 싣고 온 것이다. 처음에 공주가 양친의 명을 받들어 바다를 건너 장차

동으로 향하려 하다가 파신波神의 노함을 만나 견디지 못하고 돌아와 부왕에게 고하였는데 부왕이 이 탑을 싣고 가게 하니 그제야 무사히 항해하여 남쪽 해안에 도착하였는데…… 그러나 그때 해동에는 창사·봉불 하는 일이 없었으니 대개 불교가 전래되지 아니하여 그 지방 사람들이 신복치 아니하였던 것이다. 그러므로 본기에도 창사의 기사가 없었다. 제8대 질지왕 2년 임진에 이르러 비로소 그곳에 절을 세우고 또 왕후사를 창건하여(아도는 눌지왕대에 해당하니 법흥왕 전이다), 지금까지 복을 빌고 있으며 겸하여 남왜를 진압하고 있으니 본국본기에 자세히 보인다. 탑은 모진 4면의 5층이고 조각이 매우 기묘하며 돌은 조금 붉은 빛의 반문이 있고 질도 좋은데 우리나라의 암석이 아니다. 본초本草에 이른바 계관의 피를 찍어서 시험한다 한 것이 이것이다.

金官虎溪寺婆娑石塔者 昔此邑爲金官國時 世祖首露王之妃許皇后名黃玉 以東漢建武二十四年甲申 自西域阿踰陁國所載來 初公主承二親之命 泛海將指東 阻波神之怒 不克而還 白父王 父王命載玆塔 乃獲利涉 來泊南涯 …… 然于時海東未有創寺奉法之事 蓋像敎未至 而土人不信伏 故本記無創寺之文 逮第八代銍知王二年壬辰 置寺於其地 又創王后寺(在阿道訥祇王之世. 法興王之前)至今奉福焉 兼以鎭南倭 具見本國本記 塔方四面五層 其彫鏤甚奇 石微赤斑色 其質良脆非此方類也 本草所云 點雞冠血爲驗者是也

이 설화를 역사적 사실로 인정한다면 수로왕 당시에 파사석탑은 분명히 존재했을 것입니다. 그렇지만 이 내용이 구전되어 온 설화라는 관점에서 이해한다면 불교와의 인연을 강조하려는 후대에 첨가된 요소라고 설명할 수 있을 것입니다.

허황옥과 가야불교를 관련지어 보는 이들은 이 기록을 설화적 요소

파사석탑

보다는 하나의 역사적 사실로 인정하고 있습니다. 그 입장은 대략 세 가지 정도로 요약됩니다.

첫째, 파사석탑은 부처님의 사리를 모신 불탑으로서 허황옥이 올 당시에 이미 가야에 불교가 전래되었다고 보는 견해(허명철·정수일).

둘째, 이 석탑이 허황옥에 의해 전해지기는 했지만 가야불교와는 상관이 없다는 견해(김영태·미시나 아키히데三品彰英).

셋째, 가야국 초기에 불교를 전하는 석탑으로서의 기능은 담당하지 못했더라도 후대에 가야의 불교전래국이 인도였음을 알 수 있게 해주는 단서라는 입장(홍윤식)입니다.

그러나 이 설화는 같은 『삼국유사』에 전하는 「요동성육왕탑遼東城育王塔」조나 「황룡사장육皇龍寺丈六」조의 경우와 비슷한 전형적인 탑상연기설화塔像緣起說話의 한 예로 볼 수 있습니다. 물론 허황옥이 불교와 관련이 있는 석탑을 직접 가지고 왔다는 점에서는 두 설화와 차이가 있으나 인도에서 불교와 관련이 있는 사람이나 물건이 바다를 건너왔다고 하는 점에서는 이야기 구조가 일치하고 있다는 것입니다.

이 설화는 후대에 어떤 계기로 인해 불교와의 관련성을 강조하기 위해 윤색되었다고 보는 것이 옳은데, 그 시점은 5세기 중반의 왕후사 창건과 관련 있을 것으로 추측됩니다. 즉 질지왕대에 허왕후의 명복을 비는 절을 세우면서 본래 그녀가 불교와 인연이 많은 사람이었다는 점을 내세우기 위해 꾸민 연기설화로 보는 것입니다. 그리고 수로왕과 허황옥의 설화가 「가락국기」에 기록되기 전에 많은 시간이 경과되었으므로 많은 윤색과 확대 과정을 거쳤을 것은 당연한 일입니다.

구체적으로 「가락국기」에 전하는 허황옥의 도래 과정에 대한 내용을 살펴보겠습니다.

저는 본래 아유타국의 공주인데 성은 허씨許氏요 이름은 황옥黃玉이며 나이는 열여섯입니다. 금년 5월에 본국에 있을 때 부왕이 황후와 더불어 저에게 말씀하기를 "어젯밤 꿈에 함께 상제를 뵈오니 (상제의) 말씀이 가락국왕 수로는 하늘이 내려보내어 등극하였으니 이 사람이야말로 신성한 이다. 또 새로 나라를 다스리나 아직 배필을 정하지 못하였으니 그대들은 공주를 보내어 짝을 삼게 하라 하시고 말을 마치자 하늘로 올라갔다. 잠이 깬 후에도 상제의 말이 아직 귀에 쟁쟁하니 너는 이 자리에서 곧 부모를 작별하고 거기로 가라" 하셨습니다. 그래서 제가 바다에 떠서 증조를 구하고 하늘에 가서 반도를 얻어 이제 이렇게 얼굴을 들어 용안을 가까이 하게 되었습니다. 왕이 대답하되 "나는 나면서부터 아주 신성하여 공주가 먼 곳에서 올 것을 먼저 알고, 신하들이 납비의 청이 있었으나 듣지 않았던 것이오. 이제 현숙한 그대가 저절로 왔으니 이 사람의 다행이오"라 하고 드디어 동침하여 두 밤을 지내고 또 하루 낮을 지내었다.

妾是阿踰陀國公主也 姓許名黃玉 年二八矣 在本國時 今年五月中 父王與皇后 顧妾而語曰 爺孃一昨夢中 同見皇天上帝 謂曰 駕洛國元君首露者 天所降而俾御

동림사 전경

大寶 乃神乃聖 惟其人乎 且以新莅家邦 未定匹偶 卿等須遣公主而配之 言訖升天

形開之後 上帝之言 其猶在耳 你於此而忽辭親 向彼乎往矣 妾也浮海遐尋於蒸棗

移天敻赴於蟠桃 臻首敢叨 龍顔是近 王答曰 朕生而頗聖 先知公主自遠而屆 下臣

有納妃之請 不敢從焉 今也淑質自臻 眇躬多幸 遂以合歡 兩過淸宵 一經白晝

이 기록은 허황옥이 수로왕에게 오게 된 경위를 설명하는 것입니다.
이 설화를 역사적 사실이라는 관점에서 보면 허황옥은 인도불교와
관련 있는 실존 인물로 이해할 수 있습니다. 허황옥의 출신국인 아유타
국에 대해서도 역시 사실 그대로의 국명으로 인정하고자 하는 견해들
이 있습니다. 가장 대표적인 것이 아유타국이 기원전 3세기경에 번영
했던 인도 아요디아라고 보는 설입니다. 그 근거로는 태양문양, 신어문
(쌍어문), 그리고 인도문자와 한국문자의 관련성을 들고 있습니다.

그러나 신어문은 아직까지도 김해지역 유적의 발굴에서는 그 존재를 확인할 수 없었습니다. 신어문의 공간적 분포는 국경이라는 개념이 없을 정도로 세계의 넓은 지역에 걸쳐 있고, 시간적으로도 기원전 7세기부터 20세기까지에 걸쳐 있습니다. 그러므로 신어문을 기원후 1세기대로 한정하여 그것도 인도와 가야만의 관계로 설명할 수 있을까 하는 의문이 생기게 됩니다.

또 하나 불교의 남방전래를 주장하는 학자들은 김해 신어산에 있는 동림사와 서림사를 설명할 때에 "동림사는 중국불교인 동역불교의 상징이고, 서림사는 서역불교인 인도불교를 상징한다"고 하고 항상 서림사 수미단 쌍어문을 언급합니다. 그렇지만 동림사의 대웅보전 내부의 수미단과 전각 테두리를 보면 여기에는 쌍어문뿐만 아니라 여러 가지 동식물 무늬가 대칭적으로 쌍을 이루고 있어 쌍어문이 특별한 의미를 두고 장식한 문양이 아님을 쉽게 알 수 있습니다. 그래서인지 남방전래를 강조하는 이들은 동림사의 쌍어문에 대해서는 전혀 말하지 않습니다.

지금까지 가야 초기에 불교가 전래되었다는 주장에 대한 문제점들을 짚어 보았습니다. 가야에 불교가 전래된 시기가 수로왕대나 허황옥의 도래 이후가 아니라면 과연 불교는 언제 전해졌을까요?

앞에서 제시한 『삼국유사』 「금관성파사석탑」조에 그 시기를 짐작할 만한 내용이 있습니다. 즉 해동에는 절을 세우고 불법을 받드는 일이 없었는데 그 이유는 불교가 전래되지 않았기 때문이라는 것입니다. 제8대 질지왕鉒知王 2년(452)에 이르러서야 처음으로 왕후사王后寺라는 절을 세웠다고 합니다.

삼국시대 불교 수용의 양상을 보면 고구려의 경우 불교 전래 후 곧 초문사와 이불란사를 창건하여 순도와 아도를 머물게 하였다는 기록이 있습니다. 또 광개토대왕대에는 평양에 9곳의 사찰을 창건하고 사람들에게 불법을 믿어 복을 구하라는 칙령을 내렸습니다. 백제의 경우에도 불교 수용 후 얼마 되지 않아 많은 사찰이 창건되었다는 기록이 전합니다. 신라도 최초의 사찰인 흥륜사를 창건하는 시점에 불교 공인이 이루어졌습니다.

삼국에 불교가 수용되는 시기에는 이처럼 국가적인 지원에 힘입어 전도승의 거처를 마련해주기 위해, 또 그들이 가지고 온 불상과 경문經文을 봉안하기 위해 사찰이 창건되었던 것입니다. 이것이 불교 수용 초기의 일반적인 양상이었습니다. 그런데 가야의 경우에는 수로왕대와 허황옥 도래 이후 바로 사찰이 창건되지 않았고 452년에야 비로소 왕후사가 세워집니다.

이는 바로 질지왕대에 이르러 김해 가락국에 본격적으로 불교가 수용되었음을 의미합니다. 이 시기는 신라에 불교가 수용되는 시기와도 큰 차이가 없습니다. 불교가 도입되는 계기는 4세기 말 고구려에 대응하기 위해 백제와 가까워지던 시기에 백제로부터 도입되었을 가능성, 고구려 광개토대왕군의 남정南征 무렵 고구려로부터 전래되었을 가능성 등을 고려해 볼 수 있습니다.

이처럼 사찰의 창건 기록이 전하는 김해 가락국과 함께 고령 가라국도 불교가 수용되었다는 증거가 남아 있습니다. 가라국에 불교가 전해진 루트에 대해서는 여러 가지 견해가 제시되고 있는데 모두 나름대로 근거를 가지고 있어 의견 일치를 보지 못하고 있습니다. 즉 인접한 김해 가락국에서 전래되었다는 설, 중국의 남제로부터 전래되었다는 설, 그리고 백제로부터의 전래설 등이 있습니다.

가라국에 불교가 수용되었음을 알려주는 자료로는 고령의 고아동 벽화고분이 있습니다. 이 고분에는 연화문이 그려져 있는데 현실 입구

고령 고아동고분벽화

에서 좌우로 십여 개가 남아 있으며 최대 직경 26cm로 화방을 중심으로
8잎의 크고 작은 연꽃을 겹친 문양입니다. 이 고분은 축조 형식으로
보면 고구려 고분보다는 백제의 무령왕릉, 송산리 6호분·29호분 등에
서 영향을 받은 것으로 추정하고 있습니다. 벽화의 내용에 대해서는
문양의 구성이 독립된 연화문이라는 점과 평면부감도로서 화판 윤곽을
주색휘채하고 있는 필법이 부여 능산리의 벽화고분과 상통하는 것으로
봅니다.

거덕사지 석축

거덕사지 탑재

1
2 | 3

1 월광사지
2 월광사지 동삼층석탑
3 월광사지 서삼층석탑

　또한 이 연화문의 특징을 백제, 고구려의 연꽃문양과 비교하면 꽃잎 내에 물방울형 꽃술이 있는 점, 꽃잎이 넓고 둥글며 잎의 뾰족끝 부분이 형식적으로 처리된 점, 안꽃잎 및 바깥꽃잎의 각 꽃잎 사이에 녹색의 사이잎이 표현된 점, 안꽃잎에 비해 바깥꽃잎의 비중이 현저히 낮은 점 등에서 계통상 백제와 연결되는 특징이 많습니다.

　이 연화문이야말로 불교를 수용한 가라국 지배층에서 즐겨 사용했던 문양이었을 것이며 고분을 조성한 가라인들의 불교적 내세관을 반영하는 것이라 하겠습니다.

한편 고령 가라국의 불교를 알려주는 사찰로는『신증동국여지승람』에 기록되어 있는 거덕사와 월광사를 들 수 있습니다. 거덕사는 고령 가라국의 월광태자가 결연結緣한 곳이라고 하며 월광사는 월광태자가 창건하였다고 전합니다. 월광태자는 가라국의 이뇌왕異惱王과 신라 이찬 비조부比助夫의 누이에게서 태어났으나 나라가 망하는 비운을 당하여 불교에 귀의하게 된 것 같습니다.

고령 고아동 벽화고분의 연화문, 월광태자와 관련된 사찰인 거덕사와 월광사의 예를 통하여 고령 가라국의 불교가 당시 지배계층을 중심으로 널리 유행하였음을 짐작할 수 있습니다.

한편『삼국사기』권32 악지에 전하는 우륵이 지은 12곡은 가야의 지명을 따서 지었다고 보는데, 12곡 가운데 사자기는 사자무를 출 때 사용되었던 음악으로 불교와 관련 있음이 확인되었습니다. 신라에는 불상의 대좌, 불탑이나 승탑의 기단부 등에 우수한 사자 조각품이 많이 전하므로 사자가 불교적인 조각대상임을 알 수 있습니다. 우륵12곡의 전체 곡 성격은 알 수 없지만 사자기가 불교와 관련된 것이라면 가라국에서는 불교를 수용한 후 그들의 음악에 불교적 색채를 반영하였음을 의미합니다. 그렇게 본다면 후기 가야사회의 불교에 대한 인식은 상당히 높은 수준이었음을 알 수 있습니다.

12

우리에게 임나일본부란 무엇인가
임나일본부의 실체

 언제쯤이면 우리의 고대사는 '임나일본부任那日本府'라는 망령에서 벗어날 수 있을까요? 임나일본부 문제는 가야사, 특히 6세기 전반 멸망할 무렵의 가야제국의 국내사정과 대외관계를 파악할 수 있는 중요한 주제임에도 불구하고 일제강점기 이래로 외피만 계속 갈아입으면서 본질은 변하지 않은 채 지금도 한일역사에서 왜곡된 역사상의 가장 대표적인 사례로 꼽히고 있습니다.

 일본은 조선을 침탈한 후 그들의 식민지 지배를 합리화하기 위해 식민사관植民史觀이라는 왜곡된 역사관을 만들어 내었습니다. 특히 일본이 그들의 역사서인 『일본서기日本書紀』를 바탕으로 고대부터 한반도 남부를 지배하였다고 주장한 이른바 '남선경영론南鮮經營論'은 당시 조선을 식민지로 지배하는 것을 정당화하는 대단히 매력적인 학설이었습니다. 이러한 남선경영론의 중심에 있었던 것이 바로 임나일본부였습니다.

 근래에 한일 역사학계에서는 임나일본부에 대하여 더 이상의 논쟁은

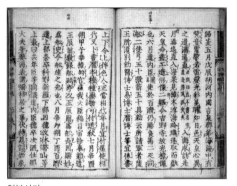
일본서기

의미가 없다는 의견이 제기되고 있습니다. 물론 이것은 학계에서는 임나일본부에 대한 정리가 일단락되었다는 의미일 것입니다. 그렇지만 일반인들은 여전히 한일 양국의 관계나 일본의 역사왜곡 문제에서 임나일본부가 큰 비중을 차지하고 있다고 믿고 있습니다. 실제로도 지금 일본 중고생들이 배우고 있는 일본 역사교과서 속에는 여전히 식민사관에 기초하여 내용을 서술하고 있어 논쟁의 의미가 없다는 학계의 자세는 너무 안이한 태도가 아닌가 하는 생각이 듭니다.

일본 역사교과서에 서술되어 있는 임나일본부의 내용을 예로 들어 보겠습니다.

"당시 한반도에는 고구려, 백제, 신라라는 세 나라가 있었는데 야마토 정권大和政權은 임나任那라는 땅을 식민지로 만들고 그곳에 일본부日本府를 두었다."

"삼국시대에 한반도에는 일본의 식민지인 임나가 있었다."

"변한지방에 진출한 왜인倭人은 야마토 정권을 배경으로 한반도 경영에 나서 김해가라(금관가야를 지칭함)를 근거지로 하여 낙동강 유역을 공략하여 임나를 세웠다."

"이곳 임나일본부에는 야마토 정권으로부터 파견된 관리[役人]들이 주재하여 군정軍政을 폈다."

232

이처럼 식민사관에 근거한 임나일본부설이 아무렇지 않게 서술되어 있고 일본의 중고생들은 이러한 왜곡된 역사를 비판없이 받아들이고 있는 것입니다. 이런 교육을 받고 자란 아이들이 일본사회의 주역이 되는 미래의 한일관계는 과연 어떻게 될까요?

그렇다면 우리 국민들은 임나일본부의 실체에 대하여 잘 알고 있을까요? 최근 가야사를 연구하는 연구자들도 증가되었고, 가야의 역사와 문화를 알려주는 고고학적 발굴성과도 축적되어 예전보다는 확실히 가야에 대한 관심이 높아진 것은 사실입니다. 또 KBS 역사스페셜이나 각종 신문과 같은 언론매체에서 가야와 임나일본부를 주제로 한 전문가들의 의견과 실제 발굴현장 및 출토유물 등을 눈으로 볼 수 있도록 함으로써 일반인들의 관심을 고조시키고 있습니다.

하지만 여전히 대다수의 국민들은 임나일본부라는 말은 들어보았겠지만 그 내용에 대해서는 잘 알지 못하는 실정입니다. 우리의 역사 교과서에서는 가야가 큰 비중을 차지하지 못하고 있습니다. 좀더 넓은 시각으로 본다면 우리나라의 역사교육 자체가 학교교육에서 중요시되지 못한다는 게 더욱더 문제일 것입니다. 학생들은 국사에 대해서 잘 모르는 것을 부끄럽게 생각하지 않습니다. 이것은 각 지자체마다 영어마을을 조성한다면서 자신의 정체성도 찾을 생각 없이 아무런 성과 없는 전시 행정을 부각시키는 현재 우리나라의 실정을 보면 그야말로 당연한 결과가 아닐까요? 그렇다면 지금이야말로 우리의 역사교육을 되짚어 보아야 할 시점이 아닌가 하는 생각이 절실합니다.

그러한 맥락에서 한일고대사에서 큰 쟁점이 되었던 임나일본부설에 대하여 그것의 정체와 여러 학설의 문제점을 돌아보는 것은 여전히 유효한 작업이 될 것입니다.

임나일본부에 관한 견해 가운데 가장 먼저 나온 가설은 출선기관설出

先機關說입니다. 일본이 천황주권국가를 표방하던 20세기 초에 간 마사토모菅政友, 쓰다 소우키치津田左右吉, 이케우치 히로시池內宏 등에 의해 확립되었고, 1949년 스에마쓰 야스카즈末松保和에 의하여 발표된 『임나흥망사任那興亡史』라는 책으로 정리된 학설입니다.

출선기관이라는 말은 '출장소出張所'라는 뜻으로 통치기관을 의미합니다. 이 학설에 따르면 일본이 4세기부터 6세기까지 약 200년간 한반도의 남부지방을 점령하고 임나일본부라는 통치기관을 두어 식민지로 경영하였다는 것입니다.

이 학설을 세운 이들은 『일본서기』진구기神功紀에 나오는 신라 정복 기록이나 가라 7국 평정 기록을 근거로 하여 임나일본부가 4세기에 성립되었다고 합니다. 또 광개토대왕릉비문 신묘년조의 왜와 관련된 내용은 4세기에 왜가 가야제국에 대한 지배권을 확보하고 있었음을 보여주는 것이고, 『송서宋書』왜전倭傳에 왜왕이 송나라에 사신을 보내어 백제, 신라, 임나 등을 포함한 6국 또는 7국 제군사안동대장군諸軍事安東大將軍을 스스로 칭하면서 작호를 제수 받기를 요구하였는데, 이는 당시 왜왕이 백제, 신라, 임나 등을 복속시키고 있었던 증거라고 주장하였습니다.

그러나 이들이 근거로 삼았던 『일본서기』의 진구황후 신라 정복 기록이나 가라 7국 평정 기록은 3세기 초나 중반의 내용임에 비하여 임나일본부에 관한 내용은 5세기의 역사를 기록한 유랴쿠기雄略紀에 '일본부행군원수日本府行軍元帥'라는 이름으로 유일하게 나오며 그 외의 대부분은 6세기 역사를 적은 긴메이기欽明紀에 국한해서 실려 있습니다.

만약 왜가 한반도 남부지방에 '일본부'라는 통치기관을 두고 식민지를 경영하였다면 『일본서기』에는 3세기 초나 중반부터 임나일본부에

다카이치高市 군 긴메이欽明 릉

일본서기 권19 긴메이기

관련된 내용이 당연히 기록되어 있어야 할 텐데 그러한 내용이 전혀 없는 것을 보면 왜가 4세기에 한반도 남부 지방을 경영하였다는 주장은 전혀 설득력이 없습니다.

그나마도 『일본서기』 유랴쿠기에 나오는 '일본부행군원수'들은 임나왕, 즉 가야왕의 명령에 의하여 신라를 도와주는 역할을 담당하고, 긴메이기에 나오는 임나일본부 관련 내용을 보면 일본부로 불리는 이들의 활동이 임나 제국의 한기旱岐들과 신라를 물리치기 위하여 외교 활동을 하는 것에 그치고 있습니다. 출선기관설을 주장하는 이들의 가장 중요한 근거가 되는 『일본서기』의 어느 구절에도 임나일본부가 임나를 식민 지배하기 위한 통치기관이었다는 내용은 찾아볼 수가 없다는 말입니다. 따라서 이 학설은 근본적인 문제점을 가지고 있다는 것을 쉽게 알 수 있습니다.

임나일본부와 관련된 두 번째 가설은 기마민족설입니다. 2차세계대전 패전 직후 에가미 나미오江上波夫는 일본 고고학의 성과를 이용하여 한일관계를 설명하려 하였습니다. 그 결과로 나온 것이 '기마민족 정복

하니와 배

왕조설'이었는데 이 당시 출선기관설이 주장하였던 임나일본부의 성격이『일본서기』에 적혀 있는 것과 맞지 않다는 것에 대해 사학자들이 의문을 갖게 되자 이에 대한 대안으로 제시된 학설이라 할 수 있습니다.

이 설의 내용은 동북아시아의 기마민족의 일부가 만주에서 한반도로 이동하여 한동안 한반도 남부를 지배하다가 진왕辰王의 자손이 4세기 초에 일본 북큐슈로 건너가 제1차 왜한倭韓 연합왕조를 건국하고 스슌 천황崇神天皇이 되었으며, 다시 5세기 초에는 그의 자손인 오진 천황應神 天皇이 북큐슈에서 기나이畿內로 진출하여 야마토大和 정권을 수립한 후 일본열도를 통합하고 한반도 남부지방을 경영하다가 7세기 무렵 퇴각하였다는 견해입니다.

그러나 이 설이 주장하는 대로 만약 왜가 한반도 남부지방을 식민 지배하였다면 신라가 가야제국을 정복할 때 어째서 왜는 아무런 행동을 취하지 않았는지 그 이유를 설명할 수 없습니다. 즉 임나일본부가 가야지방에 설치한 왜의 식민통치기관이라고 한다면 왜는 식민지인

히비노키羽曳野 시 오진應神 릉

임나를 지키기 위해 신라 군대와 전쟁을 벌이는 것이 당연할 것인데, 실제로는 왜 가야의 마지막 순간까지도 전혀 군사적 원조를 하지 않았을까요? 따라서 이 가설도 임나일본부의 정체를 설명하기에는 무리가 있다는 것을 알 수 있습니다.

위에서 본 바와 같이 해방 후 20년이 지난 1960년대 중반까지도 임나일본부에 대해서는 한국 역사학계에서 아무런 의견도 제시하지 못했고, 일본학계에서는 약간의 견해 차이는 있었다 해도 결국은 한반도 남부를 지배하는 통치기관이라는 주장이 통설로 굳어져 가고 있었습니다.

그런데 1963년 고대 한일관계사에 대한 일본학계의 기본적인 발상을 완전히 뒤엎는 학설이 북한의 김석형金錫亨 선생에 의해 제기되었습니다. 이른바 '분국설分國說'이라 불리는 이 학설은 선사시대 이래 삼한 및 삼국의 주민들이 일본열도로 이주하여 각기 자신들의 출신지와 같은 나라를 건국하여 한반도에 있는 모국에 대하여 분국과 같은 성격

하니와 수장들의 모임

하니와 무사

을 갖는다는 전제를 하고, 이들 분국 가운데 가야인들이 현재의 히로시마 동부와 오카야마에 걸치는 지역에 건국한 임나국이 있었다고 하였습니다.

그는 이 임나국을 중심으로 서부에는 백제계의 분국이, 동북쪽에는 신라계의 분국이, 동쪽에는 고구려의 분국이 각각 위치하고 있었고 그 동쪽에 야마토 정권이 위치하고 있었다고 보았습니다. 4~5세기 일본 고분문화는 백제, 가야 등 한반도로부터 영향을 받아 이루어졌으며 그 주체세력들은 모두 한국계통 국가, 즉 분국이었다고 추정하였습니다. 『일본서기』에 나오는 임나일본부에 관한 내용은 바로 일본열도 내의 임나국을 중심으로 고구려, 백제, 신라의 분국과 왜가 서로 각축을 벌인 내용을 적은 것이므로 임나일본부는 한반도 내의 가야지역과는 전혀 무관하며 일본열도에 존재한 기구였다고 주장하였습니다. 그의 주장에 따르면 야마토 정권이 5세기 중후반에 서부 일본을 통합해나가는 과정에서 가야계의 분국인 임나국에 통치기관을 설치한 것이 바로 임나일본부라는 것입니다. 고대 일본이 한반도 남부에 진출하였다는 발상을 완전히 뒤집어 고대 한민족의 일본열도 진출론을 확립하

238

고 같은 맥락에서 임나일본부 문제를 해석한 혁명적인 견해였던 것입니다.

그러나 임나는 한반도 남부를 지칭한다는 것이 중국의 인문지리지인 『한원翰苑』에도 기록되어 있고, 광개토대왕릉비에도 '임나가라'라는 용어가 보이고 있어 임나가 일본에 존재했다는 견해는 문헌상의 증거가 없다는 점이 치명적인 약점이라 할 수 있습니다.

'분국설'의 이러한 약점에도 불구하고 일본학계는 커다란 충격에 휩싸였습니다. 여기에다 1965년 쿄토의 일본사연구회 고대사부회가 '다이카 개신 허구론大化改新虛構論'을 제기하고, 1970년에 재일교포 학자 이진희 선생의 '광개토왕비명 참모본부 개서설'이 제기되면서 일본고대사에 대한 기존의 역사상이 뿌리부터 흔들리기 시작하였습니다.

일본 리쓰메이칸立命館 대학의 야마오 유키히사山尾幸久 교수는 이 시기의 역사상을 이렇게 설명하면서 개탄하였습니다.

369년에 천황의 조상을 중심으로 하는 야마토 조정은 총력을 다한 획기적 출병을 감행하여 경상남도 및 전라남북도의 거의 전부, 충청남북도의 남반부 및 경상북도의 서반부에 걸친 광대한 지역을 직할 영토로 하였다. 그런데 475년 이후에 백제·신라가 잠식하기 시작해 임나 지배는 가야제국에 대한 군사적 지배로 한정되었다. 532~562년 사이에 직할 영토는 신라 왕에 의해 신라에 병합되고 말았다. 그러나 이 지배의 역사는 그 후에도 항상 대외관계 정당성의 근거가 되었다. 지금 생각해 보면 놀라울 정도의 이러한 허상이 어떻게 패전 후 이십 수년 간이나 부동의 사실이 되어 왔을까?

출선기관설과 같은 역사상에 대한 비판이 제기되면서 이를 대신하기 위해 수정론이 나왔습니다. 이노우에 히데오井上秀雄는 이전에 발표된 출선기관설의 신빙성에 의문을 품고 출선기관설은 상당 부분 역사서를 자의적으로 해석하거나 근거도 없는 상상으로 이루어진 학설이므로 믿기 어렵고, 「광개토대왕릉비문」에 나타나는 4세기 말의 '왜'나 『일본서기』긴메이기에 나타나는 6세기 전반의 임나일본부에 관한 기록은 신뢰할 만하지만 이들도 야마토 정권에서 파견한 것이 아니라는 의견을 제기하였습니다.

이노우에는 임나일본부에 관한 일련의 논고를 통하여 선사시대부터 가야지역과 일본열도의 교류는 활발하였으며, 그 결과 일본열도에 한반도의 주민이 이주하였던 것처럼 가야지역에도 왜인들이 이주하여 거주하게 되었는데, 임나일본부는 가야지역에 거주한 왜인들 또는 왜인과 한인과의 혼혈인들을 통제하기 위하여 왜가 가야지방에 설치한 행정기관으로 영사관과 비슷한 성격이라고 주장하였습니다. 그의 주장은 결국 임나일본부를 야마토 정권의 통제를 받는 통치기관이 아니라 가야지역에 거주한 왜인들의 자치기관으로 보아야 한다는 것이었습니다. 이 학설은 일본인 학자의 연구결과 중에서 왜의 임나 지배를 부인한 최초의 견해였습니다.

그러나 한국이나 일본의 역사서에는 가야지역에 왜인들이 집단적으로 거주하면서 자치기구를 두었다는 내용이 전혀 없습니다. 가야지역에 왜인들이 집단적으로 거주하였다면 이들의 자치기구인 임나일본부가 왜인들의 자치활동에 관여한 내용이 기록되어 있어야 하지만『일본서기』에는 임나일본부의 활동이 외교에 한정되어 있을 뿐입니다. 또한 가야지역 발굴조사에서는 당시 왜지역에서 축조되었던 형식의 묘제가 발견되지 않았으며, 왜와 관련된 유물이 일부 발굴되긴 하였지만 그 수량도 극히 적을 뿐 아니라 해당 유물이 출토된 고분은 가야의 전통적인 묘제인 덧널무덤이므로 왜인들의 집단적인 거주는 고고학적으로 증명되지 않습니다.

한편 우리 학계에서도 이러한 움직임에 자극 받아 임나일본부에 대한 새로운 학설을 제기하였습니다. 대표적으로 천관우 선생은 '임나일본부는 백제의 군사령부'라는 견해를 제시하였습니다. 『일본서기』에 나오는 임나와 관련된 기록 중 일본이 주체로 묘사되어 있는 내용을 백제로 주체를 바꾸어 보면 더욱 이치에 맞다고 전제하고, 진구기에 왜가 가라 7국을 점령하였다는 기록은 사실은 백제가 가야제국을 정복한 것이며, 6세기 중반에 보이는 임나일본부의 실체는 '임나백제부'로 보아야 하며 이것은 백제가 가야지역에 설치하였던 군사령부와 같은 성격을 가진 기구였다고 주장하였습니다.

사실 『일본서기』를 편찬한 사람들을 백제 계통이라고 본다면 그들이 편찬에 참고하였던 백제 관련자료, 즉 『백제기』, 『백제본기』, 『백제신찬』 등 이른바 백제삼서百濟三書―이 가운데 『백제기』는 진구기·오진기, 『백제본기』는 게이타이기·긴메이기, 『백제신찬』은 유랴쿠기·부레쓰기의 편찬자료로 사용되었다―에 보이는 백제의 활동을 그들이 섬기게 된 왜 왕가를 미화하기 위하여 왜에 유리한 방향으로 조작하여 서술하였을 가능성이 있습니다.

그런데 4세기 말에 가야지역을 정복했던 백제가 왜 6세기 중엽에 접어들어서야 군사령부를 설치했다는 것일까요? 또 임나일본부=임나백제부가 백제의 군사령부라고 한다면 가야 여러 나라에 대하여 조세 징수나 군역이나 부역, 정치적 행위 등을 행해야 할 텐데 임나일본부 관련 기록에는 그러한 내용을 전혀 찾아볼 수 없습니다. 더욱이 가야가 신라에 의하여 멸망 당할 때에도 임나일본부=임나백제부는 어떤 군사적인 행동도 취하지 않았습니다. 이 점이 이 학설이 가진 근본적인 맹점이라 할 수 있습니다. 이 연구는 이처럼 실증성의 측면에서 한계성을 갖고 있긴 하지만 그 후에 이어지는 우리나라 학계의 연구를 촉발시켰습니다.

지금까지 보았던 학설들은 임나일본부의 실체에 대하여 왜의 통치기관이라든가 백제의 군사령부와 같은 관청 또는 기관의 성격으로 보았던 점에서는 일치하고 있습니다.

그런데 1970년대에 접어들면서 『일본서기』에 보이는 임나일본부 관련 자료에 일본부가 통치기구나 군사적 기관의 역할을 한 내용이 전혀 없다는 점에 착안하여 새롭게 '외교사절설'이 제기되었습니다. 이 설은 '부府'라는 말이 기관이나 관청이 아니라 '사신使臣'이며, 임나일본부는 야마토 정권이 임나에 파견한 사신들이라는 주장을 담고 있습니다. 이 견해는 일본의 스즈키 야스타미鈴木靖民, 우케다 마사유키請田正幸, 오쿠다 쇼奧田尙, 기토 기요아키鬼頭淸明, 야마오 유키히사山尾幸久 등에 의하여 확립되었으며 최근까지 한일 고대학계에서 가장 주목받고 있는 학설입니다.

스즈키는 1996년에 발표한 『고대왜국과 조선제국古代倭國と朝鮮諸國』에서 6세기 전반 왜 왕권은 한반도의 철기 및 문물을 수입하는 대신 백제에 병사 파견, 무기 공급 등 군사력을 제공하였으나 이를 백제의 용병으로 볼 수는 없고 자립한 왕권 사이의 동맹관계였다고 주장하였습니다. 그러나 백제가 왜왕에게 볼모를 보내고 왜군의 파견을 구한 시기가 되면 왜국과 백제는 주종이 분명한 종속적 동맹관계로 바뀌었다고 보았습니다. 한편 안라에 있었던 일본부, 즉 왜왕이 파견한 군사력을 가진 제왜신諸倭臣은 왜왕의 통제 아래 있었고, 왜 왕권이 안라의 군사 및 외교에 관여한 내용이 보이므로 왜 왕권과 안라와의 관계는 종속적 동맹관계에서 진일보한 종속형태였으며, 6세기에 30여 년 동안 백제와 안라는 왜국에 종속되어 있었다고 주장하고 있습니다. 비록 임나일본부를 왜의 사신으로 본다는 점에서는 기존 견해와 다르지만 그가 여전히 왜곡된 역사관에 빠져 있음을 그대로 드러내고 있습니다.

우케다는 사료에 보이는 임나일본부는 6세기 전반에 안라에 있던 일본부만을 가리키며, 일본부의 고훈古訓은 '야마토노미코토모치ヤマトノミコトモチ'로서 그 뜻은 왜왕이 임시로 파견한 사신에 지나지 않는다고 하였습니다.

야마오는 『일본서기』의 기록들을 재검토하면서 백제사와의 관련성을 첨가하여 왜 왕권이 임나 경영을 할 수 있게 된 것은 5세기 후반에 백제의 대신이면서 임나의 지배자였던 목협만치木協滿致가 왜국으로 이주한 이후부터라고 하였습니다. 왜국은 그를 맞이함으로써 임나에 대한 연고권을 가지게 되고 이로써 왜 왕권이 가야지역에 관인을 파견한 것이 임나일본부라고 주장하였습니다.

여러 연구자들의 세부적인 견해는 다소 차이가 있다 하더라도 임나일본부를 관청이나 기관으로 보지 않고 외교활동을 담당한 사신이라고 보는 점, 임나일본부가 파견된 시기도 4세기 중엽이 아니라 6세기 전반으로 제한하여 보는 점, 임나일본부가 존립할 수 있었던 것도 왜의 식민기구로서가 아니라 백제·신라의 압력으로부터 벗어나려는 가야제국의 자주적 의지에서 비롯되었다고 보는 점 등에서는 대체로 의견일치를 보고 있습니다. 이처럼 1970년대 이후 일본학계의 연구경향은 이전의 그것과는 많은 차이를 보이며 역사를 보는 시각이 진일보했다고 평가할 수 있습니다.

같은 역사자료를 놓고 이처럼 오랜 기간 동안 다양한 의견들이 제시되었는데 이 가운데 적어도 초창기 식민사관에 근거한 '출선기관설'을 주장했던 일본인 학자들은 그들의 주관적 의도를 관철시키고자 하는

봉림사진경대사탑비

욕심이 지나친 나머지 학자적 양심을 저버리면서 역사적 진실을 외면했다고 볼 수 있습니다.

그렇다면 과연 '임나일본부'의 정체는 무엇이었을까요? 우선 임나일본부라는 단어는 '임나'라는 국명 혹은 지역명과 '일본'이라는 국명에 '부'라는 용어가 결합된 합성어입니다. '임나'라는 용어는 『일본서기』에도 나타나지만 「광개토대왕릉비문」,『삼국사기』열전 강수조,「봉림사진경대사탑비문」, 중국 문헌인 『한원』,『통전通典』 등에서 확인되고 있습니다. 대체로 가야지역을 가리키는 용어로 보고 있습니다.

'일본'이라는 국명은 7세기 이후에 제정된 용어이므로 임나일본부가 가장 많이 등장하는 6세기 중반에는 존재하지도 않았습니다. 따라서 이것은 『일본서기』를 편찬했던 이들이 왜를 일본으로 고쳐 쓴 것으로 볼 수 있습니다. 임나일본부 관련 사실을 전하고 있는 『일본서기』 긴메이기조차도 '일본'과 '왜'를 섞어 쓰고 있는 것을 확인할 수 있습니다.

임나일본부라는 합성어 가운데 이것의 정체를 가장 잘 드러내는 것이 바로 '부府'라는 용어입니다. 원래 '부'는 중국 한漢나라 때 장군이 천자로부터 위임 받은 군사권과 행정권을 행사하기 위하여 일정한

지역에 설치하였던 막부幕府를 의미하며, 기관이나 관청의 용례로 쓰이는 것이 일반적이었습니다. 그러나 고대의 일본에서는 중국과 같은 막부가 설치된 바가 없으며 '부'가 관청의 명칭으로 확인되는 것은 667년 쓰쿠시 도토쿠후筑紫都督府, 671년 쓰쿠시 다자이후筑紫太宰府입니다. 따라서 6세기에 '부'가 존재했다는 것을 역사자료로는 확인할 수 없는 것입니다.

한편 『일본서기』의 여러 필사본과 주석서를 보면 '일본부'는 '야마토의 미코토모치御事持'라고 훈독되어 있습니다. 즉 '부'는 원래 '미코토모치'라는 말을 한자로 표기한 것이라는 것을 알 수 있습니다. 이 '미코토모치'가 무엇인가를 알기만 하면 일본부의 정체를 알 수 있다는 얘기가 되겠습니다.

645년 이전을 야마토의 전대前代로 보는데 이 당시 미코토모치는 왕의 명령을 전달하기 위하여 지방에 파견되어 해당 일이 끝나게 되면 왕에게 되돌아가는 '일회성의 사신'이었습니다. 이렇게 볼 때 '일본부'라고 표기되어 있는 6세기 중반의 '야마토의 미코토모치'는 왜에서 파견된 사신이었으며, 결국 '임나일본부'의 정체는 왜에서 임나로 파견된 사신이었던 것입니다.

『일본서기』에 임나일본부 명칭이 기록될 때는 몇 가지의 형식이 있는데, 간단히 요약하면 다음과 같습니다. ① 임나일본부 ② 임나일본부+인명 ③ 안라일본부 ④ 안라일본부+인명 ⑤ 일본부 ⑥ 일본(부)＋경卿 ⑦ 일본(부)＋집사執事 ⑧ 일본(부)＋인명 ⑨ 일본(부)＋신臣 ⑩ 일본＋대신大臣 등입니다.

『일본서기』에 보이는 '일본부'와 관련이 있는 사람들은 이키노오미印支彌, 고세노오미許勢臣, 이쿠하노오미的臣, 기비노오미吉備臣, 가와치노아타히河內直, 아현이나사阿賢移那斯, 좌로마도佐魯麻都 등입니다. 이 가운데 아현이나사와 좌로마도는 가야인으로 기록되어 있고, 이키노오미와 고세노오미는 이전에 파견되었다는 기록만 나타나므로 실제로 '일본부'라는 이름으로 왜에서 파견되어 활동한 사람은 이쿠하노오미, 기비노오미, 가와치노아타히 세 사람으로 압축됩니다.

더구나 『일본서기』 긴메이기 15년(554) 12월조에 보면 '안라일본부'를 '안라에 있는 여러 왜신倭臣들'이라고 표기하고 있습니다. 이것을 보아도 '일본부'가 왜의 사신 내지는 왜 사신들의 집단임을 다시 한 번 알 수 있습니다.

이쿠하노오미, 기비노오미, 가와치노아타히에 대하여 『일본서기』에서는 기비노오미는 '임나일본부', 가와치노아타히는 '안라일본부'였다고 기록되어 있습니다. 긴메이기 2년(541)과 4년(543)조의 내용에서 '임나일본부'와 '안라일본부'가 같은 시기에 안라국에 있었다는 것이 확인됩니다. 만약 '일본부'가 왜의 통치기관이나 백제의 군사령부였다면 안라 한 곳에 두 일본부가 있을 리 없을 것입니다. 또한 이쿠하노오미는 '일본부경日本府卿'으로 표현하여 마치 일본부들을 통괄하는 위치에 있었던 것처럼 묘사되어 있는데, 이것은 각기 다른 목적으로 왜에서 파견되었던 기비노오미와 가와치노아타히 사이에서 서로의 의견을 조정하는 역할을 담당했기 때문에 그렇게 표현한 것으로 판단되며 이들 사이에 특별한 위계질서가 존재했던 것 같지는 않습니다.

그렇다면 일본부들은 어떤 존재이며 실제로 어떠한 활동을 하였을까요?

일본부들이 안라국에 파견된 것은 그들의 출신과 무관하지 않았습니다. 즉 이들은 전통적으로 한반도와 관련이 깊은 지역인 기비吉備, 가와치河內, 기타큐슈北九州 출신이었습니다. 가와치노아타히의 경우에는 그의 아버지가 가야를 거쳐 왜에 건너가 그를 낳았습니다. 따라서 이들은 왜에 정착한 가야세력으로서 다시 안라국에 파견되었던 것입니다.

기록을 그대로 믿는다면 임나일본부는 530년대부터 548년까지 활동하였습니다. 이들 활동의 핵심은 신라와 내통하였고, 신라를 왕래하면서 백성들이 농사를 지을 수 있도록 해주었으며, 신라의 관을 쓰고 신라에 복종하였다고 기록되어 있습니다. 즉 임나일본부는 친신라적인 외교활동을 하였음을 알 수 있는데, 임나일본부의 이 같은 친신라적인 외교활동은 당시 안라국의 정세와 관련이 깊습니다. 6세기 전반 신라가 남가라 등 남부가야를 병합하게 되는데, 이로 인하여 안라국과 신라는 국경을 접하게 되었습니다. 신라의 남부가야 진출이 본격적으로 시작되자, 이에 안라국은 국제회의인 '안라회의'(529년)를 개최하여 친신라적 태도를 나타냄으로써 백제와 신라 사이에서 독자성을 유지할 수 있었습니다.

이러한 안라국의 친신라적인 외교정책은 긴메이기까지 계속되었는데, 이 시기에 안라국에 있었던 임나일본부도 안라국의 외교정책에 동조하면서 외교활동을 펼치게 된 것입니다. 이들의 친신라적 외교활동은 이들이 사라지는 시점과 동일한데, 이들이 사라진 후 안라국의 외교에서도 친신라적인 경향을 찾아볼 수 없습니다. 즉 임나일본부가 사라진 것은 안라국이 더 이상 친신라적인 외교정책을 유지할 수 없게 된 상황과 직접적인 관련을 가지는 것입니다.

긴메이기 4년 12월조, 5년 춘정월조, 11월조에 의하면 백제는 세 차례에 걸쳐 임나의 집사와 일본부 집사를 소집하였으나, 이들은 이에 응하지 않거나 미천한 자를 보냈습니다. 이는 안라국과 임나일본부가 신라와는 달리 백제와의 외교에서는 소극적인 자세를 보였음을 증명하는 것입니다. 그러나 안라국과 임나일본부가 반백제적인 활동을 전개했다는 기록은 없으므로 전적으로 반백제적인 외교정책을 취하지는 않았다고 추정됩니다.

한편 임나일본부와 관련 있던 사람들 사이의 관계는 어떠했는지에 대한 기록이 『일본서기』 긴메이기 5년 3월조에 보입니다.

지금 이쿠하노오미, 기비노오미, 가와치노아타히 등이 다 이나사, 마도가 시키는 대로 할 뿐이었습니다. 이나사, 마도는 신분이 낮은 미천한 자이지만 일본부의 정사를 마음대로 하고 있습니다. 또 임나의 집사를 붙들어 두고, 사신을 보내지 않았습니다.

今的臣吉備臣河內直等 咸從移那斯麻都指撝而已 移那斯麻都 雖是小家微者 專擅日本府之政 又制任那 障而勿遣

기록상으로는 일본부들은 이나사와 마도 형제와 떨어져 단독으로 활동한 흔적을 찾을 수 없고, 항상 이나사·마도와 함께 활동하거나 아니면 임나 한기들과 함께 활동하고 있습니다. 이를 통해서 이들의 외교활동은 단독으로 행동하기보다는 안라국의 지배층, 가야제국의 한기층, 일찍이 패망한 가야국 망명세력 등과의 합의 하에 이루어졌으며, 이들의 의견에 행동의 규제를 받고 있었음을 알 수 있습니다.

특히 이나사와 마도 형제가 이쿠하노오미, 기비노오미, 가와치노아타히를 주도하면서 친신라적인 외교활동을 벌였던 이유는 그들의 출신과 관련이 있습니다. 그들의 선조는 서부지역에 있었던 가야왕이었는데 백제와의 대산성 전투에서 그들의 조부祖父인 나기타갑배那奇陀甲背가 전사함으로써 백제에 대해 악감정을 갖게 되었습니다. 그들의 아버지인 가렵직기갑배加獵直岐甲背는 기문·대사 지역으로 진출하려던 백제에 맞서 반백제활동을 벌이다가 이들 형제를 데리고 안라국으로 망명하였습니다. 이들은 안라국에 들어온 이후 안라국내에서 자신들의

사카이堺 시 스에키須惠器

입지를 확보할 필요가 있었기 때문에 안라국의 외교활동에 주도적인
행동을 보이게 된 것입니다.

　반면 왜에서 파견된 일본부들은 안라국에 와서 친신라정책에 동조하
였지만, 전통적으로 우호관계에 있었던 백제와의 관계도 무시할 수
없었기 때문에 언제나 소극적으로 활동하였던 것 같습니다. 다만 안라
일본부였던 가와치노아타히는 그의 조부가 나기타갑배였으므로 이나
사와 마도 형제와는 친형제 아니면 적어도 사촌관계 정도로 가까운
사이였습니다. 그러므로 나머지 일본부들에 비해서는 훨씬 적극적으로
친신라외교에 참여하고 있었습니다.

　한편 이들 일본부와 그들을 파견한 야마토 조정과의 관계는 어떠했
을까요? 안라국에 파견된 일본부들은 파견될 당시와는 다르게 왜왕과
소원한 관계에 있었음을 확인할 수 있습니다. 백제의 성왕은 반백제·
친신라 정책을 추진하였던 이나사·마도뿐만 아니라 가와치노아타히
등을 본거지로 송환시킬 것을 왜왕에게 여러 번 요청하였으나 왜왕은
아무런 조치를 취하지 못하였습니다. 일본부들은 이미 왜왕이 통제할
수 있는 존재가 아니었던 것입니다. 그것은 왜왕이 가야에 대한 자신의
입장을 일본부들에게 직접 전달하지 못하고 백제나 신라를 통해서

사카이堺 시 모즈百舌鳥 고분군 닌토쿠仁德 릉

사카이 시 모즈 고분군 니추履仲 릉

간접적으로 전달할 수밖에 없었던 것을 보아도 알 수 있습니다. 따라서 일본부 들은 백제왕이나 왜왕의 통제에서 벗어나 가야제국 왕의 편에 서서 함께 행동 하고 있었던 것입니다.

지금까지 살펴본 임나일본부설은 아직도 여러 가지 확인되어야 할 문제가 남아 있습니다. 하지만 역시 근본적인 문제는 6세기 이전의 일본고대사가 해명되어야 한다는 것입니다. 6세기 이전 일본열도 내에 서 야마토 조정의 힘이 미치는 범위는 얼마나 되었을까요? 이 같은 문제도 설명할 수 없는 상태에서 모든 대외관계의 주체를 왜왕으로 보려는 것이 과연 가능한지 의문입니다.

그럼에도 불구하고 근년에는 문화인류학이라는 새로운 옷으로 치장하여 전방후원분前方後圓墳이 출현하는 3세기 말엽부터 일본열도 전체 규모의 국가가 성립되었다고 주장하는 일본 고고학계의 동향이야말로 다시 1960년대로 되돌아가고자 하는 과거 회귀의 모습입니다.

이러한 현실 앞에서 우리의 고대사, 특히 가야사 교육은 어떻게 해야 하겠습니까? 최소한 일본의 그릇된 역사관에 대응하기 위해서라도 국사교과서에서 중고교 학생들에게 임나일본부 문제를 설명해 주어야 하지 않을까요? 가야사 문제도 중국의 동북공정 문제와 마찬가지로 앞으로 보다 적극적으로 맞서 나가지 않으면 안 됩니다.

13

비사벌국은 가야의 일원이었을까

창녕의 가야왕국

경상남도 창녕지역은 현재까지 보고된 고분의 숫자가 경주 다음으로 많은 곳입니다. 이곳에는 삼국시대 고분군만 해도 교동고분군과 송현동고분군, 영산고분군, 계성고분군 등이 남아 있습니다. 이것만 보아도 한국 고대사에서 창녕이 차지하는 위치는 결코 가볍게 생각할 수 없을 것입니다.

최근 창녕의 옛 지명을 두고 지역 내에서 논란이 일어났습니다. 창녕이 원래 신라권이었는가 아니면 가야권이었는가에 대한 문제였습니다. 이 논의는 한국 고대사에서 창녕의 정체성과 관련된 문제이기 때문에 신중하게 검토할 필요가 있으리라 생각합니다.

우선 문헌에 전하는 창녕 관련 기록을 살펴보겠습니다.

화왕군은 본래 비자화군이다(비사벌이라고도 한다). 진흥왕 16년에
주를 설치하여 하주라 하였으며 26년 주를 폐했다. 경덕왕 때 이름을
고쳤다. 지금의 창녕군이다.

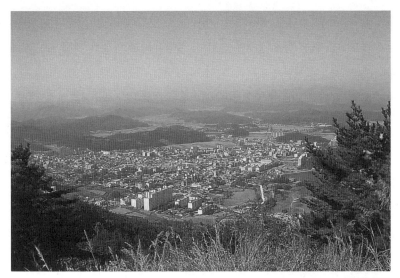

火王郡本比自火郡 一云比斯伐 眞興王十六年置州名下州 二十六年州廢 景德王
改名今昌寧郡 『삼국사기』 권34 지리1 화왕군조

16년 춘정월 비사벌에 완산주를 설치하였다. 26년 9월 완산주를 폐하고
대야주를 설치하였다.
十六年春正月 置完山州於比斯伐 二十六年九月 廢完山州 置大耶州 『삼국사기』
권4 신라본기 진흥왕조

창녕군은 본래 신라 비자화군이다(비사벌이라고도 한다). 진흥왕 16년
에 하주를 두었다가 26년에 주를 폐했다. 경덕왕 때 화왕군으로 이름을
고쳤다. 태조 23년에 지금의 이름으로 고쳤다.
昌寧郡 本新羅比自火郡 一云比斯伐 眞興王十六年置下州 二十六年州廢 景德王
改爲火王郡 太祖二十三年更今名 『고려사』 권57 지리2

동쪽으로는 밀양부 경계에서 27리, 남쪽으로는 영산현 경계에서 십리, 서쪽으로는 초계군 경계에서 41리, 북쪽으로는 현풍현 경계에서 29리이며 경도로부터는 714리 떨어져 있다.

東至密陽府界二十七里 南至靈山縣界十里 西至草溪郡界四十一里 北至玄風縣界二十九里 距京都七百十四里 『동국여지승람』 창녕현조

본래 신라 비자화군이다(비사벌이라고도 한다). 진흥왕 16년에 하주를 설치하였다가 21년 폐하였다. 경덕왕 때 화왕군으로 고쳤으며 고려 태조 때 지금의 이름으로 고쳤다.

本新羅比自火郡一云比斯伐 眞興王十六年置下州二十一年罷 景德王改火旺郡高麗太祖改今名 『동국여지승람』 건치연혁조

이러한 기록으로 미루어 보아 현재의 창녕이란 지명은 고려 태조 23년(940)에 처음 만들어졌습니다. 그리고 통일신라시대 경덕왕 16년(757) 이후 940년까지는 화왕군으로, 757년 이전에는 비자화군, 또는 비사벌로 불렸음을 알 수 있습니다. 군이 설치되기 이전 진흥왕이 이곳에 주를 설치했습니다. 주를 설치한 것으로 보아 이 지역이 당시 중요한 전략적 요충지였음을 짐작할 수 있습니다.

그러면 신라에 복속되기 이전에 이 지역은 어떤 명칭으로 불렸을까요? 기록에 따르면 '비사벌'로 불렸을 것으로 생각됩니다. 비록 진흥왕이 설치했던 주의 명칭은 『삼국사기』 지리지에는 '하주'로, 『삼국사기』 「신라본기」에는 '완산주'로 기록되어 있어 서로 다르지만 같은 해, 같은 지역임을 고려해 볼 때 주를 설치했다는 사실과 신라에 의해 비자화군으로 편제되기 이전에는 비사벌로 불렸을 것이라는 점은 믿어도 좋을 것입니다.

그러나 이 기록들에서 창녕지역이 가야의 일원이었다는 근거는 없습니다. 그것은 안타깝게도 이 기록들이 모두 창녕이 신라에 편입되어 진흥왕 16년에 하주가 설치된 시점부터 다루고 있기 때문입니다. 그 이전의 기록이 남아 있지 않다 보니 창녕지역의 역사에 대한 정확한 정보를 얻기란 참 힘듭니다. 그렇지만 다음 기록에 주목할 필요가 있습니다.

아라가야(지금의 함안) 고령가야(지금의 함녕) 대가야(지금의 고령) 성산가야(지금의 경산 혹은 벽진) 소가야(지금의 고성)다. 또 본조사략에는 태조 천복 5년 경자년(940)에 5가야의 이름을 고쳤으니, 1은 금관 (김해부가 되었다) 2는 고녕(가리현이 되었다) 3은 비화(지금의 창녕인데 아마 고령의 그릇된 것인 듯하다) 나머지 둘은 아라와 성산이라 했다(앞과 동일하다. 성산은 혹 벽진가야라고도 한다).
阿羅伽耶(今咸安) 古寧伽耶(今咸寧) 大伽耶(今高靈) 星山伽耶(今京山云碧珍) 小伽耶(今固城) 又本朝史略云 太祖天福五年庚子改五伽耶名 一金官(爲金海府) 二古寧(爲加利縣) 三非火(今昌寧恐高靈之訛) 餘二阿羅 星山(同前 星山或作碧珍伽耶) 『삼국유사』 5가야조

찬자인 일연 스님의 부정적인 견해가 제시되어 있기는 하지만 『삼국유사』이전의 기록인 『본조사략』에는 창녕지역을 비화가야라 하고 가야의 일원임을 알려주고 있습니다. 이 기록대로라면 삼국시대에 창녕지역은 처음부터 신라권에 포함되어 있었던 것은 아니라는 사실을 말하고 있습니다.

신라에 복속되기 이전의 창녕을 나타내는 명칭을 알려주는 자료를 찾아보면 몇 가지가 더 있습니다. 「진흥왕순수비」에는 '비자벌比子伐'

로, 일본 기록인 『일본서기』에는 '비자발比自㶱'로, 중국의 기록인 『삼국지』 위서 동이전 한조에는 '불사국不斯國'으로 기록되어 있습니다. '비比' '불不' '비非' 등은 모두 '빛[光]'이라는 우리말을 한자화한 것으로 보입니다. 그리고 '화火'와 '벌伐'은 삼국시대 성城, 촌村, 읍邑을 의미하는 신라의 명칭입니다. 우리말로는 들판의 의미를 가지는 벌, 들을 한자화한 것으로 추정됩니다. 따라서 '비사벌' '비자벌' '비화' 등의 표기는 '빛벌'이라는 순수 우리말을 한자화한 것입니다. '사斯' '자子' '자自' 등은 특별한 뜻이 있는 것이 아니라 일종의 사이시옷의 역할을 하는 글자라고 생각됩니다.

따라서 여러 기록들에 보이는 표기들 중에서 '빛벌'에 가장 가까운 표기가 『삼국사기』에 전하는 '비사벌'이라 할 수 있습니다. 신라 말 고려 초에 형성된 개념인 '비화가야'보다는 '비사벌'이 당대의 명칭이라 할 수 있으며 신라에게 복속되기 전 창녕지역에는 '비사벌국'이 있었던 것입니다.

앞에서 보았듯이 삼한시대에 이 지역에는 변진 24국 가운데 하나인 불사국이 있었습니다. 기존 학계에서는 변진 24국 중 나라 이름 앞에 '변진'이 붙어 있는 국가들이 낙동강의 서쪽인 가야지역에 위치하는 점으로 보아 이들이 후에 가야가 되고 그 밖의 국들은 진한으로서 뒤에 신라에 통합되었다는 선입관 때문에 불사국을 창녕지역에 존재했던 소국으로 보기를 꺼렸습니다. 즉 '변진'이 붙어 있지 않은 불사국은 가야세력으로 발전한 것으로 보기는 어렵기 때문에 가야제국의 한 나라가 확실히 존재했던 창녕지역을 불사국으로 볼 수는 없다는 것입니다.

그러나 창녕지역에는 청동기시대 이래 조성된 다수의 지석묘가 분포하고 있으며, 석기와 토기 등의 많은 유물이 발견되었습니다. 지석묘

256

사회는 규모가 큰 국가체제의 앞단계로 이러한 지석묘 조성 세력이 없으면 그 지역의 국가 형성은 불가능한 것입니다. 자하천 주변의 송현·말흘리 지석묘군, 계성천 주변의 계성면 사리 지석묘군, 장마면 유리 지석묘군, 청도천 주변의 부곡면 온정리 지석묘, 보림천 주변의 도천면 일리 지석묘, 영산면 신제리 지석묘 등이 분포하고 있는데, 이러한 고고학적 증거와 함께 불사국과 비사벌의 음이 서로 유사한 것으로 보아 삼한시대 창녕지역에는 변진소국인 불사국이 존재했음을 짐작할 수 있습니다.

변·진한의 경우는 서로 잡거하고 있었기 때문에 가야연맹이 형성될 때 변·진한을 구성했던 국가들이 서로 섞였을 수도 있을 것입니다. 진한의 국가들 가운데는 경주를 중심으로 한 사로국 인근 국가들은 비교적 빠른 시기에 사로국에 통합되어 나갔습니다. 그러나 낙동강의 동쪽 지역에 있었다 하더라도 사로국 세력으로부터 거리가 비교적

멀 경우에는 사로국 세력에 통합되지 않았을 것입니다. 그리고 다른 소국에 비해 독자성을 지닌 지역이라면 신라에 통합되지 않고 독자적인 국가로 발전해 나갔을 것입니다.

불사국은 사로국에 병합되지 않고 독자적으로 발전하여 가야의 한 국가로 성장하였던 것으로 추정됩니다. 지역적으로 낙동강변에 위치하고 강 건너 합천, 고령, 함안 쪽으로부터의 교통이 더 손쉬웠던 까닭에 낙동강 서쪽지역과의 교류가 활발하였으며 정치적으로도 밀접한 관계를 맺었을 것입니다.

한편 비사벌국은 전략적 요충지로서의 지리적 특징을 지니고 있었습니다. 즉 서쪽으로는 낙동강 건너 고령·합천을, 남쪽으로는 영산·밀양·의령·함안 등 주변 가야제국을 쉽게 제압할 수 있는 요소에 위치해 있습니다. 따라서 자체 방어력이 없는 한 주위 강대국들의 세력 균형 하에서 존립할 수밖에 없었을 것입니다.

창녕지역이 당시에 전략적 요충지였음은 그 주변에 있는 삼국시대 이래 성城의 분포를 보아도 알 수 있습니다. 현재 창녕지역에 남아 있는 성터는 창녕읍 교동, 송현동고분 주변에 화왕산성, 목마산성이 있고, 계성면 사리, 계남리고분 주변에 신당산성, 계성토성이 있습니다. 또 영산면 동리, 죽사리고분 주변에는 영취산성이 있고, 성산면 연당리고분 주변에 옥령산성이 있습니다. 이러한 성들은 비사벌국이 쌓기도 했겠지만 이 지역에 진출했던 주위세력들에 의해 축조되기도 했을 것입니다. 비사벌국이 독자적으로 축성하였다 하더라도 기술적인 측면에서는 주변국의 영향을 받았을 것으로 생각됩니다.

예를 들면 산정식山頂式 산성인 화왕산성과 포곡식包谷式 산성인 목마산성은 각각 독립된 산성이 아니라 목마산성이 화왕산성 외성의 기능을 하였을 것으로 추정됩니다. 즉 화왕산성은 외성으로서의 목마산성

1 | 2
--- | 3

1 화왕산성 남면
2 화왕산성 남문
3 목마산성

을 가진 복합식 산성인 것입니다. 이러한 산성 형태는 백제의 영향을 받은 것으로서 산성과 왕도王都, 지배자층 분묘의 위치 등이 인근 가야 지역의 다른 산성들의 위치 선정과도 매우 유사합니다. 이것은 어느 시기 비사벌국을 포함하여 고령 가라국, 함안 안라국 등 낙동강 서쪽 가야제국들과 백제와의 정치적 관계를 알려주는 자료라고 할 수 있습니다.

창녕지역에 주변세력이 진출하는 최초의 기록은 『삼국사기』권1 파사이사금 29년(108) 5월조의 "군사를 보내어 비지국比只國, 다벌국多伐國, 초팔국草八國을 아울렀다"라는 것입니다. 이 기록에서 비지국은 지금의 창녕, 다벌국은 현재의 합천, 초팔국은 현재의 초계로 비정하는데,

신라군이 이 지역을 공격한 내용입니다. 기록의 내용은 차치하고라도 이 사건이 일어난 시기가 문제입니다. 신라가 만약 108년에 창녕지역으로 진출했다면 그 경로는 경주-영천-경산-대구-현풍-창녕 루트가 아니면 경주-경산-대구-청도-창녕 루트, 또는 경주-청도-창녕 루트를 생각해 볼 수 있습니다. 하지만 영천 골벌국은 236년에 신라에 병합되고, 청도 이서국은 297년에 신라의 수도까지 쳐들어가는 존재였습니다. 따라서 신라가 창녕을 병합한 시기는 아무리 빨라도 4세기대 이전은 아닐 것입니다.

비사벌국이 멸망하게 된 것은 당시 한반도 남부를 둘러싼 각국간의 관계 속에서 신라가 팽창했기 때문으로 추정됩니다. 따라서 비사벌국의 멸망 과정은 6세기 전반 한반도 남부를 중심으로 한 주변 각국의 정세 속에서 살펴볼 필요가 있습니다.

지증왕, 법흥왕을 거치며 신라는 내부 역량을 축적하면서 고구려의 내란을 틈타 가야로 진출하기 시작하였습니다. 한강 유역에서 백제에 대한 힘의 우위를 확인한 뒤에는 낙동강 서쪽으로의 진출을 감행하였습니다. 백제는 4세기 중엽 이후 비록 정치적 상하 예속관계는 아닐지라도 비사벌국을 포함한 낙동강 서쪽 가야제국에 대해 기득권을 유지하고 있었습니다. 그런데 백제와 신라의 각축 속에서 4세기 중엽 이후 친백제적이었던 비사벌국을 포함한 가야제국은 5세기 후반이 되면 고구려의 압력에 의한 신라와 백제의 힘의 공백을 틈타 백제 세력에서 벗어나기 위한 노력을 보였습니다. 496년 신라에 흰 꿩을 보냈다든지 중국 남제에 가라국왕 하지가 사신을 보낸 것은 이러한 노력의 일환이었습니다. 그러나 이러한 가야의 노력은 자주화가 아니라 오히려 신라에게 복속 당하는 결과로 나타나게 되었습니다.

6세기 초까지 자주권을 유지하던 가야제국은 차츰 백제와 신라의

압력에 시달리게 되었고, 신라에 의한 남가라, 탁순, 탁기탄국의 멸망으로 낙동강 유역의 가야제국은 급격히 약화되기에 이르렀습니다. 결국 553년 백제의 한강유역을 점령한 신라가 대백제관계에서 우위를 점하면서 가야제국은 신라에 귀속될 수밖에 없었습니다.

그런데 비사벌국이 언제 신라에 편입되었는지는 정확히 알 수 없습니다. 다만 555년(진흥왕 16)에 하주가 설치되었기 때문에 적어도 그 이전에 신라의 영역으로 흡수되었을 가능성은 충분합니다. 550년 중반 신라의 진출경로에서 마치 부챗살의 꼭지와 같은 교통상의 요충지였던 비사벌을 복속시킨 신라는 이곳을 군사적 전진기지로 삼았으며 561년에는 왕이 직접 이곳을 순수巡狩하고 진흥왕척경비를 세웠습니다. 그리고 그 다음 해에 고령 가라국을 멸망시켜 낙동강 유역을 모두 차지하게 되었습니다.

기록이 영세하여 비사벌국의 발전 과정과 멸망의 모습을 당시의

1|2
1 교동11호분 상감대도
2 교동11호분 상감대도 명문

정세와 지리적 조건 등의 외적 조건에 의존하여 추론할 수밖에 없는 점은 안타까운 일이 아닐 수 없습니다. 그렇지만 창녕지역의 고고학적 흔적은 그 당시의 다양한 역사적 사실을 알려주고 있습니다.

창녕지역에서는 가야지역에 흔치 않은 명문銘文이 있는 유물이 발견되었습니다. 창녕 교동11호분에서 출토된 상감대도象嵌大刀에는 몇 자의 명문이 새겨져 있습니다. 이 칼은 일제강점기인 1919년 발굴한 고분에서 출토된 것으로 현재 국립김해박물관에 소장되어 있습니다. 오랫동안 보고가 되지 않고 발굴 당시 넣어두었던 보관상자에 담긴 채 방치되었다가 1980년대에 박물관에 전시되면서 알려지게 되었습니다. 이 칼은 오랜 시간 동안 흙 속에 묻혀 있었고 또 조사 후에도 보존처리가 되지 않은 상태로 보관되었기 때문에 전체의 모양과 길이를 정확하게 알 수 없을 정도로 여러 편으로 부서져 있었습니다. 문자는 칼 끝에서 손잡이 쪽으로 향해 칼 등에 금실로 상감되어 있는데, 현재 남아 있는 글자는 모두 7자로 "상부선인 귀□도上部先人 貴□刀"입니다. 상태가 좋지 않아 이 7자의 문자가 전부인지 아닌지는 불확실하지만, 다른 지역의 출토예로 보면 문자가 더 있었을 것으로 추정됩니다.

현재 남아 있는 명문의 내용은 부의 이름, 관등 명칭, 사람이름(또는 길상구)으로 되어 있습니다.

'선인先人=仙人'은 고구려의 제13관등으로 해석되므로 칼의 제작지는 고구려일 가능성이 큽니다. 이 칼과 관련된 인물의 소속부 명칭인 상부는 5세기에 고구려가 이미 사용하고 있었으므로 이 칼은 고구려인으로서 상부 출신인 선인의 관등을 가진 기술자가 만든 칼로 해석하는 것이 타당할 것입니다. 5세기 초에 신라가 고구려의 부용세력이었다는 것을 감안하면 이 칼은 교동11호분의 주인공이 생존시에 신라와의 교류에서 획득한 제품이 아닌가 하는 가능성을 상정할 수 있습니다.

한편 1976년 창녕 계성 고분군에서 '대간大干', '건巾', '말末' 등의 명문을 가진 토기가 다수 출토되었는데, 그 중 특히 '대간'이라는 명문은 큰 주목을 받았습니다. 한꺼번에 이처럼 많은 토기명문이 고분에서 출토되기는 거의 처음 있는 일로서 토기 명문의 중요성을 일깨워주었습니다. 그 후 동일한 지역에서 부산대 박물관이 추가로 조사하는 과정에서 다시 몇 점 더 발굴되어 '대간'명 토기는 모

계성고분군 명문토기

계성고분군 명문토기 뚜껑

두 15점이 출토되었습니다.

'대간'이란 명칭에 대해서는 창녕의 계성지역 재지세력이 신라에게 병합되기 이전부터 사용하였던 것으로 보는 견해도 있고, 신라 외위外位의 제6등급인 상간上干의 다른 명칭으로 보기도 하며, 계성지역 촌주의 칭호로 보기도 합니다. 이 명문토기는 대부분 6세기 중엽 이후 7세기 초에 축조되었던 중·소형분에서 출토되며 묘제는 횡구식석실분이 주류를 이루지만 옹관에도 새겨진 예가 있습니다. 시기적으로 보면 이 지역이 신라에 복속된 이후입니다. 일반적으로 '간干'이 재지 수장을 지칭하는 것이라고 본다면 왜 하필 대형분보다도 중·소형분에 이 토기들이 매납되어 있을까요? 또 이 명칭이 신라의 외위 명칭이라면 왜 다른 지역에서는 보이지 않을까요? 이처럼 여전히 의문점이 남아 있기는 하지만 어쨌든 당시 창녕지역의 사정을 알려주는 중요한 유물로서 앞으로 다각적인 연구검토가 필요하리라 생각됩니다.

창녕지역의 고분유적을 살펴보면 대체로 현재의 중부내륙고속도로 좌우의 완만한 구릉에 위치하고 있으며 중심 고분은 창녕읍 교동·송현 동고분군과 계성고분군입니다. 이 밖의 고분군은 모두 중·소형묘로 이루어진 중심지 외곽의 주변 고분군으로 파악할 수 있습니다.

계성고분군은 계성면 소재지 남쪽 계성천을 낀 영가산에서 서북으로 뻗은 지맥의 기슭인 계남리桂南里와 사리숲里의 구릉 위에 분포해 있으며, 이곳 계남리와 사리 일대의 고분군을 합쳐서 계성고분군이라 부르고 있습니다.

이 고분군에 대한 조사는 1967년 문화재관리국 주관으로 시굴한 적이 있으며 1968년, 1969년 2차에 걸쳐 영남대 박물관이 조사하였고, 1976년 구마고속도로 건설공사, 1994년과 1998년 구마고속도로 및 국도5호선 확장공사로 인하여 각각 부산대 박물관, 경남고고학연구소,

호암미술관 조사팀에 의
한 긴급구제발굴이 실시
되었습니다.

영남대 박물관에서 조
사한 것은 계남리의 굴식
돌방무덤이었으며 출토
된 유물은 굽다리접시,
굽다리긴목항아리 등의
토기류와 철제의 무기류,
농공구류 등과 금·은제
의 장신구로 이 지역 고
분의 성격을 파악할 수
있는 좋은 자료가 되고
있습니다.

계성고분군 발굴모습

1976년 조사된 고분군
은 대부분 사리지역 고분이며, 이후의 발굴조사도 이 지역에서 이루어
졌습니다. 조사 결과 유구는 구덩식돌덧널무덤, 앞트기식돌방무덤,
독무덤이 혼재하고 있었으며, 부장품은 토기류, 말갖춤, 장신구류 등이
출토되었습니다. 특히 구릉 정상부와 사면에 축조된 삼국시대 무덤들
은 대부분 앞트기식돌방무덤인데, 출토된 토기가 거의 신라토기인 것
으로 보아 이 무덤들은 삼국시대 말에서 통일신라시대에 걸쳐서 축조
된 것으로 볼 수 있습니다.

사적 제80호로 지정된 교동고분군은 창녕읍 교리에 위치하고 송현동
고분군과는 서로 연결된 대형고분군으로 계성고분군과 함께 창녕지역
에서 대형분이 가장 많고 규모가 큰 고분군입니다. 90여 기의 중대형

교동고분군

봉토분과 소형묘로 이루어졌고, 4개의 구릉에 걸쳐 고분이 군집을 이루고 있습니다. 1918년 교동과 송현동의 일부 고분들이 발굴되어 많은 양의 유물들이 출토되었다고 하지만 보고서도 나오지 않았고 발굴유물은 대부분 일본으로 옮겨가고 일부만 국내에 남아 있습니다. 일본으로 옮겨간 유물의 대부분은 현재 국립도쿄박물관에 전시되어 있습니다. 당시의 발굴조사에 따르면 대형고분들은 앞트기식 또는 굴식돌방무덤이었으며, 유물은 금동관을 비롯하여 금제귀고리 등 각종 장신구와 청동·철제의 무기류, 토기 등이 다량 출토되었다고 합니다.

한편 창녕군 교동고분군 복원정비 계획에 따라 1993년 동아대 박물관에 의해 목마산 기슭의 고분군 중 5기가 발굴조사 되었습니다. 발굴결과에 따르면 이 무덤들은 모두 앞트기식돌방무덤으로 봉토는 작업구역을 분할하여 유사판축類似版築하면서 주변에 호석護石을 둘렀고 호석바깥에는 판축할 때 사용된 주혈柱穴이 있습니다. 주혈 2~4개가 직선

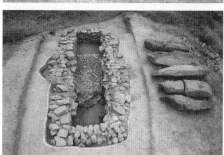
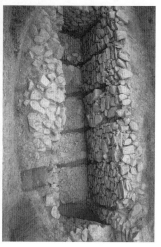

1 교동3호분
2 교동4호분
3 교동5호분

형태를 보이는 것은 고분의 평면이 원이 아니고 다각형이라는 것을
말해주고, 이것은 분할되어 나타나는 작업구간과도 일치하고 있어서
주혈이 봉토를 만드는 과정과 관계가 있다는 것을 보여줍니다.

돌방의 내부는 모두 구덩식으로 1·2·3호분은 입구에 무덤길[墓道]이
달린 것이며 특히 3호분의 무덤길은 610cm나 됩니다. 돌방은 완만한
경사면에 축조되고 반지하식半地下式과 지하식으로 나눌 수 있으며 반
지하식이 앞서 만들어진 것입니다. 3호분은 구덩이 내에 덧널의 기둥
을 먼저 설치하고 그 사이에 석축을 하는 수법을 사용하였는데, 나머지
고분은 덧널의 흔적 없이 입구쪽 벽면을 제외한 세 벽면을 먼저 쌓고
입구 쪽 벽은 윗부분을 열었다가 마지막에 폐쇄하였습니다. 상면床面의
경우 3호분은 일부 공간을 남기고 전면에 상석床石을 깔았으나 1·4·5호
분은 중앙에 볼록한 관대棺臺를 두고 양측 공간을 부장공간으로 사용하

였습니다. 이것은 양산 부부총을 비롯한 신라지역 앞트기식돌방무덤에서 많이 보이는 예입니다. 그리고 이곳에서는 추가장追加葬의 흔적을 1호와 4호에서 확인하였으며, 1호분에서 3명, 3호분에서는 2명의 순장자가 무덤길과 돌방 내부에서 확인되었습니다.

출토유물은 토기류와 은제새날개모양꾸미개·목걸이·금제귀고리·은제과대 등의 장신구, 대도·손칼·쇠창·화살통·화살촉 등의 무기류, 쇠로 만든 보습·낫·도끼 등의 농공구류, 발걸이·말띠드리개[杏葉]·재갈·말방울 등의 말갖춤이 출토되었습니다.

이 고분들은 5세기 전반에서 후반에 걸쳐 축조된 것이며, 고분의 규모와 출토유물의 특징을 살펴보면 이 무덤의 주인공은 창녕지방 토착세력 중에서 우두머리에 해당되고 신라와는 밀접한 관련을 가진 자로 판단됩니다. 이로 미루어 보면 창녕은 최소한 5세기대에 들어서면서 신라문화권 또는 신라영역권 내에 포함되었을 것으로 보입니다.

사적 제81호로 지정되어 있는 송현동고분군은 크게 2개 지역으로 나누어 볼 수 있습니다. 1군은 창녕의 동북쪽 목마산 기슭에서 서쪽으로 송현동 일대에 위치하며 그 일부는 도야리로 통하는 도로를 넘어 교동지역에까지 넓게 분포되어 있습니다. 원래는 80여 기 정도의 큰 고분군이었으나 현존하는 것은 16기에 불과합니다. 2군은 송현동 석불이 있는 부근에 20여 기가 있으며 대부분 논으로 개간되어 원형을 유지하고 있는 것은 몇 기 되지 않습니다. 이 유적은 교동고분군과 인접하고 있어 유구나 유물의 성격이 거의 같다고 생각됩니다. 그러나 1918년 교동고분군과 함께 발굴된 89·91호분의 보고서가 나오지 않아 이를 확인할 수는 없습니다.

이 고분군은 교동고분군과 마찬가지로 일제강점기에 대부분 도굴되었거나 주변이 경작지로 변해 성격을 파악하기 어렵습니다. 1918년

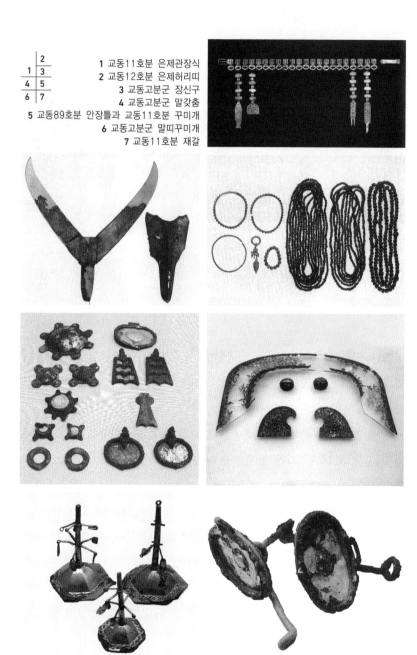

```
  | 2
1 | 3
4 | 5
6 | 7
```

1 교동11호분 은제관장식
2 교동12호분 은제허리띠
3 교동고분군 장신구
4 교동고분군 말갖춤
5 교동89호분 안장틀과 교동11호분 꾸미개
6 교동고분군 말띠꾸미개
7 교동11호분 재갈

송현동고분군

엄청난 양의 유물에 대한 도굴행위를 시작으로 권력과 결탁한 도굴행위가 대낮에도 공공연하게 행하여졌으며 도굴한 유물의 대부분은 상인의 손을 거쳐 일본으로 유출되었습니다.

한편 2004년 4월부터 2006년 3월에 걸쳐 국립창원문화재연구소에 의해 송현동고분군 가운데 쌍분을 이루고 있는 6·7호분이 발굴조사되었습니다. 이 무덤은 오래 전에 도굴되어 많은 중요 유물이 사라졌지만 발굴조사 결과 돌방에서 국내 최초로 '구유형' 널[木棺]이 확인된 것을 비롯해 그 주변에서 많은 유물이 출토되었습니다. 구유형 널은 길이 3.4m×폭 1.2m이며, 높이는 40cm 가량으로 측정되었습니다. 널 단면은 초승달과 같은 형태를 띠고 있고 최대 두께는 8cm 정도였습니다. 형태는 통나무를 절반으로 가른 다음 그 속을 파내고, 두 측면에 별도의 반원형 마구리 목재를 부착한 구유형으로 드러났습니다.

널의 동쪽에서는 토기류와 칠기류 및 청동방울 등이 나왔으며, 서쪽

송현동6·7호분

송현동6·7호분 목관 노출

에서는 안장틀과 칠기류 등이 나뭇잎과 갈대 등의 유기물에 덮인 채 출토되었습니다. 돌방 입구에는 긴목항아리, 짧은목항아리, 뚜껑, 굽다리접시를 비롯한 제사용 토기 등과 함께 이곳에 묻힌 사람의 것으로 생각되는 인골 일부가 발견되었으며, 돌방 안쪽에도 2명의 남자와 1명의 여자 등 3명의 인골 자료가 확인되었습니다.

현재까지 조사 결과 출토 유물 중 토기류는 대부분 신라토기양식을 보이고 있으나, 뚜껑의 경우 기존 창녕식 토기양식이 남아 있어 이 고분의 축조연대는 5세기 말~6세기 초반 무렵으로 생각됩니다. 출토 유물이나 무덤의 형식 등으로 미루어 보면 신라 문화의 영향을 강하게 받았던 시기의 비사벌국의 수장층 무덤으로 추정할 수 있습니다.

지금까지의 창녕지역 발굴조사 및 지표조사에서 확인된 유물을 분석한 결과 5세기 1/4분기까지는 토기문화의 경우 다른 지역과 뚜렷하게 구별되지 않았습니다. 그러나 5세기 2/4분기가 되면 창녕지역의 특징적인 창녕식 토기문화가 성립되었습니다. 창녕식 토기문화가 성립되었다는 것은 이 시기를 전후해서 창녕지역에 기반을 둔 비사벌국이

창녕식토기

합천옥전고분군 출토 창녕식토기

국가체의 성격을 분명히 하였음을 의미합니다.

　5세기 3/4분기가 되면 창녕식 토기의 정형화가 이루어지고 이와
더불어 묘제의 구조도 구덩식돌덧널무덤이 주류를 이루었으며 거대한
원형봉토가 만들어졌습니다. 그리고 금속제의 장신구류와 마구류가

출토되는데, 이런 유물은 경주에서 제작되어 창녕지역에 전해진 것으로 보입니다. 또한 창녕식 토기가 김해, 부산 등 주변지역으로도 확산되었는데, 그것은 가야제국 내의 교류로 볼 수 있습니다. 이 시기는 비사벌국이 가장 발전하는 시기이면서 한편으로는 신라의 영향력이 서서히 미치는 시기라고도 할 수 있습니다.

5세기 4/4분기가 되면 창녕지역의 중심 고분군이 계성 계남리고분군에서 교동고분군으로 옮겨지면서 계남리고분군 세력은 서서히 약화되어 갔습니다. 그리고 구덩식돌덧널의 구조에 고구려 굴식돌방무덤의 매장방법이 결합된 앞트기식돌방무덤이 등장하였습니다. 이 시기 창녕식토기가 김해, 부산, 합천, 경주 등지로 확산되는 등 토기문화가 가장 발전하였지만 한편으로 고배의 굽다리와 구연부의 형태, 문양 등에서 신라토기의 요소가 많이 나타납니다.

6세기 1/4분기가 되면 신라토기의 요소가 현저하게 증가되면서 토기의 신라화 현상이 두드러지고, 각종 금속제 유물이 다량으로 부장되는 등, 창녕식 토기문화가 소멸되는 시기라고 할 수 있습니다. 창녕식 토기문화의 소멸은 비사벌국의 해체와 연관이 있습니다.

6세기 2/4분기가 되면 창녕식 토기문화가 완전히 사라지고 신라토기로 통일됩니다. 그것을 가장 잘 나타내는 고분군이 계성면 사리고분군입니다. 사리고분군은 100여 기 이상의 고분이 조사되었으나 창녕식토기는 1점도 출토되지 않았습니다. 이것은 이 시기를 기점으로 비사벌국이 완전히 해체되고 신라 영토로 되었다는 사실을 말하는 것입니다. 그리고 묘제도 대·소형 할 것 없이 모두 앞트기식돌방무덤으로 바뀌고, 추가장追加葬이 이루어지면서 매장 관념에도 변화가 나타나게 되었습니다.

문헌자료가 부족한 데 비하여 창녕지역의 고고학적 자료는 비교적 풍부하며 삼국시대 창녕지역의 정치문화적 성격을 어느 정도 밝혀주고 있습니다. 비록 전략적 요충지라는 지리적 특징으로 인하여 신라의 영향력이 인근 가야제국에 비하여 빨리 침투하긴 했지만 창녕지역이 5세기 중반 무렵까지는 비사벌국이라는 가야의 한 국가였다는 점은 명확합니다. 이제 "창녕이 삼국시대에 신라였는가 가야였는가" 하는 지역 내의 의미 없는 논란은 접어두고 창녕지역의 진면목을 재검토해야 할 시점이 아닌가 합니다.

14

복천동고분군에서 찾은 또 하나의 가야

부산의 가야세력

1970년대부터 1990년대까지 현재 동래의 중심지를 북쪽에서 반달 모양으로 에워싸고 있는 속칭 대포산이라 불리는 구릉에서 대규모의 고분군이 발굴되었습니다. 이것이 부산을 대표하는 가야고분인 복천동고분군입니다.

이 고분의 발굴은 부산에 존재했던 가야세력의 위상을 잘 보여주

복천동고분군

었습니다. 사실 부산지역은 구석기시대 이래로 꾸준한 인구의 유입과 사회발전이 진행되었던 곳입니다. 신석기시대와 청동기시대를 거쳐 삼한시대에 이르는 동안 부산도 영남의 다른 지역과 마찬가지로 북방 유이민들의 지속적인 이동이 있었을 것으로 생각됩니다.

삼한시대의 부산지역은 대체로 낙동강 중하류 지역과 경남 일원에 자리잡고 있던 변한에 속해 있었습니다. 특히 변한 12국 중에서도 독로국瀆盧國의 위치는 지금의 동래 즉 부산지역이라는 점이 거의 확실합니다.

『삼국지』 위서 동이전의 기록을 살펴보겠습니다.

독로국은 왜와 더불어 경계를 접한다. 십이국에 역시 왕이 있다.
其瀆盧國與倭接界 十二國亦有王

독로국이 왜와 경계를 접한다는 것으로 보아 이 독로국이 한반도의 동남쪽 최남단에 있었음을 알 수 있습니다. 그리고 독로瀆盧의 '노'는 그 음이 '노'이지만 우리 고대의 지명에는 양壤, 내乃, 야耶, 천川 등의 한자와 같이 '내'의 음으로 표기되는 경우가 많았습니다. 따라서 독로는 '독내'라고도 할 수 있는데, 자음동화현상으로 '동래'로 읽게 되었으며, 경덕왕 때 우리 고유 지명을 중국식으로 바꾸면서 '동래東萊'라고 표기하게 된 것으로 보고 있습니다.

또 독로의 '독'은 '탁한 냇물이 바다로 흘러 들어가는 곳'濁流入海處이라는 뜻이 있는데, 실제로 수영강의 동서 지류가 합류하는 동래 주변의 강물이 홍수로 범람하여 수영만으로 흘러 들어가는 것을 보면 더욱더 '독로'가 동래라는 심증이 갑니다. 더구나 동래 일대에 복천동고분군, 노포동고분군, 동래패총 야철지, 복천동 내성유적 등이 분포되어 있는 것으로 보아 고고학적으로도 충분히 증명되고 있습니다. 그리고 12국에 왕이 있다는 것으로 보아 독로국에도 독립적인 국왕이 존재했음을 알 수 있습니다.

한편 우리나라의 문헌인 『삼국사기』 지리지와 거도열전에는 다음과 같은 기록이 있습니다.

> 동래군은 본래 거칠산군이다. 경덕왕이 이름을 고쳤는데, 지금 이를 그대로 쓰고 있다.
>
> 東萊郡 本居柒山郡 景德王改名 今因之

> 거도는 그 족성을 모르고 어디 사람인지도 모르나 탈해이사금 때에 벼슬하여 '간干'이 되었다. 이때 우시산국과 거칠산국이 신라 국경 근처에 있어 자못 나라의 근심거리가 되었으므로 거도가 변관이 되어 가만히 두 나라를 병탄할 뜻을 품고 있었다. 해마다 한 번씩 많은 말을 장토 들판에 모아서 군사들에게 타고 달리며 놀이로 삼게 하니, 그때 사람들은 거도를 마숙馬叔이라 일컬었다. 두 나라 사람은 이를 익혀 보고는 신라에서 늘 하는 일이라며 괴이하게 여기지 않았는데, 이에 군사를 일으켜 그들의 준비하지 않은 기회에 쳐서 두 나라를 멸망시켰다.
>
> 居道 失其族姓 不知何所人也 仕脫解尼師今爲干 時于尸山國 居柒山國 介居隣境 頗爲國患 居道爲邊官 潛懷幷呑之志 每年一度 集群馬於張吐之野 使兵士騎之 馳走以爲戲樂 時人稱爲馬叔 兩國人見習之 以爲新羅常事 不以爲怪 於是 起兵馬 擊其不意 以滅二國

또 『신증동국여지승람新增東國輿地勝覽』 제23권 동래군 건치연혁조에

구서동유적 항아리와 굽다리접시

는 동래군의 옛 이름이 기
록되어 있습니다.

옛날의 장산국(혹은 내산국
이라고도 하였다)이다. 신라
가 점령하고는 거칠산군을
두었는데, 경덕왕이 지금 이
름으로 고쳤으며 고려 현종
이 울주에 예속시켰다. 뒤에
현령을 두었다.
古萇山國 或云萊山國 新羅取之
置居柒山郡 景德王改今名 高麗
顯宗 屬蔚州後置縣令

이러한 기록을 통하여 동래에는 거칠산국居柒山國, 장산국萇山國 또는
내산국萊山國이라고 불리던 국가가 있었다는 것을 알 수 있는데, 이들
국가명이 바로 독로국을 지칭하는 다른 이름이었다는 것을 짐작할
수 있습니다.

이처럼 부산의 역사에서 삼한시대가 차지하는 비중은 작지 않지만
현실적으로 급격한 도시화로 인해 많은 유적이 소멸되어 삼한시대와
관련된 유적에 대한 조사는 미비한 실정입니다. 그 가운데 온천동과
구서동유적은 유물만 수습된 정도이며, 복천동 내성유적과 복산동고
분군, 노포동고분군 등이 발굴조사되었습니다.

이 가운데 삼한시대의 대표적인 유적인 노포동고분군에 대해 간단히
살펴보겠습니다. 고분이 위치한 지역은 부산시의 최북단으로 수영강

노포동35호분

노포동고분군 전경

노포동31호분 칠 흔적

상류를 끼고 그 주변에 충적지와 낮은 구릉이 많이 형성되어 있어 유적이 조성되기에 좋은 입지조건을 갖추고 있습니다. 1983년 도굴된 유물의 일부가 매장문화재로 신고되면서 이 유적의 존재가 알려지게 되었는데, 부산대 박물관과 부산시립박물관에 의해 2차에 걸쳐 정식 발굴조사되었습니다. 확인된 삼한시대의 유구는 덧널무덤[木槨墓] 45기, 독무덤[甕棺墓] 6기 등 총 51기이며, 이 밖에도 청동기시대의 움집터 2동이 조사되었습니다.

이 일대는 원래 포도밭이었는데, 과수원을 만들면서 땅을 깎고 쌓아서 고분의 지상구조는 거의 알 수 없습니다. 출토유물은 토기류 134점, 철기류 263점, 구슬류 433점, 석기 4점 등 총 834점입니다. 토기류는 연질토기와 와질토기가 대부분이고 도질토기도 출토되었습니다. 와질토기는 회색의 와질토기가 주류를 이루고 있으며, 도질토기는 이 지역

1 ― 3／4
2 ― 5

1 노포동2호분 뚜껑있는 굽다리곧은입항아리
2 노포동33호분 짧은목항아리
3 노포동35호분 화로모양토기
4 노포동35호분 화로모양토기
5 노포동41호분 화로모양토기

의 도질토기 발생시기를 알려주는 자료입니다. 철기류는 무기류와
농공구류로서 대부분 단조품鍛造品입니다. 옥류玉類로는 수정, 청색과
적색의 유리 등이 출토되었습니다.

 이 유적은 청동기시대의 주거지였던 것이 3세기 중엽 이후에 공동묘

역으로 바뀐 것으로, 한반도 남부의 사회상을 이해할 수 있는 자료입니다. 또한 덧널무덤을 주축으로 하는 묘제와 함께 많은 양의 와질토기, 철제 무기류, 농공구류 등은 당시 부산지역의 상황과 외래문화의 수용과정을 알려주고 있습니다. 노포동유적은 묘제와 출토유물에 의해 크게는 전, 후기로 나누어지는데, 특히 후기에는 고리자루큰칼[環頭大刀]이 출현하고 철모鐵鉾는 의식용 도구가 되면서 다양한 모습을 보이게 되며, 화살촉은 관통력이 증대되면서 부장되는 양이 많아집니다. 또한 묘제에서는 딸린덧널이 있는 대형 덧널무덤이 등장하기 시작하였으며, 철제품은 단조기술이 더욱 발달하고, 토기는 그릇종류가 다양화되면서 도질토기가 출현하였습니다.

이러한 상황으로 보아 노포동고분군은 사회가 전반적으로 성장하면서 당시 이 지역에 상당히 발전한 새로운 지배계층이 출현하였음을 알려주는 유적이라 할 수 있습니다.

다만 노포동고분군은 그 규모와 부장품의 질로 미루어 볼 때 삼한시대부터 부산지역에 존재했던 독로국 수장층의 무덤이라 하기에는 다소 미약합니다. 그렇다면 4세기 이전까지의 독로국 수장층의 무덤은 어디에 있었을까요?

아무래도 이 물음에 대한 해답은 복천동 내성유적 및 복산동고분군과 연결되는 부산의 대표적인 고분군인 복천동고분군에서 찾아야 할 것 같습니다. 복천동고분군은 발굴 결과 6세기 이전 부산지역의 유일한 지배층 무덤으로서 구릉 위쪽에 위치한 무덤이 늦은 시기의 것이고, 아래쪽에 있는 것이 이른 시기의 것이라는 사실이 밝혀졌습니다. 복천동고분 중 가장 이른 시기에 만들어진 것이 38호분으로서 4세기 초반에 조성된 것으로 추정됩니다. 따라서 4세기 이전 독로국 수장층 무덤은 구릉의 훨씬 아래쪽에 조성되었을 것입니다. 그러나 안타깝게도 이 일대는 학술조사를 거치지 못한 채 이미 1950년대 이후 주택가와 동래시장이 형성되어 있었으므로 더 이상 역사적 사실을 밝힐 수 없게 되었습니다.

비록 독로국 수장층의 묘역은 확인할 수 없지만 하위계층의 분묘인 노포동고분군에서 부산지역의 국가 형성을 유추할 만한 고고학적 성과를 얻었습니다. 그런데 동래지역에 존재했던 독로국은 인근 김해지역의 구야국과는 어떤 관계에 있었을까요?

삼한시대 변한 12국의 일원이었던 독로국은 지리적으로는 『삼국지』 위서 동이전에서 대국이라고 언급한 구야국과 인접한 지역에 위치해 있었습니다. 당시 국제교역항으로서의 중심지는 구야국이었으며, 독로국과 구야국은 고고자료로 볼 때 동질성을 보이고 있으므로 밀접한 정치적 관계에 있었음은 분명한데, 아마도 구야국이 정치적 우위를 점하고 있었을 것입니다. 그것은 문헌기록뿐만 아니라 2세기 후반 구야국의 대표적 고분군인 양동리고분군과 독로국의 복산동고분군에서 확인된 유물이 질적·양적으로 차이를 보이고 있으며, 복산동고분군에 양동리162호분과 같은 1등급 분묘가 없다는 것 등 고고학적으로도 증명되고 있습니다.

그렇지만 독로국 또한 대외교역에 유리한 지리적 이점과 철 생산 등으로 구야국에 버금가는 세력으로 자리잡았습니다. 이는 진한지역 사로국의 경우에도 경주지역의 박씨세력과 울산의 석씨세력이 연계되어 세력을 크게 강화함으로써 진한지역의 소국들을 정복할 수 있었으며 연맹왕국으로 성장했던 것과 유사한 구조입니다.

3세기 말~4세기 초에 접어들면서 독로국은 비약적으로 발전하여 김해 가락국과 연합하면서 낙동강 하류지역 가야연맹의 중심세력으로 대두하였습니다. 이 시기 김해·부산 지역에서는 고분의 출현과 묘제의

김해대성동고분군 외절구연고배

변화, 도질토기문화의 전개, 풍부하고 다양한 철기문화의 존재 등 변한 사회에서 가야사회로의 이행을 보여주는 증거들이 나타나고 있습니다. 특히 김해지역의 수장층 묘역인 김해 대성동고분군, 동래지역의 수장층 묘역인 동래 복천동고분군에서는 다른 지역의 가야제국들보다 이른 시기에 이러한 모습들이 나타납니다.

3세기 말 이전에는 구야국과 독로국이라는 독자적 정치세력으로 존재했지만, 3세기 말 북방문화와 습속을 지닌 강력한 지배집단이 출현 하면서 두 세력은 정치적 연합을 이루었으며, 이로 인하여 가락국이 성립하였습니다. 이 두 세력간의 관계는 대성동고분을 축조했던 구야 국세력이 독로국세력보다 우위에 있었던 것으로 보입니다. 그러나 독로국세력이 철저하게 종속적인 위치에 놓인 것은 아니고 기존 수장 의 권한은 그대로 인정되었으며 대외적으로도 독로국이라는 국가 명칭 은 여전히 유지하였던 것 같습니다.

복천동32호분

　이 가락국세력은 주변 지역과 연맹체를 결성하였는데, 그 지역범위
는 김해를 중심으로 동북쪽으로는 양산 및 울산 남부, 부산, 북쪽으로는
남지 남쪽의 낙동강 경계, 서쪽으로는 경남 창원을 그 경계로 하였습니
다. 이러한 지역범위는 가락국의 상징적 표식토기인 외절구연고배外折
口緣高杯의 분포 범위를 바탕으로 교역망과 주변 세력들과의 세력 범위
를 감안하여 설정한 것입니다. 이 외절구연고배는 5세기 전엽 이후
사라지는데 가락국 지배집단의 소멸과 거의 같은 시점이므로 이 고배
가 발견되는 지역은 가락국 권역이라고 보아도 무방할 것입니다.

　이 시기 부산지역의 수장층 고분군인 복천동고분군은 1969년 9월
동아대 박물관에 의해 1호 무덤이 조사되면서 처음 알려지게 되었습니
다. 그 후 1970년과 1971년의 2년 사이에 동아대 박물관에 의해 9기의
무덤이 긴급조사되면서 그 중요성이 알려지기 시작했고, 1974년에는
부산대 박물관에 의해 구릉 아래쪽의 동쪽 경사면에서 3기의 무덤이
조사되었습니다.

복천동고분군은 1980년대 접어들면서 본격적으로 발굴조사가 실시
되었습니다. 1980년 10월부터 1981년 2월까지 복천동 제1차조사가
실시되어 이곳이 대규모의 삼국시대 가야고분군이었음이 확인되었습
니다. 조사 결과 덧널무덤이 새롭게 확인되었고, 구덩식돌덧널무덤에
앞서 덧널무덤이 만들어졌다는 사실을 알게 되었습니다. 또 수백여
점의 삼국시대 토기류들과 금동관, 가지방울, 갑옷과 투구, 철제무기류
등이 나왔습니다. 특히 많은 양의 철제무기류와 갑옷 자료는 당시의
가야사 및 한일관계를 연구하는 데 획기적인 자료가 되었으며, 가야문
화의 선진성이 새롭게 조명되는 계기가 되었습니다. 또한 제1차 발굴
조사 결과 삼국시대의 고고학적인 연구와 고대사, 특히 가야사 연구에
중요한 위치를 차지하게 될 유적임이 입증됨에 따라 1981년 6월 9일
사적 제273호로 지정되었습니다.

그 후 1983년 8~9월에 2기의 파괴된 무덤에 대한 수습조사가 역시
부산대 박물관에 의해 실시되었는데, 특히 구릉의 남쪽 부분에서 조사

복천동65호분

된 38호의 딸린덧널에서는 오리모양 토기와 와질토기들이 나와 고분군의 남쪽지역에 빠른 시기의 무덤이 있음을 확인하게 되었습니다.

1986년에 제2차 발굴조사가 이루어졌는데, 이전까지는 대체로 4세기 말에서 5세기대의 무덤조사에 국한되어 고분군에 대한 총체적인 성격 파악이 어려웠지만 이 조사 이후 전체적인 성격 파악을 위한 발굴계획이 세워지게 되었습니다.

1989년의 제3차 조사에서는 덧널무덤 11기와 구덩식돌덧널무덤 3기 등 모두 14기의 무덤이 조사되었는데, 덧널무덤이 중심을 이루고 있었습니다. 무덤의 분포는 비교적 조밀한 편이고, 딸린덧널이 있는 덧널무덤, 단독덧널무덤, 딸린덧널이 있는 구덩식돌덧널무덤, 단독 구덩식돌덧널무덤 등이 구분없이 혼재하고 있으며, 길이 방향도 일정하지 않습니다. 이러한 모습은 먼저 설치된 이른 시기의 무덤들 사이에 새로운 무덤들이 들어섰기 때문이며, 길이 방향이 다양한 것은 등고선의 방향에 따라 만들어졌기 때문일 것입니다.

유물로는 갑옷과 투구, 덩이쇠, 화살촉 등 철기유물을 비롯하여 함안의 안라계토기와 고대 일본계토기 등 중요한 유물들이 많이 나왔고, 덧널무덤의 내부구조와 덧널의 설치 방법을 확인할 수 있는 유구들이 많아 우리나라의 무덤 문화 및 고대의 대외교류 연구에 좋은 자료들을 제공하였습니다.

구릉의 남쪽지역에 대한 제4차 발굴조사는 1991년 7월에서 9월 사이에 부산대 박물관에 의해 이루어졌으며 4세기대의 덧널무덤이 집중적으로 조사되었습니다. 특히 6세기 말 7세기 초의 앞트기식돌방무덤이 조사되어 복천동고분군의 다양성이 확인되었으며, 많은 갑옷과 투구, 함안과 일본계 토기, 덩이쇠, 통형동기 등의 유물이 많이 나와 4세기 후반대의 문화를 규명할 수 있는 자료들을 제공하였습니다. 그리고 중국제 청자가 나와 복천동고분군을 만든 집단의 대외교류관계를 알 수 있게 하였습니다.

제4차 조사가 끝나고 난 후 고분군 정화사업 및 전시관 건립이 구체적으로 추진되었고, 고분군의 정화계획에 따라 일부 파괴되는 고분군 주위의 담장 설치지역과 서남쪽에 설치되는 후문지역의 조사와 전체 고분군에 대한 미발굴 유구의 확인조사를 실시하였습니다.

복천동고분군에서 1998년까지 조사된 유구수는 총 169기로 널무덤 9기, 딸린덧널이 있는 덧널무덤 17기, 단독 덧널무덤 75기, 독무덤 4기, 딸린덧널이 있는 구덩식돌덧널무덤 8기, 단독 구덩식돌덧널무덤 55기, 앞트기식돌방무덤 1기가 조사되었습니다.

이들 무덤에서 나온 유물은 총 9,200여 점이 넘는데, 여기에는 토기류가 2,500여 점, 철기류를 포함한 금속기류가 2,720여 점, 유리제구슬을 포함한 장신구류가 4,010여 점, 뼈연장 등의 기타 유물이 10여 점, 그 외 인골 5구, 말이빨 등의 동물뼈 7점이 포함되어 있는데, 철제유물이 많은 점이 특징입니다.

복천동고분군은 경주의 큰 봉분이 있는 고분군을 제외하고는 남부지방 최대의 고분군이며 유물은 경주의 대형분 다음으로 많은 양이 나왔고, 그 종류도 다양합니다. 또한 덧널무덤과 구덩식돌덧널무덤, 독널무덤, 앞트기식돌방무덤 등 다양한 무덤형태가 확인되었습니다. 부산지

1 │
─┼─
2 │ 3

1 복천동57호분 안라계토기
2 복천동고분군 비사벌계토기
3 복천동57호분 일본계토기

역의 경우 주인공을 안치하는 으뜸덧널 외에 여러 가지 물품들을 넣기 위해 딸린덧널이 있는 덧널무덤은 복천동고분군에서만 보입니다. 복천동고분군에서 딸린덧널이 있는 덧널무덤은 대부분 큰 무덤이고 구릉의 높은 부분을 따라 만들어졌습니다. 그 주변과 경사면에는 중·소형급 무덤들이 위치하며, 대체로 중심부 무덤은 구릉의 아래쪽에서 위쪽으로 가면서 순차적으로 만들어진 경향을 보여주었습니다.

복천동고분군의 무덤은 덧널무덤에서 구덩식돌덧널무덤으로, 그리고 앞트기식돌방무덤으로 변화하였는데 덧널무덤과 구덩식돌덧널무덤 내에서도 여러 단계의 변화를 보입니다. 복천동고분군의 무덤 변화는 가야제국의 어느 고분군보다도 뚜렷하기 때문에 가야 무덤의 구조와 변화를 연구하는 데 하나의 지표가 되는 고분군이라고 할 수 있습니다.

복천동고분군에서 출토된 유물에서도 다양한 특징이 드러납니다.

복천동32호분 항아리와 그릇받침

복천동73호분 계란모양토기

복천동86호분 오리모양토기

복천동53호분 등잔모양토기

복천동53호분 짚신모양토기

복천동1호분 말머리모양뿔잔

복천동22호분 복숭아모양잔   복천동2호분 신선로모양토기

먼저 토기유물은 시기별로 차이가 있는데, 4세기 후반에서 5세기 전반대까지는 함안의 안라계토기와 고대 일본계토기, 그리고 5세기 후반대에는 창녕의 비사벌계토기가 나와 당시 부산지역과 이들 지역 간에 교류관계가 있었다는 것을 말해줍니다. 안라계토기는 이 지역 특유의 굽다리접시와 뚜껑있는 굽다리접시 같은 것이 있으며, 비사벌계토기는 컵모양토기, 굽다리접시, 그릇받침처럼 특색 있는 것으로 토기의 지역적 특징만 보아도 복천동세력이 5세기 전반까지는 함안의 안라국, 5세기 후반 이후로는 창녕의 비사벌국과 밀접하게 문물교류를 행하고 있었음을 알 수 있습니다. 일본계토기는 대부분 적갈색연질토기인데 굽다리접시, 그릇받침, 손잡이 달린 항아리 등으로 그릇의 표면을 잘 손질하여 미끈하게 만든 것이 특징입니다.

한편 5세기 전반대 이후 부산 고유의 지역토기와 신라토기가 혼재하고 있는 모습이나 시기가 지날수록 신라토기의 양이 많아지는 현상들은 부산지역이 점차 신라의 지배로 편입되는 과정을 표현한다고 할 수 있습니다.

토기의 종류는 매우 다양하여 각종 항아리와 2단으로 구멍이 난

복천동10·11호분 판갑

복천동21호분 목가리개

복천동11호분 팔가리개

복천동22호분 투구

굽다리접시, 거북·사슴·개·멧돼지 모양을 만들어 붙인 원통형 그릇받침을 비롯하여 계란모양토기, 오리모양토기, 등잔모양토기, 짚신모양토기, 말머리모양뿔잔, 복숭아모양잔, 신선로모양토기 등 다양한 상형토기象形土器가 출토되었습니다.

철제 유물로서 가장 많은 비중을 차지하는 것은 무구류武具類입니다.

복천동10호분 말머리가리개

무구에는 고리자루큰칼을 비롯하여 화살촉, 화살통, 삼지창, 철모, 철검 등 공격용 무기뿐만 아니라 투구, 목가리개, 팔가리개, 판갑옷, 비늘갑옷과 같은 방어용 무기도 있습니다. 말갖춤새로는 전투에서 말을 보호하는 말머리가리개[馬胄]와 말갑옷[馬甲] 외에 재갈[轡], 안장틀[鞍橋], 말방울[馬鈴], 발걸이[鐙子], 말띠드리개[杏葉] 등이 있고, 농기구로는 쇠낫, 쇠스랑, 보습, 따비, 도끼가 있으며, 공구로는 못, 손칼, 꺾쇠, 집게, 망치 같은 것이 있습니다. 복천동고분군에서 많이 나온 갑옷과 투구, 말갖춤새들에서 당시 남부지방에 많은 전투가 치러졌다는 것을 짐작할 수 있고, 이에 따라 당시 정치상황과 국제관계를 규명하는 데 도움이 될 것입니다.

한편 철제 유물 가운데는 특히 쇠를 얇게 두드려서 만든 일종의 중간소재인 덩이쇠[鐵鋌]가 많이 출토되었습니다. 이것은 화폐의 기능도 있었을 것으로 추측하는데, 이러한 덩이쇠를 무덤 속에 부장할 수 있었던 존재의 강력한 권력을 가늠해 볼 수 있습니다.

장신구로는 1호분과 11호분에서 나온 금동제 보관을 비롯하여 금과 금동제의 귀고리, 굽은옥과 유리제 구슬로 만든 목걸이, 유리제 팔찌 같은 것이 있는데, 같은 시대 신라의 것에 비하면 비교적 소박한 제품입니다. 그러나 2개의 금동관이 출토된 것은 매우 주목할 만한 사실로서, 이 무덤의 주인공이 독로국 왕이었다는 사실을 확인시켜 줍니다.

의식儀式과 관련한 유물로는 일곱가지방울[七頭鈴], 미늘쇠[有刺利器], 굽은쇠손

복천동10·11호분 금동관

칼[曲刀], 판모양의 쇠창, 통형동기筒形銅器 등이 있습니다. 일곱가지방울은 자루가 달린 둥근 고리를 중심으로 은행알 모양의 방울 7개를 만들어 붙여 놓고 그 안에 작은 구슬을 한 개씩 넣어서 흔들면 소리가 나도록 하는 도구이고, 미늘쇠는 덩이쇠의 양쪽에 고사리모양 혹은 C자형 미늘을 붙이고 아래쪽에는 철판을 오므려서 자루를 부착할 수 있도록 만든 것입니다. 또 굽은쇠손칼은 끝이 밖으로 휘어져 있고, 판모양 쇠창은 작은 덩이쇠로 납작하게 만들었는데, 끝은 뾰족하고 자루를 끼울 수 있게 아래쪽 철판을 오므려 놓은 것이며, 통형동기는 청동으로 만든 길다란 통의 중간부에 세로로 긴 구멍을 2단으로 뚫고 그 안에 청동 또는 철제의 막대나 푸른 옥으로 만든 대롱옥[管玉]을 넣어 흔들면 소리가 나도록 되어 있습니다. 이러한 유물은 모두 실제 생활에 쓰이지 않는 비실용적인 것으로 무덤에 묻힌 사람의 신분을 상징하는 물건이거나 매장 의례에 사용되었던 의식용 도구입니다.

복천동고분군에서는 무덤에 묻힌 주인공의 뼈가 아닌 사람의 뼈가

복천동고분군 미늘쇠

복천동21·22호분 일곱가지방울

여러 무덤에서 출토되었습니다. 그 중에서 확인된 것만 해도 11호분에서 3명, 19호분에서 1명, 21호분에서 1명, 36호분에서 1명을 비롯하여 모두 9명분에 이릅니다. 이것은 모두 순장된 사람들의 유골일 것이며, 복천동고분군에서 순장이 행해졌다는 사실을 증명하고 있습니다.

복천동고분군의 유구와 유물을 검토해 보면 4세기대 부산지역은 가락국의 양대 축 중 하나로, 변한사회에서 '가야'로의 전환과 발전에 중요한 역할을 수행하였으며, 같은 시기 신라에 비해서 훨씬 우수한 문화와 강력한 권력을 보유한 집단으로서 한반도 남부지역에서 주도적으로 활동하였음을 짐작할 수 있습니다.

그러나 부산지역의 이러한 번영은 광개토대왕의 남정군에 의해 끝나게 되었습니다. 5세기 초 인근 김해지역은 수장층의 묘역인 대성동고분군의 무덤 축조가 중단되는 현상이 발생하였습니다. 이것은 광개토대왕 남정군에 의한 직접적인 타격으로 김해지역 지배집단이 소멸하게 되었음을 의미하는 것이며, 이 사건을 계기로 5세기대 이후 낙동강 하류지역의 정치적 중심은 부산의 독로국으로 옮겨가게 되었습니다.

5세기대 복천동고분군에서 나타나는 현상을 살펴보면 신라적인 요소가 많아진다는 점이 눈에 띕니다. 이것은 고구려의 원조에 힘입어 급성장한 신라세력에 밀려 신라의 영향권 내에 편입되었음을 뜻합니다. 즉 독로국은 낙동강 하류지역의 정치적 구심점 역할을 맡았지만 신라의 지속적인 발전과 변방에 대한 정책의 변화 등으로 말미암아 차츰 그 역할을 상실하게 되었던 것입니다.

이 시기 토기는 상하 엇갈림투창고배로 대표되는 신라계 고배가 등장하고 있으나 여전히 가야계통의 그릇 종류가 존속하고 있으며, 신라의 요소를 변용한 그릇 종류도 나타나는 등 상당히 복잡한 모습을 보입니다.

묘제는 5세기에 들어서면서 으뜸덧널은 구덩식돌덧널로 바뀌지만, 딸린덧널은 여전히 덧널을 이용하고 있습니다. 으뜸덧널과 딸린덧널의 배치형태나 규모, 매장 및 부장양상 등 전반적으로 이전의 전통을 고수하면서 오히려 규모는 더욱 커지고 있습니다. 이러한 사실은 이 시기 신라의 묘제가 돌무지덧널무덤[積石木槨墓]이라는 점을 감안한다면 복천동의 수장층은 아직까지는 가야로서의 독자성을 유지하고 있었다는 것을 알 수 있습니다. 뿐만 아니라 5세기 전반대의 수장무덤에서도 여전히 순장이 이루어지고 있어 독로국이 건재하고 있음을 증명하고 있습니다.

10·11호분을 축조한 이후 복천동에 더 이상 무덤 설 공간이 부족하게

되자 독로국의 수장묘역은 인근에 있는 연산동고분군으로 이동하였습니다. 여전히 구덩식돌덧널무덤이긴 하지만 으뜸덧널과 딸린덧널을 같은 돌덧널 내에 돌로 벽을 쌓아 분리하는 형태로 바뀌게 되었는데, 이전에 비해 규모도 축소되고, 유물도 적게 부장되었습니다. 따라서 이때부터 신라의 지방 통제력이 보다 강화되었다는 것을 알 수 있습니다. 다만 같은 시기에 이미 신라권으로 편입했던 창녕지역의 묘제가 굴식돌방무덤이나 앞트기식돌방무덤으로 전환된 것과 비교해 볼 때 독로국에 대한 신라의 통제력은 상대적으로 미약했던 것 같습니다.

그렇지만 6세기 후반에 이르면 연산동에서도 더 이상 수장의 무덤이 만들어지지 않습니다. 이 시기가 되면 독로국 지배층은 해체되고 신라가 지방관을 파견하여 통치하게 됨으로써 부산은 신라의 지방군현으로 전락하게 되었다는 것을 알 수 있습니다.

오늘날 『삼국지』 위서 동이전의 단편적인 기록과 『삼국사기』 거도 열전의 멸망 기록 외에는 독로국에 관련된 어떠한 문헌자료도 남아 있지 않습니다. 다만 복천동고분군만이 1,500여 년의 세월이 지난 후에 이 땅에 모습을 드러내면서 그들이 살다간 영욕의 역사를 알려줄 뿐입니다. 이제는 잔디로 잘 단장된 고분군 뒤로 복천박물관이 세워져 부산의 역사와 함께 복천동고분군을 축조하였던 부산의 가야인들에 대한 이야기를 들려주고 있습니다.

송학동 언덕에 잠든 가야의 왕들

고성의 가야왕국

　2000년 한국고고학계는 놀랄 만한 고고학적 성과를 얻었습니다. 1980년대 초부터 일본 고분시대 수장의 전형적인 무덤형태인 전방후원분前方後圓墳으로 알려졌던 경상남도 고성군의 송학동고분이 각각의 원분圓墳 3기가 단순히 겹쳐진 형태로서 전방후원분과는 아무런 관련이 없다는 점이 밝혀졌던 것입니다.

　사실 송학동1호분은 1980년대에 현 한국학연구원 명예교수인 강인구 선생이 일본 전방후원분에 영향을 주었다고 주장하였고, 국내의 고고학계와 고대사학자들은 그 견해를 당연한 것으로 받아들이고 있었습니다. 그러나 1999년 11월 15일부터 2000년 3월 9일까지 송학동고분군 시굴조사가 실시되면서 기존 견해는 무너지게 되었습니다. 이후 2000년 7월 10일부터 2002년 3월 20일까지 세 차례에 걸쳐 정밀발굴조사가 실시되었는데, 송학동1호분이 전방후원분과 같은 형태로 보였던 이유는 남쪽에 있는 봉분이 더 높고 북쪽 봉분이 낮았을 뿐만 아니라 일제강점기부터 도굴로 훼손되면서 북쪽 봉분의 상부가 깎여나갔기

송학동고분군

때문입니다.

　동아대 박물관 조사팀에 따르면, 송학동고분군은 5세기 중반에서 6세기 중반까지 조성된 고자국古自國의 수장급 무덤이며, A, B, C호분으로 이루어져 있는 송학동1호분은 1A호분과 1B호분을 깎아 그 사이에 1C호분을 축조하였는데, 이러한 중복현상은 경주지역의 황남대총이나 전남 나주 복암리고분과 같이 의도적으로 축조하였을 것으로 추정하였습니다. 또 봉분을 먼저 만들어 그 안에 시신을 묻는 축조방법은 가야지역의 일반적인 방법과 차이가 있는 것으로, 이러한 무덤을 분구묘墳丘墓라고 하는데, 고성 동해면 내산리고분, 고성읍 율대리고분뿐만 아니라 영산강 유역, 일본 규슈九州, 간사이關西 지방 고분들이 모두 같은 축조방법을 가지고 있다는 점에서 이 지역들이 서로 활발히 교류했던 증거가 된다고 분석하였습니다. 1B호분의 채색된 돌방[石室]과 돌방 중앙에 널길[羨道]을 배치한 구조와 형태도 영산강 유역의 장성 영천리고분, 해남 장고산고분, 그리고 일본의 돌방무덤에서 확인되고 있습니다.

이러한 발굴성과를 통해 보면 고성지역은 가야 시기에 활발한 대외 교류가 이루어졌던 지역이라는 것을 짐작할 수 있습니다. 그렇다면 가야제국 가운데 고성지역에는 어떤 나라가 있었을까요?

고성은 경상남도 남부해안에 위치한 곳으로 동쪽으로는 마산시, 서쪽으로는 사천시, 북쪽으로는 함안군, 남쪽으로는 바다와 접해 있습니다. 지리적 위치로 보아서 고대에는 주변의 해안세력과 해로를 통하여 쉽게 왕래할 수 있었을 것이므로 대외교역에 유리한 입지조건을 갖춘 곳이라는 것을 알 수 있습니다.

고성지역에 국가의 이름이 보이는 것은 3세기 무렵입니다. 『삼국지』 위서 동이전 한조에 전하는 '변진고자미동국弁辰古資彌凍國'이 그것입니다. 이처럼 국가가 성립할 수 있었던 기반은 무엇이었을까요?

고성지역에서 처음으로 지배자의 출현을 보여주는 증거로는 지석묘가 있습니다. 지석묘가 위치한 지역은 남강의 지류인 영오천 유역, 배둔만으로 흘러드는 마암천 중류 산곡평야에 위치한 농경지, 고성평야를 거쳐 배둔만으로 흘러드는 율천 상류 암전천 유역, 삼천포만으로 유입되는 봉현천 중상류지역의 충적평야, 남해로 유입되는 작은 하천인 오방천의 중상류에 위치하는 산곡평야 등으로 이들 유적의 주인공은 농경을 주로 하였음을 알 수 있습니다. 이들은 자생적으로 성장한 것이라기보다는 기원전 7세기경부터 지석묘, 붉은간토기, 무늬없는토기 계통의 농경문화를 지니고 한반도 중부지역으로부터 점진적으로 확신되어 내려온 이주민들로 생각됩니다. 이 시기에 고성지방에는 정치적 군장들이 등장한 것으로 보입니다.

그러나 보다 더 강력한 정치체로 발전하는 것은 다른 삼한지역과 마찬가지로 북방에서 내려온 유이민들에 의해서였을 것입니다. 즉 철기문화를 소유한 집단이 남하하여 새로운 사회에서 새로운 문화를

동외동패총 제사유구

창출하는 원동력을 제공하였던 것입니다.

이러한 모습은 남부지방에서 토착적인 무늬없는토기문화단계에서 초기철기문화로 이행하는 과정을 보여주는 삼천포 늑도유적과 해남 군곡리패총 등에서 확인할 수 있는데, 대체로 기원전 2세기 중엽 무렵으로 추측됩니다. 문헌에 보이는 고조선 준왕의 남하 시기와 거의 같은 시기임을 알 수 있습니다.

변진고자미동국의 중심지는 현재의 고성읍과 그 주변 일대로 추정됩니다. 대가면 일대의 지석묘군과 거류면 일대의 지석묘군, 그리고 고성읍 동외동패총 등의 유적이 분포하고 있기 때문입니다. 특히 동외동패총은 변진고자미동국과 직접적으로 관련되는 유적일 것으로 추측하고 있습니다. 이 유적에서 출토된 토기를 보면 삼한시대의 유적임에 틀림없습니다. 그리고 동외동패총이 있는 구릉 정상 및 주변지역에서 확인된 4~5세기대의 주거지와 제사유구는 변진고자미동국 및 그 이후 이

지역에 존재했던 정치집단의 모습을
보여주는 것이라 할 수 있습니다.

그렇다면 변진고자미동국의 성장
기반은 무엇이었을까요? 고성지역의
지리적 특성을 고려한다면 역시 해상
을 통한 교역이 중요한 부분을 차지했
을 것입니다. 그리고 그 교역품은 역
시 철이었을 것으로 추측됩니다. 『삼
국지』위서 동이전에 보이는 변진의
철 생산과 관련된 서술을 보면 그러한
사실을 잘 알 수 있습니다.

이것을 직접적으로 뒷받침해 주는
자료가 동외동패총에서 발견된 넓이
3m×1.5m, 두께 2mm×5mm 정도의 고
대 야철지입니다. 이 유구는 바로 이
지역에서 철 생산이 이루어졌음을 보
여주는 것입니다. 이와 아울러 발견된
한나라 거울, 왜계 유물인 중광형동모
中廣形銅鉾와 유사 야요이식 토기 등은

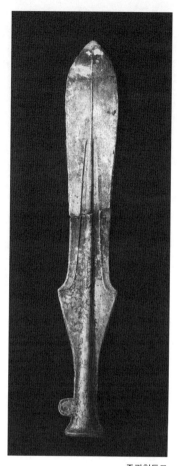

중광형동모

철을 이용한 여러 지역과의 활발한 교역을 증명하고 있습니다.

그런데 가야의 다른 지역과 마찬가지로 고성의 가야세력을 일컫는
국명은 역사서마다 차이가 있습니다. 변진고자미동국이란 국명은 『삼
국지』에만 나오는 명칭이고, 『삼국사기』에는 '고자국古自國' 또는 '고사
포국古史浦國'으로, 『삼국유사』에는 '소가야小伽耶'로, 『일본서기』에는
'구차久嵯', '고차古嵯' 등으로 기록되어 있습니다. 이들 국명들은 서로

어떤 관계가 있을까요?

대체로 변진고자미동국과 고자국은 같은 집단을 일컫는 다른 표기방식으로 보고 있습니다. 즉 변진고자미동국에서 '변진'은 고자미동국을 이루는 종족 이름이고, 고자미동국은 지금의 고성지역에 있었던 당시 정치세력의 이름을 3세기대 중국식으로 표기한 것입니다.

고자국이라는 국명은 12세기 역사서인 『삼국사기』에 보이는 것이지만, 이는 당시 사람들이 사용했던 국명이 고려시대까지 그대로 전해졌을 가능성도 있으며, 중국식 표현인 고자미동국의 우리식 표현으로 볼 수 있습니다. '구차'와 '고차'는 8세기대 일본식 표기방법으로 생각됩니다. 또한 『삼국유사』 오가야조에 보이는 '소가야'라는 국명은 당시 사람들이 자신들을 작은 가야라고 생각했을 이유도 없을뿐더러 'OO가야'라는 형태의 국명은 가야 당시의 이름이 아니라 신라말 고려초에 만들어진 이름으로 추정되므로 가야 당시의 고성지역 국명은 아니었을 것입니다.

한편 『삼국사기』 지리지의 강주康州 고성군조固城郡條에는 "본래 고자군이었는데, 경덕왕대에 이름을 바꾸었다"라고 기록되어 있습니다. 신라가 정복한 땅에 군현을 설치할 때 옛 지명을 중시했다는 점을 감안하면 고성지역의 가야 당시 국명은 '고자국'으로 보는 것이 타당할 것입니다.

고자국의 권역은 시기에 따라 다소 차이가 있겠지만 일차적으로는 고성군이 중심이 되었을 것이며, 세력이 강했을 때는 인근의 사천지역 및 거제, 남해까지 미칠 수 있는 지리적 조건을 가지고 있었습니다. 이 점은 역대 기록에서 고성의 행정권역이 상당히 유동적이었다는 것에서 추정할 수 있습니다. 『삼국사기』 지리지에는 사천지역이 포함되어 있고, 『고려사』 지리지에는 "고려 현종대에는 고성이 거제에 속했다가 충렬왕대에는 남해와 합쳤다"고 기록되어 있는 것을 보면 고성군의 행정구역이 상당히 유동적이고 넓은 권역으로 파악되었음을 알 수 있습니다. 이것은 앞서도 얘기했듯이 고성의 지리적 조건이 바다를 매개로 하여 주변 여러 섬지역과 쉽게 연결될 수 있음을 의미합니다.

남해도의 경우에는 『일본서기』에 문모라섬으로 나오는데, 오랜 기간 고자국의 한 읍락으로 소속되었을 가능성이 있습니다. 왜냐하면 남해도는 거제도와 함께 큰 섬이지만 가야 멸망시기까지 정치적으로 유력한 소국이 존재하지 않았습니다. 『삼국사기』에 의하면 거제와 남해는 각각 문무왕대와 신문왕대에 비로소 군이 설치되고 있기 때문입니다. 그러므로 고자국의 정치, 문화적인 권역은 고성지역을 중심으로 해서 넓게는 통영, 사천, 남해, 거제 등이 포함되며, 시기에 따라 그 범위는 유동적이었을 것입니다.

한편 고자국의 역사에서 매우 중요한 사건으로는 '포상팔국전쟁'이 있습니다. 포상팔국전쟁의 시기와 침공지역에 대해서는 여러 학자들의 다양한 견해가 있어 쉽게 결론을 내릴 수는 없습니다. 그러나 이 전쟁에서 고자국이 주도적 위치에 있었고, 전쟁의 원인이 남해안 해상 교역권 장악이라는 데 있었다는 점에는 대부분 동의하고 있습니다.

고자국이 주도적 위치에 있었다는 것은 어떻게 확인할 수 있을까요? 포상팔국 중 문헌을 통해서 국명을 알 수 있는 곳은 골포, 칠포, 고사포가 있습니다. 골포는 지금의 마산, 칠포는 지금의 칠원, 고사포는 곧 고자국입니다. 아마도 포상팔국 중 이 세 나라가 강한 나라였던 것 같습니다. 그런데 그 가운데서도 고자국이 가장 중심적인 국가였다는 추정은 고고학적 현상에 근거를 두고 있습니다. 즉 고자국만이 송학동 고분군과 같은 고총고분이 존재하고 있을 뿐만 아니라, 주변에는 율대리, 기월리, 연당리고분군 등이 산재하고 있습니다. 물론 포상팔국전쟁

의 시기에 대해서 3세기의 사건으로 보는 견해에 따르면 이 고분군들은
시대가 5~6세기이므로 유력한 증거가 되기는 어렵습니다. 그렇지만
전쟁의 시기를 4~5세기로 본다면 고총고분의 존재는 가야의 유력국임
을 알려주는 증거인 것입니다. 더욱이 고성 동외동패총에서는 3~4세기
대의 유적이 확인되고 있으므로 고성지역 세력의 연속성을 확인할
수 있습니다.

포상팔국의 입장으로서는 안타깝게도 전쟁은 실패로 끝나고 말았습
니다. 교역권을 장악하기 위해 일으킨 전쟁에서 패배함으로써 고자국
은 고대국가로 성장하는 데 중요한 원동력의 하나인 교역권을 상실했
을 뿐만 아니라 보다 더 큰 국가로 성장하려던 꿈이 좌절되었습니다.
그럼에도 불구하고 고자국은 꾸준히 성장하는 모습을 보였습니다.
남해안 교역의 주도권은 잡지 못했다고는 해도 전쟁의 패배로 인한
큰 피해는 입지 않았으며, 자국 주변의 부분적인 교역권은 계속 유지하
고 있었을 것이기 때문입니다. 6세기대에 들어서도 단편적이긴 하지만
『일본서기』에 국명이 보이고 있으며, 송학동고분군과 같은 고총고분
을 축조하였습니다.

고자국은 김해 가락국이 광개토대왕군의 남정으로 쇠퇴한 이후에도
큰 타격을 입지 않고 꾸준한 성장세를 보였습니다. 그 이유는 인근의
안라국과 마찬가지로 광개토대왕군과의 직접적인 전장이 되지 않았으
며, 김해 가락국 쇠퇴 이후에 낙동강 하류지역까지 교역망을 확대할
수 있었기 때문입니다.

한편 소가야식토기 분포범위를 통해 본다면 서남부 가야연맹이라고
불러도 좋을 만한 광역의 문화권이 형성되어 있습니다. 즉 남원 월산리
고분군, 거창 말흘리고분군, 합천 봉계리고분군 및 저포A지구고분군에
서 소가야식 토기가 출토되었으며, 함양 손곡리고분군, 산청 묵곡리·

옥산리고분군에서도 소가야식 토기가 집중적으로 출토되었습니다. 다만 인근 함안지역의 경우에는 지역연맹체가 규모는 작지만 통솔하는 세력이 함안 도항리고분군을 축조한 세력이었다는 것을 분명하게 알수 있지만, 소가야식 토기가 분포하고 있는 지역연맹체는 그들 간에 토기양식이 유사하다는 점은 알 수 있으나, 그 토기양식을 고성-사천식이라고 부르기도 하고, 진주식, 합천지역군 또는 그저 고성식으로 부르기도 하는 등 그 중심지를 알기 어렵다는 점이 문제입니다. 고성, 사천, 진주 어디에도 '이 시기의 대표적인 고분군이 무엇이다'라고 말하기어려운 양상을 보여줍니다. 이것은 향후의 발굴조사 및 연구가 계속진행되어야 해결될 수 있는 문제라고 생각합니다.

최근의 토기양식 연구에 의하면 5세기 후반에는 함안을 중심으로하는 토기문화가 소가야식토기문화권과 단절되고, 대가야양식의 토기문화가 소가야식토기문화권으로 확산되며, 6세기 중반에는 소가야식토기의 분포가 고성, 진주, 사천으로 국한될 정도로 축소되었습니다. 5세기 후반 이후로 고령 가라국이 세력을 확장함에 따라 가야 서남부지역의 국가들이 영향을 받게 되었기 때문입니다.

그렇다면 5세기 후반 이후에 고자국은 어떤 상태였을까요? 고성지방의 5~6세기에 축조된 고분군은 고성읍 송학리·율대리·기월리고분군, 마암면 도전리·석마리·화산리고분군, 대가면 연지리·송계리고분군, 영오면 연당리·오동리·영대리·성곡리고분군, 영현면 성산리고분군, 하일면 학림리·오방리고분군, 거류면 거산리고분군, 동해면 내산리·양촌리고분군, 통영시 광도면 황리고분군 등이 알려져 있는데, 이가운데 가장 큰 것은 송학동고분군입니다. 이 고분군들을 호위하듯고성읍 성내리의 고성성지와 수남리의 남산성지가 근처에 축조되어있으며, 영오면 연화산성·당근산성, 거류면 가려리 거류산성, 동해면

송학동1호분 발굴모습

송학동1호분 발굴모습

장기리 철마산성도 당시의 유적으로 추정됩니다.

이 가운데 고성 송학동 고분군에 대해서 좀더 구체적으로 살펴보겠습니다. 송학동고분군은 고자국의 권역을 대표하는 고분군으로 현재 고성읍 중심지의 북쪽 구릉 위에 위치하고 있습니다. 대소 7기의 고분이 분포하고 있는데, 1호분은 구릉의 가장 높은 곳에, 2호·3호분은 1호분의 서쪽 구릉의 능선상에, 4호·5호분은 구릉자락에, 6호·7호분은 평지에 각각 분포되어 있습니다.

송학동1호분은 분구묘의 축조 원리를 따르고 있어서 일반 봉토분처럼 한 번 축조하고 끝내는 것이 아니라 장기간에 걸쳐 재축조되었습니

306

송학동1B-1호분 돌방 내부

송학동1B-1호분 유물출토상태

송학동1A-6호분 유구노출   송학동1A-3호분 유구노출

송학동고분군 구멍있는 입큰작은항아리

송학동고분군 바리모양그릇받침   송학동고분군 굽다리접시

1
2 | 3
4 | 5

1 송학동고분군 관옥
2 송학동고분군 곡옥
3 송학동고분군 마노제구슬
4 송학동고분군 각종철기
5 송학동고분군 말띠드리개

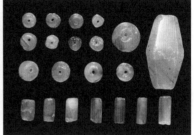

다. 그래서 1A, 1B, 1C의 원형분구가 계속 덧대어지면서 축조되었던
것입니다. 연이은 세 무덤은 전방후원분을 목표로 축조된 분구묘는
아닐지라도 경주의 황남대총과 같은 표형분瓢形墳이나 영산강 유역의
덧대어진 분구묘와 마찬가지로 최종 분구 모양에 대해서는 사전에
계획되어 있었을 것으로 추측됩니다. 이처럼 송학동1호분은 가야지역
에서 일반적으로 채용된 봉토분과는 다른 매장의례의 전통을 보입니
다. 동해면 내산리고분군도 이러한 형식을 따르고 있습니다. 2005년
발굴된 36호분도 분구묘인데, 백제, 신라, 왜와의 교류관계를 보여주는

내산리고분군

내산리34호분

4개의 석곽과 긴목항아리, 뚜껑접시 등 토기류와 관옥, 구슬 등 장신구류도 확인되었습니다.

송학동1호분과 내산리고분 안에서는 신라토기가 출토되었고, 대등한 덧널을 나란히 배치하며, 편년은 6세기 중엽에 가까운 시기에 속한다는 점이 공통된 특징입니다.

한편 1989년 국립진주박물관에서 발굴한 율대리2호분은 직경 22m의 봉토 내에 높이 3m 정도 되는 원형의 분구를 판축板築하여 조성하고, 위에서부터 구덩이를 파고 길이 5.3m의 폭이 좁은 구덩식돌덧널(1호덧널)을 축조한 후 4기의 구덩식돌덧널을 봉토를 파고 추가로 축조한

1 | 2

1 내산리34호분 발걸이
2 내산리34호분 목걸이

여러덧널식[多槨式] 고분이었습니다. 분구가 어느 정도 유실되기는 했지만 영남지방에서 흔한 여러덧널식 돌덧널무덤과는 전혀 다른 방식으로

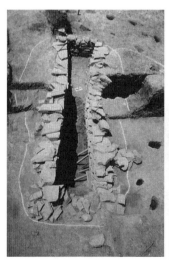

1 | 2

1 율대리1호분
2 율대리2호분1~3호돌덧널

	3
1	4
2	5

1 내산리8호분 영락있는 굽다리긴목항아리
2 내산리8호분 원통모양그릇받침
3 내산리8호분 굽다리접시
4 내산리34호분 장식항아리
5 내산리8호분 구멍있는입큰작은항아리

312

축조된 고분이었습니다.

출토 유물로는 쇠창, 화살촉, 발걸이, 재갈, 낫 등과, 대가야식 토기인 뚜껑있는 긴목항아리, 뚜껑있는 굽다리긴목항아리, 두귀달린 납작밑 접시, 단추모양꼭지뚜껑, 원통모양그릇받침, 그리고 신라 계통의 뚜껑 있는 2단엇갈림장방형투창굽다리접시, 재지在地 계통의 뚜껑있는 2단 엇갈림세장형투창굽다리접시 등이 출토되었습니다. 출토 유물을 보면 고령 가라국의 강한 영향이 느껴지며, 함안지역과의 관련은 전혀 보이 지 않고 신라지역과의 교류를 추측해 볼 수 있습니다. 이러한 현상으로 볼 때 1호덧널은 고령 가라국이 신라와 좋은 관계를 유지하며 가야제국 의 맹주 역할을 하던 520~530년대에 축조된 것으로 추측됩니다. 그렇 다면 6세기 전반에 고자국은 가라국을 중심으로 한 후기가야연맹체와 도 일정한 정치적 관련을 맺고 있는 듯합니다.

문헌기록상으로 볼 때, 544년에 구차 한기, 즉 고자국의 수장이 안라 와 가라 등 7국의 대표들과 함께 사신단을 구성하여 백제에 가서 성왕 과 회담을 하였습니다. 그런데 거의 동일한 성격을 가진 1차 사비회의 가 541년에 이미 열렸는데, 고자국은 참석하지 않았습니다. 이러한 사실로써 가야 내부에서의 고자국의 위치를 가늠할 수 있습니다. 즉 가야의 한 나라로 존재하고는 있었지만 그 내부에서 큰 영향력을 발휘 하는 위치에 있지 않았다는 것을 알 수 있습니다.

두 차례의 사비회의에서 가야 한기들은 안라왕과 가라왕에게 가서 자문해 보고 결정을 내리겠다고 하면서 대답을 미룸으로써 백제 성왕 의 제의를 거절하였습니다. 이는 고자국을 비롯한 가야제국은 규모 면에서 독자적으로 신라나 백제에게 대항할 만한 여력이 없었으므로 연합하여 대외관계 조정에 나섰고, 이들은 당시 실제적으로는 안라국 과 가라국에 종속적으로 연합되어 있었음을 보이는 것입니다.

연당리고분군

연당리18호분 주구

　1991년에 경남대 박물관에서 발굴한 연당리고분군은 고성군 내에서
는 최북단에 위치한 곳인데, 폭이 좁은 장방형 평면의 구덩식돌덧널무
덤 2기와 중앙에 연도가 달린 장방형 평면의 굴식돌방무덤 2기가 조사
되었습니다. 출토유물은 둥근고리자루큰칼, 쇠칼, 화살촉, 쇠창, 낫,
살포, 미늘쇠 등의 철제품과, 뚜껑있는 1단세장형투창굽다리접시, 입
큰긴목항아리, 재지계의 뚜껑있는 2단엇갈림세장형투창굽다리접시,
적갈색도질의 굽다리입큰긴목항아리, 굽다리곧은입항아리, 바리모양
그릇받침, 원통모양그릇받침 등 주로 진주에서 출토되는 토기 형식의

314

연당리18호분 주구 굽다리접시　　　연당리18호분 주구 항아리와 그릇받침

연당리18호분 주구 바리모양그릇받침　　　연당리18호분 주구 원통모양그릇받침

토기가 출토되었습니다. 외래계 토기로는 대가야식 뚜껑있는 긴목항
아리가 나왔습니다. 이 중에서 신라 후기양식의 짧은굽다리접시와
반구형半球形 뚜껑 등이 출토된 굴식돌방무덤인 18호분은 이 지역이
6세기 중엽에 신라에 복속되는 상황을 알려주고 있습니다.

　이제 소가야식 토기양식에 대하여 살펴보겠습니다. 사천·고성 양식
이라고도 하는 토기의 모양은 5세기 후반경에 제작된 뚜껑있는 1단장
방형투창굽다리접시, 입큰긴목항아리, 손잡이잔, 수평구연항아리 등

연당리고분군 각종토기

입니다. 이 토기양식은 5세기 중엽경까지 다른 지역 양식보다도 넓게 분포하다가 대가야 토기양식이 확산되면서 분포범위가 위축되었던 토기양식으로 이해하고 있습니다. 분포지역은 서남부 해안은 물론이고 남강 중상류와 황강 유역까지 확인되고 있습니다. 물론 토기양식의 분포와 정치체의 권역이 반드시 일치하지는 않습니다. 소가야식토기의 분포가 고자국 정치체의 영역과 관련 있는 것은 아닌 것입니다. 다만 고성은 결코 분포의 중심에 있지는 않았으나 고자국의 정치체가 소가야식토기가 분포하는 산청, 합천, 하동, 진주, 사천지역의 정치체와 관계를 맺고 있었다는 점은 분명합니다.

고성지역의 가야왕국인 고자국에 대한 연구성과는 그다지 많지 않습니다. 가장 주된 요인은 역시 문헌자료가 절대적으로 부족하고 고고학적 자료가 충분하지 않다는 점에 있습니다. 그러나 적어도 고자국은 대외교역을 통해 성장했고 지배권력을 유지하기 위하여 대외활동에 큰 비중을 두었으리라는 점은 충분히 짐작할 수 있습니다. 또 5~6세기경 고자국이 중심이 된 이른바 소가야연맹체가 형성되었지만 대가야 중심의 연맹체나 아라가야 중심의 연맹체에 비해서는 연맹체의 구심점이나 권력의 강도면에서 가장 약한 세력이었을 것으로 생각됩니다.

2012년 고성읍 송학동고분군 아래에 고성박물관이 건립되었습니다. 박물관에는 선사시대부터 삼국시대까지의 역사를 고자국의 유적

과 유물을 통해 보여주고 있습니다. 앞으로 박물관의 전시 및 교육, 학술 활동이 활발해지면 고자국의 실체를 보다 명확하게 밝힐 수 있고, 나아가 고대 동아시아 역사에 대한 이해를 심화시킬 수 있는 여건이 마련될 것으로 기대합니다.

16

망국의 한恨, 가야금12곡
가야의 악사 우륵

우륵

우륵은 고구려의 왕산악, 조선시대의 박연과 함께 우리나라 3대 악성의 한 사람으로 추앙받고 있는, 가야가 낳은 음악가입니다. 그러므로 이름이 전하고 있는 가야 최고의 예술가라 할 수 있습니다. 그는 『삼국사기』에 인용된 「신라고기」에 의하면 가야국 성열현省熱縣 사람이라고 기록되어 있는데, 성열현은 지금의 어디인지 확실히 알 수 없습니다. 다만 가야국 가실왕의 명으로 가야금 곡을 만들었다고 한 것으로 보아 당시 가야를 대표하였던 가라국과

가야금(앞)

가야금(뒤)

관련 있는 지명으로 짐작할 뿐입니다.

가야금은 12줄의 현악기로서 오동나무로 만듭니다. 공명관 위에 12줄을 세로로 매고 기러기발을 버티어 세웠는데, 머리 부분은 양羊의 두 귀 모양을 하고 있습니다. 가야금의 모양과 관련된 기록은『삼국사기』권32 잡지雜志1 악樂조에서 확인할 수 있습니다.

가야금은 역시 중국 악부의 쟁을 모범으로 하여 만들었다. 풍속통에서는 "쟁은 진나라 음조이다"고 했고, 석명에서는 "쟁은 줄을 치되 높이하니 소리가 쟁쟁하다"라고 했다. 병주, 양주 2주의 쟁의 모양은 슬과 같다. 부현이 말하기를 "쟁의 위가 둥근 것은 하늘을 본뜸이요, 밑이 평평한 것은 땅을 본뜸이며, 가운데가 비어 있는 것은 천지사방을 본받음이요, 줄을 맨 기둥은 열두 달을 본뜬 것이므로 이것은 어질고 지혜로운 악기이다"고 했으며, 완우는 "쟁의 길이가 6치임은 율려의 수에 응한 것이고, 줄이 12개인 것은 4시를 본뜬 것이며, 줄을 맨 기둥의 높이가 3치인 것은 3재를 본뜬 것이다"라고 했다. 가야금은 비록 쟁의

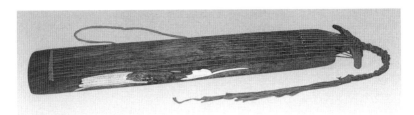

제도와 조금 다르지만, 대개는 그것과 비슷하다.

加耶琴 亦法中國樂部箏而爲之 風俗通曰 箏秦聲也 釋名曰 箏施絃高 箏箏然 幷梁二州箏形如瑟 傅玄曰 上圓 象天 下平 象地 中空 准六合 絃柱 擬十二月 斯乃仁智之器 阮瑀曰 箏長六尺 以應律數 絃有十二 象四時 柱高三寸 象三才 加耶琴雖與箏制度小異 而大槪似之

가야금의 모양은 대개 쟁과 비슷했음을 묘사한 내용입니다. 그런데 우륵이 만든 가야금곡은 우륵의 망명을 계기로 신라에 전해져 크게 유행하였습니다. 그 뒤 다시 일본에도 전해져 '신라금'으로 불리기도 하였습니다. 가야금의 종류에는 풍류와 산조 두 종류가 있는데, 음역이 넓고 발음이 명랑하며 악상이 정확하여 민족성을 잘 드러내는 정서적 악기로 거문고와 쌍벽을 이루고 있습니다.

그렇다면 이 가야금은 누가 만들었을까요? 다음의 기록을 살펴봅시다.

신라 고기에 말하기를 "가야국 가실왕이 중국의 악기를 보고 그것을 만들었는데, 왕은 여러 나라 방언이 각기 다르니 성음을 어찌 통일할 수 있을까?" 하고 이에 악사인 성열현 사람 우륵에게 명하여 12곡을 만들게 하였다. 뒷날 우륵은 나라가 어지러워지자 악기를 가지고 신라

진흥왕에게 투항하니 왕은 그를 받아들여 국원에서 편히 살게 하였다.
羅古記云 加耶國嘉實王 見唐之樂器而造之 王以謂諸國方言各異聲音 豈可一哉
乃命樂師省熱縣人于勒 造十二曲 後于勒以其國將亂 携樂器投新羅眞興王 王受
之 安置國原 『삼국사기』 권32 잡지雜志1 악악조

진흥왕 12년 3월 왕이 국내를 순행할 때 하루는 낭성에 이르렀는데
우륵과 그 제자 니문이 음악에 능하다는 말을 듣고는 특별히 그들을
불렀다. 왕은 하림궁에 머물며 그들로 하여금 음악을 연주하게 하니
그들은 각각 새로운 노래를 지어 연주하였다.
이보다 앞서 가야국의 가실왕이 12현금을 만들었는데 그것은 열두
달의 음률을 본뜬 것이었다. 우륵에게 명하여 그 악곡을 짓게 했는데,
그 나라가 어지러워지자 악기를 가지고 우리에게 의탁해 왔다. 그
악기의 이름은 가야금이다.
三月 王巡守 次娘城 聞于勒及其弟子尼文知音樂 特喚之 王駐河臨宮 令奏其樂
二人各製新歌奏之 先是 加耶國嘉悉王 製十二弦琴 以象十二月之律 乃命于勒製
其曲 及其國亂 操樂器投我 其樂名加耶琴 『삼국사기』 신라본기 진흥왕 12년조

금곡 : 가야국 가실왕의 악사 우륵이 중국의 진쟁을 본떠서 거문고를
만들어 가야금이라고 불렀다. 현의 북쪽 3리에 있는 땅이름에 금곡이
있으니, 세상에서 전하기를, "우륵이 공인을 거느리고 거문고를 익힌
곳이다"라고 한다. 혹은 말하기를, "이 거문고는 김해의 가야국에서
나왔다"고도 하나 김해가야의 역대 왕 중에 가실왕이라 일컫는 왕이
없었으니, 아마 여기서 나왔다는 것이 옳을 것이다.
琴谷 伽倻國嘉悉王 樂師于勒 象中國秦箏 而製琴號伽倻琴 縣北三里有地名琴谷
世傳勒率工人 肆琴之地域云 此琴出於金海之伽倻國 但金海伽倻世代無稱嘉悉

王者 恐出於此爲是 『신증동국여지승람』 권29 고령현 고적조

위의 기록으로 보아 가야금은 가야국의 가실왕이 만들었다는 것을 알 수 있습니다. 그러나 『신증동국여지승람』의 기록처럼 악사였던 우륵이 가야금을 만들었을 가능성도 큽니다. 어쨌든 위의 기록을 통하여 몇 가지 사실을 알 수 있습니다.

먼저 가야금 12줄은 열두 달의 음률을 본떴고, 12곡으로 만든 것은 가야 각 지역의 말이 달라 이들 고유음악을 바탕으로 했기 때문이라고 합니다. 여기에서 당시 가야가 12지역으로 나누어 있었음을 알 수 있는데, 굳이 12곡으로 한 것은 가야금 12줄과도 관련이 있을 것으로 짐작됩니다.

둘째, 가야금이 김해에서 나왔다는 설이 『동국여지승람』에 전하고 있는 점입니다. 가야금의 기원과 직접적인 관련이 있는 것이 우륵의 출신지인 '성열현'의 위치인데, 이 위치에 대한 해석이 분분하므로 쉽게 결론 지을 수는 없지만 크게는 의령군 부림면이라는 설과 거창군 가조면이라는 설이 있어 김해지역과는 거리가 있습니다.

'성열현'은 『삼국사기』 지리지에는 나오지 않는 지명으로 오직 악지에만 전하며, 김유신 열전에는 성열성이 나옵니다. 안타깝게도 성열현의 위치는 알 수 없으나 우륵과 가야금 및 12곡이 김해에서 나왔다는 주장의 배경은 가야사를 김해 위주로 인식한 전통적인 해석과 직접적인 관련이 있을 것입니다.

셋째, 가야금의 창안에 영향을 준 우리의 고유악기 혹은 중국악기의 전래 문제입니다. 가야금은 중국악기를 참조하여 만든 것으로 전하고는 있으나, 여기서는 진한辰韓의 슬瑟과 중국 쟁箏과의 관련성을 주목해 볼 필요가 있습니다.

금

『삼국지』위서 동이전 변진조에는 "풍속에 노래 하고 춤추며 술 마시는 것 을 좋아한다. 슬瑟이 있는 데, 그 형태가 축筑과 비슷 하여 연주하고 또한 소리 내는 곡조도 있다"라고 기 록되어 있습니다. 이처럼

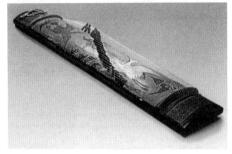

슬

1~3세기 변진시대의 기록에서 슬은 가무를 위해 반주한 악기로 추측되 는데, 이는 변진사회의 악이 단순히 장단에 의거하여 행해지는 원시적 인 형태가 아니라, 소리의 고저와 리듬이 함께 있었고, 이것을 슬이라는 악기로 표현하고 있었다는 것을 의미합니다. 중국의 축은 여러 기록이 일치하지는 않지만 대체로 그 형태가 슬 혹은 쟁과 같으나 죽竹으로 치는데, 5현으로 된 작은 것부터 12현, 21현과 같은 종류도 있었다고 합니다. 또 동남아시아의 죽통금과 관련이 있는 것으로 보기도 합니다.

　따라서『삼국지』기록만으로는 어떠한 형태의 축과 비교했는지 알 수 없습니다. 다행히 우리나라의 고고자료 중 가야금의 전신으로 볼 수 있는 악기가 있는데, 광주 신창동유적에서 출토된 십현금이나 경산 임당동유적에서 출토된 악기가 초기 가야금 형태가 아닌가 추정됩니 다. 이와 비슷한 악기는 몇몇 신라 토우에도 나타납니다. 또한 일본

1 경산 임당동유적 악기
2 광주 신창동유적 십현금
3 복원 십현금

사이타마埼玉 현 이나리야마稻荷山 고분 출토 하니와에 표현되어 있는 악기는 횡으로 무릎에 얹어 연주하는 모습을 하고 있습니다. 아마 변진의 슬이라는 악기도 걸터 앉아 연주했을 경우 이와 같은 자세였을 것으로 추정됩니다.

결국 가야금은 슬, 축, 쟁 등과 유사한 형태를 띠고 있음을 알 수 있는데, "진한의 슬은 곧 가야금이다"(한치윤), "가야금은 옛날의 슬의 이름을 고친 것이다"(이규경)라는 견해가 있는 것으로 보아 가야금의 기원을 변진시대의 전통적인 악기에서 찾고 있음을 알 수 있습니다.

1 토우장식긴목항아리
2 금동용봉봉래산향로 금을 연주하는 승려
3 금을 연주하는 토우
4 금을 연주하는 토우
5 신라토우 금

  가야금 곡조는 우륵이 만든 12곡과 그의 제자 니문泥文이 만든 3곡이
전합니다. 특히 12곡명 가운데 다수는 가야의 지명에서 따온 것인데,
관련 자료를 살펴보면 다음과 같습니다.

  우륵이 지은 12곡은 1. 하가라도 2. 상가라도 3. 보기 4. 달이 5. 사물
6. 물혜 7. 하기물 8. 사자기 9. 거열 10. 사팔혜 11. 이사 12. 상기물이다.

니문이 지은 3곡은 1. 까마귀 2. 쥐 3. 메추리이다.

于勒所製十二曲 一曰下加羅郡 二曰上加羅郡 三曰寶伎 四曰達已 五曰思勿 六曰

勿慧 七曰下奇物 八曰師子伎 九曰居烈 十曰沙八兮 十一曰爾赦 十二曰上奇物

泥文所製三曲 一曰烏 二曰鼠 三曰鶉(赦字未詳) 『삼국사기』 권32 잡지雜志1 악樂조

　　가야금 곡조에 대해서는 대다수 연구자들이 당시의 가야제국의 국명
과 관련지어 보려고 하는데, 특히 일본학자인 다나카 도시아키田中俊明
교수는 이 나라들이 대가야연맹에 소속된 소국이었다고 해석하고 우륵
12곡을 통하여 대가야연맹을 분석하기도 하였습니다. 모든 곡을 대가
야연맹 소속의 국명으로 해석하기에는 어려움이 있으나 가야 후기의
연맹체를 설명하는 데 큰 영향을 미쳤다고 평가할 수 있습니다.

　　그럼 여러 학자들은 우륵12곡의 곡명을 어떻게 분석하고 있는지
살펴보도록 하겠습니다.

　　먼저 상가라도에 대해서는 대가야의 도읍이었던 고령이라고 보는
것에 모두 동의하고 있습니다. 그러나 하가라도에 대해서는 가장 다양
한 의견이 제기되고 있는데, 크게는 김해설과 합천설로 나뉘어 있습니
다. 홍익대 김태식 교수는 가야연맹을 형성했던 국가들 가운데 '가라'라
는 이름을 실제로 사용한 나라는 김해와 고령 두 가야국밖에 없으며,
『일본서기』에 김해를 '남가야' 또는 '남가라'로 표기한 것이 보이고,
대가야 시조신화에서도 김해세력의 조상인 수로왕에게 형제관계로
설정해 준 것으로 보아 '하가라도'는 김해 남가라국의 음악이었다고
추정합니다.

　　그러나 많은 연구자들이 주목한 곳은 합천입니다. 다나카 도시아키
교수는 하가라도를 합천의 다라국多羅國으로 보았습니다. 즉 '도都'라는
것은 도읍, 즉 연맹의 중심지를 지칭하는 것이기 때문에 옥전고분군으

로 대표될 수 있는 합천을 대가야연맹체의 2대 중심지로 간주하였던 것입니다.

부산대 백승충 교수는 하가라도의 지명을 추정할 수 있는 전제조건으로 가라의 용례가 김해·고령뿐이라는 점, 범대가야세력권 내에 위치해야 한다는 점, 악곡의 제작시기가 6세기 전반이라고 할 때 상가라도인 고령과 정치적으로 밀접한 관계에 있어야 한다는 점 등을 종합해 보면 당시 김해는 신라와 밀착되어 있는 상태였으므로 하가라도일 수 없다고 보았습니다. 보다 더 구체적으로는 『일본서기』 긴메이기 2년(541)과 5년(544)조에 보이는 회의에 참석한 나라들의 대표자들의 칭호를 보면 가라국, 안라국, 다라국만이 신하인 상수위, 이수위 또는 상한기, 하한기 등을 보내고 있습니다. 나머지 나라들은 국의 수장이 직접 가거나 수장의 아들이 갔다는 점에서도 가라국, 안라국, 다라국의 위상이 다른 나라들보다 높았음을 알 수 있습니다. 그런데 이때 다라국은 고령 가라국과 함께 '수위'라는 칭호를 공통적으로 쓰고 있습니다. 또한 합천 저포리E지구 4호분에서 출토된 '하부사리리명下部思利利銘' 짧은목항아리의 '하부'는 '하가라도'와 직접 관련이 되며 530년대 이전의 고령과 합천지역의 정치적 결속관계를 나타내는 것으로 추론할 수 있어 '하가라도'는 고령 가라국과 정치적으로 밀접한 관계에 있었던 지역으로서 고령 지산동, 합천 옥전·저포유적의 상관관계를 참고해 볼 때 그 위치는 다라국의 중심지로 추정되는 옥전고분군 부근으로 추정하였습니다.

계명대 노중국 교수도 옥전고분군을 발굴한 결과 대가야와 깊은 관련성을 갖는 유물이 출토되고 있고, 하가라도라는 곡명이 대가야권 내의 지역과 관련을 갖는다는 측면에서 미루어 볼 때 합천으로 비정하는 것이 타당하다는 견해를 제시하였습니다.

해양수산부 이형기 선생도 6세기 전반경 완전히 신라에 병합되지는 않았다 하더라도 실질적으로는 거의 멸망 상태였던 김해지역을 하가라 도로 비정하는 것은 무리가 있다고 보았습니다. 아울러 우륵12곡은 가실왕이 각각 나라들이 서로 말이 다름을 탄식하면서 이를 극복하기 위해 짓게 되었음을 볼 때 분명한 목적을 갖고 곡을 지었으며, 거의 몰락한 김해지역을 포함하지는 않았을 것으로 추정하였습니다. 그러면서 합천지역의 고고자료로 볼 때 옥전고분군이 분포하고 있는 쌍책 지역은 이미 다라국이 위치한 지역이므로 구분되어야 하며, 교통의 요지로서 봉계리고분군, 창리고분군, 저포리고분군 등의 고고유적을 남기고 있는 합천군 봉산지역이 하가라도의 위치일 것으로 비정하였습니다. 비교적 풍부한 고고자료가 출토되는 것으로 볼 때 합천 봉산지역은 일정 수준 이상의 정치체가 존재했을 것으로 보이기 때문입니다.

세 번째 보기와 여덟 번째 사자기는 각각 금환金丸과 관련된 기악, 산예狻猊와 관련된 기악으로 보고 있습니다.

네 번째 달이는 '대사帶沙'로 보아 하동읍으로 비정하고 있는데, 일단 대사가 하동지역이었는가에 대한 검토가 충분히 이루어져야 합니다. 이곳에서 대가야 관련 유물이 거의 출토되고 있지 않다는 사실이 중요합니다.

다섯 번째 사물은 포상팔국전쟁과 관련하여 기록에 보이는 사물국과 이름이 같습니다. 그래서 지금의 경남 사천으로 보는 것에 다른 의견이 없습니다.

여섯 번째 물혜는 무안, 함양, 군위, 고성군 상리면 등 각각 다양한 견해가 제시되어 현재까지 공통된 견해가 없는 실정입니다.

일곱 번째 하기물은 열두 번째 상기물과 함께 하기문, 상기문으로 보아 남원 일대로 비정하고 있습니다.

아홉 번째 거열은 진주 혹은 거창으로 보는데, 이 두 지역은 신라의 거열주에 속해 있었습니다. 뒤에 진주가 청주로 분화된 것으로 보아 원래의 거열군이었던 거창으로 보는 것이 더 타당하지 않을까 생각됩니다.

　　열 번째 사팔혜는 초팔혜草八兮로 보아 합천의 초계지역으로 비정하고 있습니다. 그러나 하가라도로 추정하는 합천 쌍책과 초계를 분리해서 보는 것은 문제가 있습니다. 5km 이내의 거리를 두고 떨어져 있는 지역을 서로 다른 권역으로 해석하여 이곳에 2개의 소국이 있었다고 보기는 어렵기 때문입니다. 이형기 선생은 사팔혜를 산반해散半奚로 보고 그 위치를 의령군 부림면 일대로 추정하고 있습니다. 물론 이러한 해석은 『삼국사기』에 보이는 '초팔혜'가 초계현의 원래 이름이라는 사실을 부정할 수 있어야 합니다. 한편 대구한의대 김세기 교수는 쌍책면에서 합천읍까지의 18km, 쌍책면에서 의령 부림면까지의 15km는 황강하류수계와 초계분지 등 평야지역을 공유하는 다라국의 국가 영역으로 보고 있습니다.

　　열한 번째 이사에 대해서는 대부분의 연구자가 알 수 없다고 하였으나 다나카 도시아키 교수는 사이기로 보아서 의령 부림면에 비정하였습니다. 그러나 사이기는 삼기三岐, 즉 현재 삼가고분군이 위치하고 있는 합천 삼가면 일대일 가능성도 배제할 수 없으므로 이사를 합천 삼가로 볼 수도 있습니다.

　　지금까지 열거된 우륵12곡의 위치를 살펴보면 사물의 경우 대가야가 사천까지 진출하지 않았는데도 곡명에 포함되어 있다는 점에 주목해 보아야 합니다. 즉 대가야의 영향권이 미치지 않은 곳까지 가야금 곡조에 포함되어 있다는 것입니다. 이것은 우륵12곡을 제작하였던 이유 가운데 대가야가 가야제국을 통합하려는 의도가 포함되어 있었음을 짐작케 합니다.

사실 우륵은 생몰연대도 불명확하고, 관련 사료도 적기 때문에 12곡의 제작시기와 관련해서는 가실왕 때라는 사실 이외에는 거의 알 수 없습니다. 『동국여지승람』에 가야금의 유래에 대한 이설異說이 전하기는 하지만, 가실왕이 고령 가라국의 왕임은 의심의 여지가 없습니다. 그러나 김해 가락국과는 달리 고령 가라국의 세계世系는 전하는 것이 없기 때문에 가실왕이 어느 때 인물인지 알 수 없습니다.

연구자들 가운데는 가실왕을 『남제서南齊書』에 전하는 가라국왕 '하지荷知'와 동일 인물로 보기도 하고, 또는 김해 가락국의 취희왕吹希王의 다른 이름인 질가왕吡嘉王을 참고하여 양자가 동일 인물일 가능성이 있음을 지적하기도 하였습니다. '하지'가 왕의 명칭이 아니라 '대신지大臣智'를 뜻하는 보통명사라는 의문점도 나왔지만, 가라국왕인 하지가 곧 가실왕을 일컫는다고 보는 것이 일반적입니다.

그러나 우륵12곡을 만든 시기는 이 악곡을 만든 동기와 밀접한 관련을 가지고 있기 때문에 그 동기를 밝히는 것이 무엇보다도 중요합니다. 본래 고대사회에서 음악이 차지하는 비중은 매우 컸습니다. 삼한사회만 하더라도 농경축제를 통해 공동체의식을 고취시켜 일반 민이 서로 결속할 수 있도록 하였는데, 이때 등장하는 것이 바로 노래와 춤이었습니다.

이것은 이후 마치 사회사상이 전 사회를 지배한 것과 마찬가지의 이치입니다. 특히 유교적 정치이념이 도입된 이후에는 음악 자체가 하나의 통치행위로서 받아들여질 정도였습니다. 구체적으로는 음악을 통하여 전제왕권을 강화하고 호국정신을 고양시켰는데, '유교경적사상儒敎經籍思想'인 예악禮樂으로서 나라를 다스리는 하나의 방편으로 삼았던 것입니다.

고대 음악이 가진 이 같은 특성은, 신라의 경우 『삼국유사』에 전하는 만파식적설화萬波息笛說話를 비롯하여 백성을 편안하게 하기 위해 만든 충담사忠談師의 안민가安民歌, 왕을 도와 나라를 다스리려는 뜻으로 요원랑, 예흔랑 등의 화랑이 경문왕때 지었다는 현금포곡玄琴抱曲, 대도곡大道曲, 문군곡問群曲, 대중교화를 위한 승려들의 가무나 정토신앙·관음신앙, 융천사融天師의 혜성가, 월명사月明師의 도솔가 등에서도 잘 드러나고 있습니다.

사실 가야금을 만든 사람은 우륵일 가능성이 높음에도 불구하고 가실왕이 만든 것으로 기술하고 있는 것도 음악이 가진 이 같은 성격과 관련지어 볼 때 왕권의 위상을 높이고 치국治國의 의지를 강조하고자 하는 의미로 받아들일 수 있는 것입니다. 즉 가실왕 때 가야금을 만들었다고 하는 것은 음악 내지 악기가 가지는 상징적 의미 즉 '치국적 의미'가 있었다는 것으로 해석할 수 있습니다.

이렇게 본다면 신라 진흥왕이 낭성娘城에서 우륵 및 그 제자에게 음악을 연주하게 한 것도 고구려와의 전투를 앞두고 예악사상에 입각한 호국적 정치이념의 표방과 관련 지을 수 있습니다. 또한 통일전쟁이 한창이던 문무왕 8년 10월에 왕이 충주에 들러 가야춤을 보고 기뻐했다는 기록도 단순한 유희가 아닌 호국정신의 고취인 것으로 볼 수 있을 것입니다.

그런데 만파식적설화의 경우, 평소 호국의 큰 용이 되어 국가를 수호하기를 염원했던 문무왕, 왜병 퇴치와 밀접한 관련을 가진 감은사의 창건, 삼국통일의 주역 김유신 등의 구성 요소를 가지고 있기 때문에 전체적으로는 당대의 정치적 현실과 깊은 관련을 갖고 있는 것이라 할 수 있습니다. 가야금 및 12곡의 제작도 같은 맥락에서 이해해도 큰 무리가 없다고 생각되는데, 당시 가야사회에서 이러한 일들이 필요했던 이유는 무엇이었을까요?

우륵12곡이 포괄하는 가야의 범위는 낙동강 중류(고령·합천·초계·삼가·의령 등), 서부 경남해안(고성·사천 등), 서부 경남내륙(진주·거창 등), 섬진강 유역(남원·하동 등)에 걸쳐 있습니다. 만약 우륵12곡이 이와 같은 범위를 가진 대가야연맹체의 정치세력권을 전제로 하여 작성된 것이라면, 어느 시기의 상황을 나타내는 것일까요? 이것이 대가야연맹체 최대판도를 나타내는 것일 수도 있고, 아니면 12곡을 지을 당시의 판도를 기준으로 했을 수도 있습니다. 그러나 악곡이 가지는 치국적·호국적 의미를 염두에 둔다면, 가야의 정치 상황에서 이 악곡을 필요로 했던 시기가 언제인가 하는 점이 중요한 것입니다. 이와 관련하여 6세기 전반 가야의 국가적 위기 상황이 주목됩니다.

사실 대가야연맹체는 백제와 신라로부터의 지속적인 위협 상황에 직면해 있었습니다. 그런데 신라로부터 위협을 받은 것은 524~532년 사이인데, 당시의 가라왕은 이뇌왕이므로 시기적으로 타당하지 않습니다. 또한 12곡 가운데 신라와 가까운 함안과 김해에 비정되는 곳이 없기 때문에 12곡의 제작 동기와 신라의 위협은 직접적인 관련이 없는 것으로 추정됩니다. 따라서 제작 동기와 관련해서는 백제로부터의 위협이 직접적인 원인이었던 것 같습니다. 백제의 가라 잠식과 관련하여 주목되는 것이 『일본서기』에 전하는 기문己汶·대사帶沙가 위협 받던 시기(513~529년)인데, 좀더 좁혀 본다면 기문 상실에서 대사 상실 때까지의 수성기입니다(516~529년). 즉 기문을 상실한 후 대가야연맹체는 성을 쌓으면서 본격적인 수성 작업을 진행시키고 있어, 이 시기가 바로 악곡이 가지는 호국적 성격과 잘 부합되고 있습니다.

결국 우륵12곡의 성립 연대를 520년대 전후로 볼 때, 6세기 전반 남부지역의 세력권 편제상 가야지역에 대한 백제의 진출이 어느 정도 진행된 시점을 반영하는 것입니다. 따라서 12곡을 만든 목적은 이같은 백제의 가야 영토 잠식에 대하여 대가야연맹체의 결속을 강화하고자 하는 정치적 의도가 깔려 있었던 것입니다.

악사 우륵은 551년(진흥왕 12) 이전에 신라로 망명하였던 것 같습니다. 이 무렵 가라국은 지배세력 내부에 알력이 있었던 것으로 보입니다. 즉 가라국의 존립을 위한 외교노선의 차이로 친백제파와 친신라파로 분열되었는데, 529년 신라와 결혼동맹을 맺고 주도권을 잡았던 친신라파는 동맹 파기로 남가라가 신라에 병합되는 일련의 사태가 야기되어 결국 권력다툼에서 친백제파에 밀려나게 되었습니다. 이 때문에 친신라파의 일부는 국내에 있을 수 없는 상황이 전개되면서 신라로 망명하게 되었을 것입니다. 가실왕의 총애를 받았던 우륵도 그 가운데 한 사람으로 추정됩니다.

진흥왕은 국원國原, 즉 충주에 거처를 마련해주고 주지, 계고, 만덕 세 사람을 보내어 우륵의 음악을 전수받게 하였습니다. 관련된 기록을 살펴보도록 하겠습니다.

이에 대내마 주지, 계고와 대사 만덕을 보내어 그 업을 이어받게 하였다. 세 사람이 이미 11곡을 전해받자 서로 말했다. "이것은 번거롭고 또 음란하여 단아하고 바르지 못하다"고 하면서 마침내 줄여서 5곡으로 만들었다. 우륵은 처음에 그 말을 듣고 노했으나 그 다섯 종류의 음곡을 듣자, 눈물을 흘리며 탄식하여 말하기를, "즐거우면서도 절제가 있고, 슬프면서도 비통스럽지 않으니 정악이라 이를 만하다. 그대들이 임금 앞에서 연주하라."

왕은 이 곡조를 듣고 크게 기뻐했는데, 간하는 신하가 의견을 드렸다. "가야 망국의 음악은 취할 것이 못 됩니다." 왕은 "가야왕은 음란하여

스스로 멸망한 것이지 음악이 무슨 죄가 될 것인가? 대개 성인이 음악을
제정함에 인정에 인하여 법도를 따르게 했으니 나라가 다스려지고
어지러워지는 것은 음조에 따르지 않는다"고 하며 드디어 이를 행하게
하여 대악으로 삼았다. 가야금에는 2조가 있으니 첫째가 하임조이고,
둘째가 눈죽조이다. 모두 185곡이다.

乃遣大奈麻注知 階古 大舍萬德 傳其業 三人旣傳十一曲 相謂曰 此繁且淫 不可以
爲雅正 遂約爲五曲 于勒始聞焉而怒 及聽其五種之音 流淚嘆曰 樂而不流 哀而不
悲 可謂正也 爾其奏之王前 王聞之大悅 諫臣獻議 加耶亡國之音 不足取也 王曰
加耶王淫亂自滅 樂何罪乎 蓋聖人制樂 緣人情以爲樽節 國之理亂 不由音調 遂行
之 以爲大樂 加耶琴有二調 一河臨調 二嫩竹調 共一百八十五曲 『삼국사기』 권32
잡지雜志1 악樂조

왕은 계고, 법지, 만덕 등 세 사람에게 명하여 음악을 우륵에게 배우게
했다. 우륵은 이 세 사람의 재주를 헤아려, 계고에게는 가야금, 법지에
게는 노래, 만덕에게는 춤을 각각 가르쳐 주었다. 수업을 마치자 왕이
명하여 그들에게 연주하게 하였는데, "전에 낭성에서 듣던 음악과 조금
도 다름이 없다" 하고 그들에게 후한 상을 내렸다.

王命階古 法知 萬德三人 學樂於于勒 干勒量其人之所能 敎階古以琴 敎法知以歌
敎萬德以舞 業成 王命奏之 曰與前娘城之音無異 厚賞焉 『삼국사기』 권4 신라본기4
진흥왕 13년조

『삼국사기』 악조의 내용이 본기의 내용보다는 훨씬 상세합니다.
또 우륵에게 가야금을 전수 받도록 보낸 세 사람 중 한 사람의 이름이
다르게 표기되어 있습니다. 즉 악조에는 주지로, 본기에는 법지로 나오
는데, 인명 표기의 차이는 그다지 중요하지 않습니다. 위 내용 중 우륵

의 곡을 5곡으로 줄여 만들었다는 것은 신라인들에 의해 그들의 기호에 맞도록 개작되었음을 의미하며, 진흥왕이 우륵을 지원하고 그 음악을 즐기자 간언하는 신하가 망국의 음악을 즐기는 것을 경계하였지만 오히려 왕은 성인이 음악을 제정한 것은 법도에 따른 것이라 하여 물리쳤으며 마침내 대악으로 삼았다고 합니다. 아마도 신라인의 구미에 맞도록 개작되었기 때문에 대악으로 인정 받을 수 있었을 것입니다. 이러한 수용과정을 거쳐서 가야금은 6세기 중반경 신라 땅에 뿌리를 내리게 되었고 후에 신라 음악 발전에 기여할 수 있었던 것입니다.

『충주읍지』에 의하면 우륵은 탄금대에서 가야금 곡조를 보급하는데 전념하였다고 전하며 그 말년에 대해서는 알 수 없다고 하였습니다. 다만 가야금 곡조에 이끌려 모여든 사람들이 부근에 마을을 형성하니 이것이 칠곡리, 금뇌리, 청금리 등으로 마을 이름이 오늘날까지 전하고 있어 우륵의 음악이 갖는 위대함을 잘 보여주고 있습니다.

17

경남 서남부지역에 있었던 가야왕국

임나 7국

기록에 전하는 것으로만 본다면 경남 서남부지역에는 김해 가락국이
나 고령 가라국과 같은 큰 가야세력이 없었습니다. 그러나 현재 남강가
와 남해안 일대에는 크고 작은 수많은 가야 고분군이 흩어져 있습니다.
과연 이들 고분군의 주인공은 누구였을까요?

이들 고분에서 발견되는 가장 큰 특징은 토기 형식에 공통성이 있다
는 점입니다. 즉 산청, 진주, 고성, 사천, 하동, 의령, 합천 삼가 일대의
가야 고분에서는 1단의 긴네모꼴 굽구멍이 있는 일단장방형투창굽다
리접시[一段長方形透窓高杯], 엇갈리게 뚫려 있는 2단의 굽구멍이 있는 이
단엇갈림투창굽다리접시[二段交互透窓高杯], 삼각형 굽구멍이 있는 삼각
투창굽다리접시[三角透窓高杯], 수평을 이루는 구연을 가진 수평구연항아
리[水平口緣壺], 입큰항아리[廣口壺], 수평을 이루는 구연을 가진 수평구연
바리모양그릇받침[水平口緣鉢形器臺], 컵형토기 등으로 구성된 토기가 공
통적으로 출토되고 있습니다.

이들 토기는 진주·고성식토기라 불리기도 하고, 서남부가야토기 또

서남부가야토기

는 소가야식토기 등으로 불리면서 경남 서남부지역을 하나의 문화권으로 묶는 기준이 되고 있으며, 아울러 토기문화의 공통성을 바탕으로 고령 가라국, 함안 안라국, 합천 다라국과는 구별되는 가야의 정치체가 이 지역에 형성되었던 것으로 파악하고 있습니다.

그렇다면 과연 이 지역에는 가야제국 가운데 어떤 나라들이 있었을까요? 이 지역들 중에서 고성은 『삼국사기』에는 고사포, 『삼국유사』에는 고자국으로 전하고 있습니다. 사천도 『삼국유사』에 사물국으로 표현되어 있습니다. 그 외에는 우륵12곡의 곡명에서 이 지역에 존재했던 가야 각국의 국명을 찾아볼 수 있습니다.

즉 우륵12곡의 곡명 가운데 '보기'와 '사자기'를 제외하고는 가야의 국명을 나타내는 것으로 보는 견해가 일반적인데, 이 곡명이 포괄하는 범위는 낙동강 중류, 서부경남해안, 서부경남내륙, 섬진강 유역에 걸쳐 있는 것으로 봅니다.

하가라도는 합천, 상가라도는 고령, 달이는 하동, 사물은 사천, 물혜는 함양 혹은 고성, 하기물과 상기물은 남원, 거열은 진주와 거창, 사팔혜는 의령 부림, 이사는 합천 삼가 등으로 추정해 볼 수 있으므로 경남 서남부지역에 해당하는 지역은 하동, 사천, 고성, 진주, 의령, 합천 삼가지역입니다. 그런데 우륵12곡은 고령 가라국을 중심으로 한 대가야연맹체가 실제로 영향력을 미쳤던 정치세력권을 나타낸 것은 아닙니다. 왜냐하면 사천지역은 대가야의 영향이 미치지 않는 지역이었기 때문입니다. 이처럼 경남 서남부지역에는 대가야 권역 밖의 가야 소국들이 존재했으므로 우륵12곡의 곡명만으로는 경남 서남부지역의 가야 소국을 모두 파악하는 데 어려움이 있습니다.

다행히 『일본서기』의 기록에서 경남 서남부지역 가야 소국의 국명을 찾아볼 수 있습니다.

여름 4월 안라의 차한기 이탄해, 대불손, 구취유리 등과 가라의 상수위 고전해, 졸마의 한기, 산반해 한기의 아들, 다라의 하한기 이타, 사이기 한기의 아들, 자타의 한기 등이 임나일본부 기비노오미와 백제에 가서 같이 칙서를 들었다.

夏四月 安羅次旱岐 夷呑奚·大不孫·久取柔利 加羅上首位 古殿奚 卒麻旱岐 散半奚旱岐兒 多羅下旱岐 夷他 斯二岐旱岐兒 子他旱岐等 與任那日本府 吉備臣 往赴百濟 俱聽詔書 『일본서기』 권19 긴메이기 2년 4월

일본의 기비노오미, 안라의 하한기 대불손과 구취유리, 가라의 상수위 고전해, 사이기군과 산반해군의 아들, 다라의 이수위 흘건지, 자타의 한기, 구차의 한기가 백제에 갔다.

日本吉備臣 安羅下旱岐 大不孫·久取柔利 加羅上首位 古殿奚·卒麻君 斯二岐君 散半奚君兒 多羅二首位 訖乾智 子他旱岐 久嗟旱岐 仍赴百濟 『일본서기』 권19 긴메이기 5년 11월

신라가 임나의 관가를 쳐서 없앴다(일서에 말하기를 21년에 임나가 멸망하였다고 한다. 통틀어 임나라 하고, 세분해서는 가라국, 안라국,

사이기국, 다라국, 졸마국, 고차국, 자타국, 산반하국, 걸손국, 임례국 합해서 10국이다).

新羅打滅任那官家(一本云 二十一年 任那滅焉 總言任那 別言加羅國·安羅國·斯二岐國·多羅國·卒麻國·古嗟國·子他國·散半下國·乞湌國·稔禮國 合十國) 『일본서기』권19 긴메이기 23년 정월

이 기록에서 백제 성왕의 임나복권회의 때 사비에 모였던 가야제국의 국명과 신라에 멸망할 당시 가야의 국명을 알 수 있습니다. 이 기록과 함께 『일본서기』에 전하는 가야 국명과 『삼국사기』에 전하는 가야 국명 등을 종합해서 정리해 보면 다음과 같습니다.

① 가라국=대가야 : 경북 고령군 고령읍
② 안라국=아라가야 : 경남 함안군 가야읍
③ 사이기국 : 경남 합천군 삼가면
④ 다라국 : 경남 합천군 쌍책면
⑤ 졸마국 : 경남 함양군 함양읍
⑥ 고차국=고자국 : 경남 고성군 고성읍
⑦ 자타국=자탄 : 경남 진주시
⑧ 산반하국=사팔혜 : 경남 의령군 부림면
⑨ 걸손국 : 경남 산청군 단성면
⑩ 임례국 : 경남 의령군 의령읍
⑪ 탁기탄국=마수비 : 경남 창녕군 영산면
⑫ 남가라국=금관국=금관가야 : 경남 김해시
⑬ 탁순국 : 경남 창원시
⑭ 대사국=상·하다리=달이 : 경남 하동군

⑮ 기문국=상·하기물 : 전북 남원시, 장수군 번암면, 임실군 임실읍
⑯ 사타 : 전남 순천시
⑰ 모루 : 전남 광양시
⑱ 사물 : 경남 사천시 사천읍
⑲ 거열 : 경남 거창군 거창읍

이들 국명 가운데 경남 서남부지역의 국가는 사이기국, 졸마국, 고차국, 자타국, 산반하국, 걸손국, 임례국, 대사국, 기문국, 사물, 거열 등입니다. 바로 이 지역들이 동일한 토기문화를 바탕으로 하나의 정치체를 구성하였던 것입니다. 특히 이들 중에서 중심지역은 남강 유역의 산청·진주와 남해안의 고성이었는데, 이 지역에서 형성된 가야의 정치체를 서남부가야연맹체 또는 소가야연맹체 등으로 부르고 있습니다.

이 두 가지 명칭 중에서 전자는 이 지역 모두를 포괄하여 준다는 점에서는 적당한 용어이지만 대가야, 아라가야와 대응하는 용어가 아니라는 점에서 문제가 있고, 후자는 소가야가 『삼국유사』 오가야조에서 지금의 고성으로 기록되어 있는데, 고성이 처음부터 끝까지 이 지역의 중심지는 아니었으므로 당시의 역사를 정확히 반영한 것이 아니라는 점에서 문제가 있습니다.

이 글에서는 소가야가 대가야, 아라가야와 대응되는 용어이고 6세기대에 뚜렷한 세력으로 등장하고는 있지만 경남 서남부가야지역을 포괄하는 세력으로 보기는 어려우므로 서남부가야연맹체로 명칭을 부여하여 서술하겠습니다.

경남 서남부지역에서 가야의 정치체가 형성되기 시작한 것은 4세기 무렵부터로 추정되는데, 남강유역을 중심으로 발전한 덧널무덤과 고식도질토기가 이를 잘 말해주고 있습니다. 즉 진주 무촌리·마성리·압

사리·평촌·원당·소문리·죽산 등의 유적에서 고식도질토기가 발견되고 있으며, 무촌리와 마성리에서는 평면이 가늘고 긴 방형의 덧널무덤이 조사되어 이 시기의 유구와 유물을 분명히 보여주었습니다.

한편 고성을 중심으로 한 남해안 일대에는 4세기 무렵의 유적과 유물은 극히 드문 점에서 남강유역의 가야문화권과는 차이가 있는데, 최근 고성 송학동1호분의 봉분 속에서 고식도질토기의 전통을 가진 대형 화로모양그릇받침[爐形器臺]과 곧은입짧은목항아리[直口短頸壺]가 발견되었으므로 앞으로 고성지역에도 이 시기 자료가 증가할 것으로 봅니다.

무촌리126호분

어쨌든 이로 미루어 보면 4세기대 경남 서남부지역 정치의 중심은 남강유역에 있었던 것을 알 수 있습니다. 이처럼 4세기대부터 형성된 이 지역

송학동1호분 화로모양그릇받침

의 가야 정치체는 5세기 무렵부터 본격적으로 발전하기 시작하였습니다. 즉 남강 상류지역인 산청 중촌리·옥산리·묵곡리와 하류지역인 진주 우수리·하촌리 등에서는 수많은 덧널무덤과 부장품이 발견되어 이전 시기와는 현격한 차이를 보여주고 있어 이를 짐작케 합니다.

특히 산청 중촌리3호분의 북쪽에서 확인된 덧널무덤에서는 구멍뚫

중촌리3호분 연도노출 　　　중촌리3호분 짧은목항아리와 바리　중촌리3호분 은장식봉황
　　　　　　　　　　　　　모양그릇받침　　　　　　　문양고리자루큰칼

린굽다리접시[透孔高杯]를 비롯하여 삼각투창굽다리접시, 짧은목항아
리, 바리모양그릇받침, 큰항아리[大壺] 등의 토기류와 함께 은장식봉황
문양고리자루큰칼[銀裝單鳳文環頭大刀], 금동장식안장틀[金銅裝鞍橋], 쇠창
[鐵鉾], 쇠도끼[鐵斧] 등의 금속 유물이 출토되어 주목을 받고 있습니다.
이 가운데 은장식봉황문양고리자루큰칼과 금동장식안장틀은 가야의
중심고분군, 그것도 최고지배자들의 고분에만 부장되는 것으로 밝혀
지고 있습니다. 따라서 이 시기 가야의 중심고분군인 고령 지산동,
합천 옥전, 함안 도항리고분군을 축조한 정치집단과 거의 비슷한 수준
으로 발전하였던 것으로 생각됩니다.

　이러한 고분 유물을 통하여 이 시기 남강 유역의 정치세력에 대해
추정해 보면 산청 중촌리3호분 북쪽 덧널무덤으로 대표되는 정치집단
을 중심으로 하여 남강을 따라 형성된 산청 옥산리·묵곡리·명동 등에
덧널무덤을 축조한 집단이 서열을 이루며 자리잡았던 것으로 파악됩니
다.

　5세기 후반대에 이르면 이 지역만이 가진 특징 있는 토기양식이

옥산리유적

옥산리168호분

성립되었습니다. 즉 이때부터 산청·진주·고성·사천·하동을 중심으로 의령과 합천의 일부 지역에서는 일단장방형투창굽다리접시, 이단엇갈림투창굽다리접시, 삼각투창굽다리접시, 수평구연항아리, 수평구연바리모양그릇받침, 컵형토기 등으로 구성된 토기양식이 광범위하게 분포하면서 하나의 토기문화권을 형성하였습니다.

이와 같은 공통의 토기문화를 기반으로 5세기 후반 무렵부터 형성된

묵곡리유적

명동유적

서남부가야권은 산청 중촌리고분군 축조 집단을 중심으로 발전하였으나 5세기 말부터 강력한 세력을 바탕으로 이 지역으로 진출해 왔던 가라국의 위세에 눌려 남강 유역의 세력은 점차 약화되어 간 것으로 추정됩니다.

그리하여 6세기 무렵부터는 서남부가야권의 중심 무대가 고성을 비롯한 남해안으로 이동한 것으로 추정되는데, 이때의 대표적인 고분

옥산리유적 각종토기

옥산리유적 각종토기

군이 고성 송학동고분군입니다. 송학동고분군은 소가야 또는 고자국의 지배자집단 고분군으로 알려져 왔습니다.

1999년부터 2002년까지 동아대 박물관에 의해 규모가 가장 큰 1호분을 중심으로 발굴조사가 이루어졌는데, 그 결과 봉분의 형태가 일본의 전방후원분前方後圓墳과 같은 것으로 알려져 왔던 이 무덤이 사실은 여러 기의 봉분을 서로 연결시켜 축조한 것으로 밝혀졌습니다. 아울러

송학동1C호분

내부의 매장시설이 1회에 그치지 않고 오랜 기간에 걸쳐 반복 축조된 것으로 확인됨으로써, 일반적인 가야 고분의 축조방법과는 다르다는 것을 알게 되었습니다.

　송학동1호분의 매장시설인 구덩식돌덧널과 굴식돌방에서는 뚜껑접시[蓋杯], 수평구연호, 원통모양그릇받침, 비늘갑옷[札甲], 화살촉, 재갈, 안장틀, 발걸이[鐙子], 말띠드리개[杏葉], 말띠꾸미개[雲珠], 기꽂이[旗竿] 등 수많은 부장품이 출토되었습니다. 발굴 결과 송학동1호분의 주인공은 6세기 이 지역의 최고지배자이며, 고성을 중심으로 한 세력권이 서남부 가야권의 중심지로 등장하였음을 짐작할 수 있게 되었습니다.

　6세기 무렵부터 중심세력으로 등장한 송학동고분군의 주인공들은 신라, 백제, 왜 등과 다양하게 교류하면서 대내외적으로 발전하였습니다. 송학동1호분에서 발견된 백제계와 신라계·왜계의 다양한 문물과, 544년 백제 성왕이 개최한 임나복권회의에 고자국의 수장인 한기가

1│2/3

1 송학동1호분 원통모양그릇받침
2 송학동1호분 뚜껑접시
3 송학동1호분 발걸이

참석하였던 것은 이러한 고자국의 활발한 대외교류를 잘 보여주는 것이라 하겠습니다.

한편 같은 시기에 남해안에는 또 하나의 유력한 정치집단이 등장하였습니다. 고성 내산리고분군을 축조한 세력이 그것입니다. 이 고분군은 직경 10~20m 전후의 대·중·소형 고총 62기로 구성된 대규모 고분군으로 고총의 봉분과 내부의 매장시설인 구덩식돌덧널 또는 굴식돌방은 송학동1호분과 같은 방법으로 축조되었으며, 부장품으로는 서남부가야권양식 토기를 중심으로 신라계통의 영락瓔珞이 부착된 굽다리긴목항아리[臺附長頸壺], 영산강 유역에서 유입된 것으로 추정되는 구멍이

내산리8호분　내산리1호분

내산리8호분 영락달린 굽다리긴목항아리노출모습　내산리고분군 각종토기

있는 입큰작은항아리[廣口小壺], 왜계의 철제 발걸이 등이 출토되었습니다. 이로써 내산리고분군을 축조한 집단은 송학동고분군 집단과 밀접한 관계를 가지면서 신라, 백제, 왜 등과 다양한 교류관계 속에서 발전한 것으로 파악되고 있습니다.

지금까지 서남부가야연맹체 정치세력의 추이에 대하여 현재 남아있는 고분군의 성격을 가지고 살펴보았습니다. 이제 이들 지역에서 출토된 토기의 변화를 살펴보면서 경남 서남부지역의 역사를 차근차근 훑어 보도록 하겠습니다.

4세기대에 하나의 독자적인 세력권을 형성하기 시작하였던 경남 서남부지역에서 토기 형식에 변화의 조짐을 보이는 시기는 4세기 말부터였습니다. 이 시기는 함안 아라가야지역과 경남 서남부지역이 같은 토기양식을 가지고 있었던 시기로, 이전에 많이 제작되던 통형굽다리접시가 구멍뚫린굽다리접시와 이단투창굽다리접시로 전환되고, 화로모양그릇받침이 바리모양그릇받침으로 바뀌는 변화가 나타났습니다. 이러한 변화 과정을 거친 후에 영남 전 지역에서는 가야토기의 양식을 상호 공유하게 되었습니다.

그런데 5세기 중반이 되면 이 지역에 삼각투창굽다리접시와 일단장방형토기가 등장하면서 경남 서남부지역 토기의 지역양식이 나타났습니다. 바로 이 시기에 함안 안라국과 경남 서남부지역의 토기양식이 나뉘게 되었습니다. 왜냐하면 함안 안라국은 바로 앞 시기까지는 삼각투창굽다리접시의 주분포지였으나 이 시기부터는 거의 없어지게 되었으므로 토기양식으로 본다면 경남 서남부지역과는 문화적, 정치적으로 분화하고 있음을 알 수 있습니다.

5세기 후반부터 경남 서남부지역 토기양식은 일단장방형투창굽다리접시, 삼각투창굽다리접시와 더불어 바리모양그릇받침, 입큰긴목항아리, 수평구연항아리, 토기뚜껑, 컵형토기, 원통모양그릇받침 등이 함께 만들어져 표준화된 조합관계를 이루며, 남강유역권과 남해안권에서 이 형식의 토기들이 안정된 분포를 보여주고 있어 바로 이 시기가 경남 서남부지역 토기의 전성기라는 것을 알 수 있습니다.

이 시기에는 합천의 황강 중류지역인 저포리, 봉계리 및 삼가지역도 삼각투창굽다리접시가 분포하고 있어 경남 서남부지역 토기가 광역적인 분포권을 유지하였음을 확인할 수 있습니다. 또 안라국 및 가라국과는 뚜렷하게 대비됨으로써 이 시기에 경남 서남부지역에 후기가야의 유력한 정치집단이 존재했음을 알 수 있습니다.

6세기 초·중반이 되면 경남 서남부지역 토기양식은 쇠퇴하고 신라토기, 대가야토기와 복합적으로 분포하다가 서서히 사라지게 되었습니다. 이 시기는 대가야의 세력 확장으로 인하여 이 지역 정치세력은

천곡리고분군

위축되고 연맹체는 해체되어 가는 시기였습니다. 남강유역권의 진주
와 산청지역에는 대가야토기의 영향을 받음으로써 이때 대가야연맹체
에 편입되었던 것으로 추정됩니다.

고고학의 관점에서 토기양식이 확산된다는 것은 곧 그 토기양식을
가진 정치세력권이 확산되는 것으로 봅니다. 그러므로 대가야토기가
확산된 지역은 대가야의 정치세력권에 흡수되었다는 것을 뜻합니다.
남강유역권에는 대가야토기가 5세기 후반에 합천 삼가지역, 산청 북서
쪽인 생초지역까지 확산되며, 6세기 초반이 되면 진주의 수정봉·옥봉
고분군, 산청읍의 옥산리·묵곡리고분군까지 확대되어 나갔습니다. 대
가야는 백제와의 우호적인 관계를 바탕으로 5세기 후반 비약적으로
발전하면서 서쪽으로 세력을 확장하였던 것입니다.

그런데 합천 삼가와 진주의 중간지점인 의령 천곡리와 산청 화현리
에서는 경남 서남부지역 토기양식이 여전히 존속하고 있으므로 토기양

생초고분군 원경

생초고분군 봉토분

생초고분군 대가야계토기

생초고분군 서남부가야토기

식만으로 본다면 대가야 세력은 이 지역 전체를 다 장악하지는 못하고 중요한 거점을 확보하는 형태를 취하면서 이 지역에 영향력을 미쳤을 것입니다. 비록 경남 서남부지역 세력은 대가야의 세력 확장으로 인하여 남강 상류지역과 진주지역의 남강 북쪽까지의 지역을 상실하였지만 가야 멸망기까지도 존속하였습니다.

한편 경남 서남부지역은 토기양식으로 볼 때 함안 안라국과는 5세기 후반 무렵에 의령군 의령읍-함안군 군북면-마산시 진동면을 잇는 선으로 경계를 이루고 있었습니다.

토기양식으로 살펴보면 이처럼 경남 서남부지역은 대가야, 안라국과는 별도의 세력권을 이루면서 연맹체를 형성하였을 가능성을 보여주고 있습니다. 그렇다면 구체적으로 어떤 지역들이 연맹체를 형성하고 있었을까요?

서남부가야연맹체는 여러 권역의 지역집단으로 이루어졌습니다. 먼저 산청 중촌리고분군을 중심으로 하는 단성지역을 들 수 있습니다. 중촌리고분군은 직경 20~30m 정도 되는 봉분을 가진 대형고총大形高塚과 이보다 약간 작은 중·소형 고총을 비롯하여 덧널무덤과 구덩식돌덧널무덤 등이 약 500여 기 넘게 밀집 분포하고 있는 것으로 파악되었습니다. 고고학적으로 보면 이 중촌리고분군이 경남 서남부지역에서 손꼽히는 중심고분군의 하나임을 알 수 있습니다. 단성지역은 임나10국 가운데 걸손국으로 추정되고 있으며, 남강 상류의 산청, 함양, 남원으로부터 합천 삼가, 의령, 진주, 고성으로 통하는 교통의 요충지이므로 백제-서남부가야연맹체-왜로 연결되는 내륙교통로의 중심지역이었을 것입니다. 따라서 이 지역은 연맹체 내에서 가장 대표적인 지역집단으로 자리잡았을 것입니다.

이와 관련하여 최근의 발굴 성과가 주목됩니다. 바로 합천 삼가고분

삼가고분군

2009~2011년 삼가고분군 조사지역

삼가고분군 항공사진

군의 발굴조사입니다. 삼가고분군은 삼가면 양전리, 일부리, 동리, 소오리 등에 분포하고 있습니다. 양전리고분군은 산기슭에서 해발 190m에 이르는 지점까지 능선 마루의 좌우에 직경 15~30m 정도의 대형 봉토분이 육안으로도 수십 기 이상 확인됩니다. 이 유적은 1981년 동아대학교 박물관에서 총 9기의 고분을 조사하였는데, 이들 무덤의 구조는 구덩식돌덧널무덤[竪穴式石槨墓] 및 굴식돌방무덤[橫穴式石室墳]으로 확인되었습니다.

일부리고분군은 국도33호선 산청 생비량면과 합천 쌍백면의 확장구간 내에 포함되어 2008년 시굴조사가 실시되었는데 대규모의 삼국시대 고총고분과 덧널무덤, 돌덧널무덤 등이 확인되었습니다. 이에 발굴조사가 필요하다고 판단하여 2009년 10월부터 2011년 3월까지 발굴조사를 실시하였습니다.

조사구간에서는 돌널무덤 4기와 돌 덮개가 있는 흙무덤 1기 등 청동기시대 유구와 삼한시대인 2세기 중반 대에 해당하는 널무덤 13기를 발굴조사 하였습니다. 그리고 덧널무덤, 돌덧널무덤, 봉토분 등의 삼국시대 유구도 확인하였습니다.

삼가고분군 덧널무덤과 돌덧널무덤 전경

덧널무덤은 4세기 전반~5세기 전반으로 주로 4세기 후반에 해당하는 유구가 대부분입니다. 유물은 원통형굽다리접시, 컵형토기, 짧은목항아리 등의 고식도질토기가 주로 출토되었습니다. 특히 1호 덧널무덤은 으뜸덧널과 딸린덧널을 별도로 만든 형태인데 경남 서부지역에서는 최초로 발견된 것입니다. 8호 덧널무덤은 길이가 7m에 이르는 대형 무덤으로 지

삼가고분군 돌덧널무덤

삼가고분군 출토유물

금까지 조사된 덧널무덤 가운데 가장 큰 무덤에 해당됩니다.

돌덧널무덤은 5세기 전반~6세기 전반에 축조되었고 5세기 후반에 해당하는 유구가 많습니다. 유물은 삼각굽구멍굽다리접시, 일단긴네모꼴굽구멍굽다리접시, 굽다리손잡이항아리, 입 주위가 수평인 바리모양그릇받침 등의 경남서남부가야 토기들이 주류를 이루고, 대가야계, 아라가야계, 신라계의 토기들도 있습니다.

봉토분은 봉토 내에 3~7기의 시신을 매장하는 공간을 마련한 여러덧널식[多槨式] 구조로서 삼가지역에 존재했던 가야 집단의 독특한 묘제입니다. 출토유물은 대가야계 토기와 경남서남부가야계 토기, 신라계 토기 등 다양하게 출토되고 있으며 대체로 그 시기는 6세기 전반에 해당합니다.

삼가고분군 조사 결과 고분군의 범위가 고령 지산동고분군, 함안 말이산고분군에 비견할 만큼 크다는 사실을 확인하였습니다. 또 삼한시대 널무덤은 경남 서부지역에서 최초로 확인된 것으로 고고학계에서 거의 공백지대로 남아 있는 경남 서부지역의 역사를 새롭게 이해할 수 있는 계기가 되었습니다.

봉토분은 삼국시대 가야 수장층의 묘로서 보통 고분의 경우에는 직경 20m 내외지만 삼가고분군의 경우 직경 30~40m에 이르는 것이

삼가고분군 봉토분 전경

삼가고분군 봉토분 M2호분

삼가고분군 봉토분 M8호분

즐비합니다. 또한 전체 봉토분의 수는 500기 이상이나 됩니다.

유물은 4~6세기 대 각종 생활용 토기는 물론 재갈, 등자 등의 기마용 말갖춤이 많이 출토되었습니다. 또한 세잎고리자루큰칼 등 최고 수장층을 상징하는 장식큰칼도 출토되었습니다.

이 고분에서 경남서남부가야 토기를 중심으로 대가야식, 아라가야

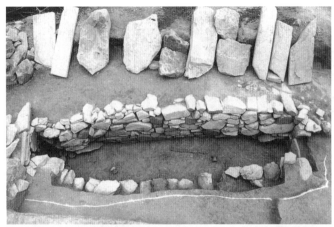

가좌동1호분

가좌동1호분
유물노출모습

가좌동2호분
각종토기

식, 신라식 토기들이 출토되는 것으로 보아 삼가지역의 가야세력은 백제나 서부가야에서 동부가야, 신라로 연결되는 교통로에 자리 잡고 있어 교역의 거점으로 성장했음을 짐작할 수 있습니다.

삼가고분군은 『일본서기』에 나오는 임나10국 가운데 사이기국의 지배자 묘역으로 추정되므로 전면적인 발굴조사를 통하여 하나의 가야 왕국의 면모를 제대로 밝힐 필요가 있습니다. 지금까지의 발굴조사 내용을 살펴보면 합천의 동부지역에 위치한 다라국의 지배자 무덤인 옥전고분군과는 유물의 성격이나 무덤의 형식에서 차이를 보이고 있으므로 앞으로 가야 각국의 독자적인 특성을 보다 더 확실히 파악할 수 있는 유적으로 판단됩니다.

다음으로 고성지역을 들 수 있습니다. 고성은 고자국, 고차국, 고사포, 소가야 등으로 문헌에 전하고 있듯이 이 지역의 가야소국 가운데 지명을 확실히 알 수 있는 곳입니다. 고성읍의 송학동, 기월리, 율대리 고분군이 중심이 되며, 고성의 동부지역인 동해면 내산리고분군을 축조했던 세력은 서남부가야연맹체의 대외창구 역할을 함과 동시에 독자적인 세력권을 유지하였습니다.

진주지역은 남강 이남의 진주시와 문산, 지수, 이반성에 이르는 지역이 해당되는데, 진주시 가좌동, 원당, 무촌리고분군, 고성 연당리고분군 등이 존재하고 있습니다. 이곳은 자타국으로 추정하고 있습니다. 그러나 진주지역의 대표적인 고분군인 수정봉·옥봉고분군은 6세기 중엽에 해당하며 대가야세력의 확산과 관련이 있으므로 서남부가야연맹체의 중심고분군은 아닙니다.

의령지역은 임나10국 가운데 임례국으로 추정하고 있는데, 의령읍의 예둔리, 중동리, 중리, 운곡리, 죽전리에 고분군이 형성되어 있습니다. 예둔리고분군에서는 안라양식의 상하일렬세장방형투창굽다리접

수정봉·옥봉고분군 원경

수정봉2호분 원통모양그릇받침

시와 경남서남부지역양식
의 일단장방형투창굽다리
접시가 함께 출토된 것을
보아 양 지역과의 교류가
활발했던 경계지역이었던
것으로 생각됩니다.

한편 의령지역 가운데
부림면은 산반하국으로 추
정되는데, 최근 발굴된 부
림면 경산리고분군은 6세
기 초·중반경의 유적으로
서 대가야토기와 신라토기

가 많이 출토된 데 비해 경남서남부지역양식토기는 소수만 발굴되었습
니다. 그런데 이 유적에서는 왜계유물이 다수 확인되고 있으므로 이

360

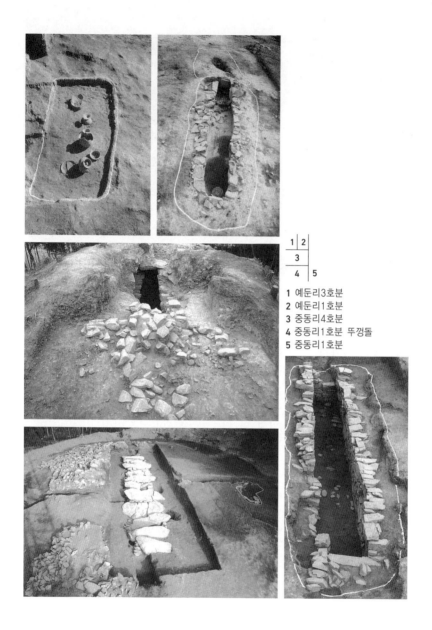

1│2
3
4│5

1 예둔리3호분
2 예둔리1호분
3 중동리4호분
4 중동리1호분 뚜껑돌
5 중동리1호분

운곡리1호분 돌방

지역을 대가야가 낙동강을 통한 대왜교역의 거점으로 활용하였을 가능
성이 있습니다. 따라서 부림면 일대는 경산리고분군을 조성할 무렵에
는 이미 대가야의 영향권에 들어갔던 것으로 보입니다.

　이러한 권역 외에도 진교 및 섬진강 하구의 하동지역과 사천지역도
지역집단이 존재했을 가능성이 있습니다. 하동 고이리고분군과 우복
리고분군 등은 이 지역 수장층 무덤으로 파악되고 있는데, 이들 고분군
에서 출토되는 토기는 서남부가야토기양식인 일단장방형투창굽다리
접시, 삼각투창굽다리접시, 수평구연항아리, 입큰항아리, 컵형토기 등
이 많은 수량을 차지하며, 백제계통의 구멍있는입큰작은항아리[有孔廣
口小壺]나 대가야계통의 긴목항아리도 일부 출토되었습니다.

　이처럼 배타적인 지역권을 형성하고 있었던 서남부가야연맹체는
인근 국가들과는 어떤 관계였을까요? 가장 가까운 지역인 함안 안라국
과는 상호 우호적인 관계였던 것으로 보입니다. 왜냐하면 5세기 초반

362

경산리1호분

경산리1·2호분

경산리고분군 서남부가야토기

경산리고분군 대가야계토기

경산리고분군 신라계토기

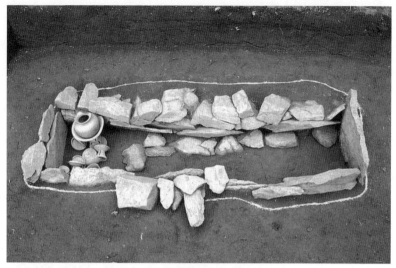

```
 1
─────
 2
─────
 3 │ 4
```

1 우복리4호분
2 우복리4호분 각종토기
3 고이리고분군
4 고이리 나15호분 구멍있는
입큰작은항아리

까지도 두 지역권은 동일한 토기문화를 공유하고 있었습니다. 5세기 중반 토기문화가 분화된 뒤에도 두 세력권이 접촉하는 경계지역인 마산 현동, 함안 군북, 의령 천곡리 등의 유적에서는 두 지역 토기가 공존하고 있는 것에서 전혀 적대적인 모습을 찾아볼 수가 없습니다. 따라서 서남부가야연맹체와 안라연맹체는 가야 후기까지도 친연적인 교류관계를 계속 유지하였음을 알 수 있습니다.

황강 상류지역인 합천 저포·반계제 지역과 함양지역은 원래 서남부 가야토기양식이 파급되어 있던 지역이었습니다. 그러나 5세기 후반부터 6세기 초에 걸쳐 대가야세력이 황강 상류지역과 함양 백천리, 남원 월산리, 산청 생초고분군까지 진출함으로써 서남부가야연맹체는 위축될 수밖에 없었습니다. 이후 대가야가 진주 수정봉·옥봉고분군까지 장악함으로써 서남부가야연맹체는 대백제교통로가 차단되고 남강의 북쪽지역에 대한 지배력을 상당부분 상실하게 되었습니다. 이로 인하여 서남부가야연맹체의 중심은 남강유역권에서 고자국을 중심으로 한 남해안권으로 옮겨지게 되었습니다. 따라서 서남부가야연맹체는 대가야세력과는 영역 다툼을 벌였고 군사력, 경제력 등 제반 요인의 열세로 인해 지속적으로 그들의 세력권을 잠식 당하였습니다.

서남부가야연맹체와 신라와의 관계는 6세기 이후에 전개되었습니다. 이것은 남가라와 비사벌에 대한 신라의 실질적인 지배가 이루어진 시기와 연관이 있습니다. 신라는 남가라지역을 확보함으로써 남해안을 따라 고성지역으로, 비사벌지역을 통하여 의령지역으로 진출하는 등 2개의 교통로를 이용하여 가야로 진출하였습니다. 신라토기가 서남부가야연맹체의 여러 지역에 광범하게 퍼져나가는 것에서 신라세력의 침투를 잘 보여주고 있습니다.

서남부가야연맹체와 백제는, 이 지역양식 토기가 성립하는 데 백제

1　2
3　4

1 함양백천리1호분 으뜸덧널
2 남원월산리고분군 뚜껑있는긴목항아리와 바리모양그릇받침
3 남원월산리고분군 서남부가야계굽다리접시
4 남원월산리고분군 긴목항아리와 그릇받침

생초고분군 왜계토기

가 영향을 주었을 뿐만 아니라 6세기를 전후하여 백제계의 굴식돌방무덤이라는 묘제가 이 지역에 파급되는 등 지속적으로 교섭관계를 유지하였습니다. 그러나 6세기 초반 대가야와 백제가 기문·대사 지역을 둘러싸고 대립하여 남강유역의 교통로가 차단됨으로써 서남부가야연맹체는 백제와 더 이상 관계를 지속하지 못했습니다.

한편 고성지역의 송학동과 내산리고분군의 무덤 축조방식은 봉토를 다 쌓은 후 무덤구덩이를 파고 돌덧널 또는 돌방을 축조하는 분구묘墳丘墓 축조방식으로 이것은 영산강 유역의 고분 축조방식과 관련이 있습니다. 이것은 서남부가야지역이 영산강유역 집단과도 교류관계를 가지고 있었음을 보여주는 것입니다.

또 왜와는 삼각투창고배가 왜의 여러 지역 고분에서 출토되는 것으로 보아 5세기대부터 교류를 하고 있었음을 알 수 있으며, 최근 고성 송학동고분군, 의령 운곡리1호분, 경산리1·2호분, 거제 간곡고분, 산청 생초9호분 등에서 왜계의 묘제와 스에키가 다수 확인되어 6세기 이후에도 꾸준히 교류관계를 유지하였음을 알 수 있습니다.

『삼국유사』의 오가야조에 이름조차 전하지 않는 여러 가야들 중에서 이처럼 경남 서남부지역에도 꽤 오랫동안 연맹체를 형성하여 독자적인 세력권을 유지하였던 가야 소국들이 있었다는 것을 확인할 수 있습니다. 이들은 『일본서기』에 전하는 임나10국 가운데 걸손국, 자타국, 임례국, 사이기국, 산반하국, 졸마국, 고차국으로 추정하고 있습니다. 임나10국은 신라에 의해 최후에 멸망한 가야국들이었습니다. 남가라를 포함한 낙동강 하류역의 가야 소국들은 이미 신라에 의해 흡수된 상태였으므로 지리적으로 보면 신라에 가장 먼 변방인 경남 서남부지역이 최후까지 남아 있었던 것입니다. 그러므로 고령 가라국, 합천 다라국, 함안 안라국을 제외한 임나7국은 모두 서남부가야연맹체를 구성한 국가들이라고 보아도 무방할 것입니다.

경남 서남부지역은 공통의 토기양식을 기반으로 서남부가야연맹체를 형성하여 전기에는 남강 유역의 산청 중촌리고분군 및 합천 삼가고분군, 후기에는 남해안의 고성 송학동고분군을 축조한 정치체를 중심으로 발전하였으며, 한편으로는 대가야, 신라, 백제, 왜 등과 상호 교류하는 등 국제적으로 활동이 활발했던 것으로 파악됩니다. 그러나 강력한 왕권을 구축하지는 못한 채 대가야연맹체, 안라연맹체와 함께 6세기 중엽 이후 신라에 의해 멸망 당하고 말았습니다. 서남부가야연맹체의 여러 가야 소국이 겪었던 영욕의 세월은 지금도 경남 서남부지역에 있는 수많은 고분군들에 남아 못 다한 가야의 역사를 들려주고 있는 듯합니다.

18

|

가야 멸망 후의 이야기
가야의 후예

우리의 고대사에서 가야는 어떤 의미를 가지고 있을까요? 활발하게 진행되어 온 옛 가야지역의 발굴을 통하여 그동안 문헌의 기록만으로는 알 수 없었던 가야 역사의 실체가 서서히 드러나고 있음에도 불구하고 여전히 가야는 고구려, 백제, 신라의 역사에 묻혀 존재감이 그다지 부각되지 않습니다. 그리고는 '잊혀진 고대왕국'이니 '신비의 고대왕국', '철의 왕국' 같은 그럴싸한 수식어 정도가 덧붙여지고 있습니다. 여전히 베일 속에 가려져 있는 듯한 뉘앙스를 풍기면서.

실제로 『삼국사기』나 『삼국유사』에서 가야는 삼국과 거의 같은 시기에 국가를 세우고 성립 당시부터 500여 년 가까이 신라와 국경을 맞대고 거의 대등하게 경쟁하고 있었던 것으로 묘사되어 있습니다. 그렇지만 가야는 한국 고대사회를 이끌어 간 주역으로서의 위상을 갖지 못하고 있습니다. 그 이유는 무엇일까요?

본격적인 철기사회에 접어들 무렵 철은 사회 발전의 원동력이 되는 무기의 제작과 농기구의 생산 등에 절대적으로 필요한 자원이었습니

밀양사촌리 송풍관

밀양사촌리
송풍관

밀양사촌리
철광석

1 / 2

1 합천야로야철지슬래그
2 옥전M3호분 단야구

다. 군사력과 생산력의 증가에 없어서는 안 될 자원인 철을 확보한다는 것은 사회의 성장이라는 차원을 넘어 한 국가의 존립과 직결되는 중요한 문제였습니다.

변한지역은 바로 이처럼 중요한 철의 생산지로 유명하였습니다. 중국의 문헌인 『삼국지』에 등장하는 변한의 철 생산과 교역을 주도했던 세력은 김해의 가락국이었습니다. 가락국은 중국과 한반도, 왜를 연결하는 교통의 요지에 위치하고 있는 이점을 이용하여 철 생산과

1 | 3
─
2 |

1 덩이쇠
2 비늘갑옷
3 고리자루큰칼

교역에 종사하면서 변한의 맹주로 성장하였습니다.

일반적으로 철기 보급이 확대되면 생산력이 증대하면서 빈부의 격차가 커지며 궁극적으로는 사회계층이 분화하게 됩니다. 철제 무기가 발전하고 널리 보급되어 군사력이 확대되면 주변 국가와의 전쟁이 빈발해지면서 이러한 사회계층 분화를 더욱 촉진시키게 됩니다. 그와 함께 철기를 다량 확보한 소국과 그렇지 못한 소국 간에 힘의 우열이 드러나면서 강한 소국에 의한 흡수 통합이 진행됩니다.

대체로 1세기 무렵부터 4세기 사이에 한강 유역의 백제와 경주의 사로국은 이러한 사회변화를 경험하게 되었습니다. 백제는 3세기에 이르면 마한 변방의 소국 단계를 벗어나 집권국가로 탈바꿈하게 되며, 사로국도 4세기 후반이 되면 진한의 한 소국에서 낙동강 동쪽지역의 중심국가, 나아가서는 신라라는 집권국가로 발전하였습니다.

덧널무덤(양동리235호분)

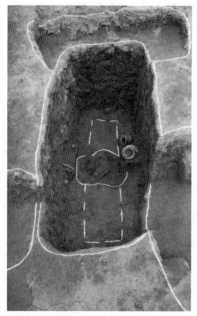

널무덤(양동리55호분)

그런데 정작 한·예·왜·낙랑·대방에 철을 공급하던 변한의 가락국은 4세기 후반까지 주변의 다른 소국들을 대거 흡수 통합하거나 다른 소국에 대해 정치·외교상의 지배권을 가질 수 있는 수준까지는 이르지 못하였습니다. 그나마 주변 소국에 영향력을 미치던 지역연맹체 맹주국으로서의 위상도 400년 고구려 광개토대왕의 남정을 계기로 추락해버렸습니다. 인근 백제 및 신라의 정치·사회적 성장과정과 너무나 대비되

옥전고분군

는 가락국의 이러한 사회적 현상을 어떻게 설명할 수 있을까요?

고고학적 발굴 결과에 따르면 1세기에서 3세기 전반 진·변한지역은 철기문화가 보편화되고 와질토기가 유행하였으며 널무덤·덧널무덤이 축조되고 있었습니다. 이때만 해도 고고자료의 종류나 형태면에서 진한과 변한이 뚜렷하게 구별되지는 않았습니다. 다만 진한에서는 경주와 대구, 변한에서는 김해와 함안이 주변 지역에 비해 상대적으로 유적이 밀집 분포하고 있으며 유물의 출토량도 많았습니다.

3세기 후반부터 4세기 전반에 걸쳐 진·변한 일대에는 고식古式 도질토기의 제작이 성행하였고, 철제 무기가 풍부하게 부장된 대형 덧널무덤이 등장하였습니다. 유적의 분포와 유물의 출토면에서 보면 진한지역에서는 경주지역이 다른 지역보다 월등히 우월해지지만, 변한지역에서는 다른 지역에 대한 김해의 우월성이 앞 시기의 수준을 넘지 못하였습니다. 이것은 진한지역이 사로국을 중심으로 주변 지역을 통합하면서 신라라는 고대국가로 변모해가는 데 비해 변한지역은 여러 가야가 난립하는 모습을 보이는 문헌기록을 증명해 주는 것이라 할 수 있습니다.

5세기부터 6세기까지 영남 일대에는 대량의 전형적인 도질토기와 철제 갑옷 및 투구, 말갖춤, 무기, 각종 장신구 등을 부장한 고총고분古塚 古墳들이 등장합니다. 토기를 비롯한 부장품의 구성과 내용, 고분 내부의 무덤주인공이 묻혀 있는 부분에서 신라형식과 가야형식이 성립하고, 이 두 형식이 뚜렷하게 구분되는 곳과 그렇지 않은 곳이 생깁니다. 가야형식이 잘 나타나는 지역은 다시 고령·합천 계통, 함안 계통, 산청·진주·고성 계통의 형식이 나타나는 지역으로 나누어집니다. 이것은 신라가 고대국가로서의 정치·사회체제를 확립하면서, 신라의 영역으로 변한 옛 진한지역 전체와 낙동강에 인접한 변한 일부 지역을 문화적으로도 하나로 묶어나간 데 비해, 가야사회는 그 영역이 서서히 줄어들고 그나마도 여러 개의 지역중심으로 나누어져 병립하고 있음을 보여주고 있습니다.

고고학 자료와 문헌 자료에서 확인되는 이러한 흐름을 통해 볼 때 가야지역에서는 소국 간의 흡수·통합이 광범위하고 지속적으로 이루어지지 않았으며, 그 결과 지역연맹 이상의 정치체는 출현하지 않았다는 것을 알 수 있습니다.

이와 같은 현상이 나타나게 된 데는 여러 가지 원인이 있겠지만, 인근 국가와 비교해 보면 농업생산력과 같은 사회적 재생산기반을 갖추어 나가는 데 취약하였다는 점을 지적할 수 있습니다. 즉 험한 산에 둘러싸인 비교적 너른 평야지대를 지닌 경주 사로국의 경우, 북방에서 유입된 철기 제작기술과 그 산물을 일찍부터 농업적 기반

및 군사력 강화에 집중시켰다는 것이 문헌과 고고학 자료에서 확인되고 있습니다. 고구려나 백제의 경우도 마찬가지였습니다.

반면 김해의 가락국은 발달된 철기제작기술을 교역을 통한 경제적 이득을 얻는 데 이용하고 있었습니다. 사회적 재생산기반을 마련하는 데 소홀했던 것입니다.

일반적으로 사회 간의 격차가 벌어지면 사회의 규모가 크고 재생산기반이 확고한 집단이나 국가 중심으로 교역체계가 재편되는 경향이 있습니다. 실제로 마한지역에서 확고한 지배력을 가지게 된 백제가 4세기 후반부터 가야 남부지역을 중심으로 운영되던 한반도와 일본열도의 교역체계를 자국 중심으로 재편하려 하자 김해 가락국이나 함안 안라국은 이에 저항하지 않고 백제를 대리하는 위치를 스스로 맡겠다는 태도를 보입니다. 이는 가락국이나 안라국이 국가운영의 기초를 재생산기반보다는 교역체계에서의 역할에 크게 의존했기 때문입니다.

결국 가야사회가 지역연맹 수준의 정치체 중심으로 운영되는 동안 백제와 신라는 집권국가를 성립시키고 이를 바탕으로 가야 중심의 교역체계에 개입하여 이 체계를 재편하였으며, 나아가 가야사회를 해체시키기 시작했던 것입니다.

그러나 가야사회의 발전이 정체된 이유를 이렇게만 단선적으로 얘기할 수는 없습니다. 서기 400년의 광개토대왕군 남정南征은 그 이전까지 신라보다 다소 우월한 힘을 지니고 있었던 김해 가락국을 몰락시켜 버림으로써 한반도 남부의 역학관계를 완전히 바꾸어 버렸기 때문입니다.

당시 김해 가락국은 한반도 남부의 교역권을 두고 신라와 다투고 있었습니다. 이 과정에서 백제, 왜와 연합한 가야에 의해 신라는 한반도 남부에서 정치적으로 고립된 처지가 되었습니다. 김해 가락국을 맹주로 한 가야연맹은 3세기 말부터 4세기 말에 걸쳐 전성기를 구가하였습니다. 신라는 당시까지 확고한 중앙집권적 정치기반을 다지지 못한 상태였으므로 가야를 위협할 만한 세력이 아니었습니다. 더욱이 가야는 변진 이래 왜와 맺어온 전통적인 연대관계를 활용하여 수시로 왜병을 불러들여 군사력을 보충하였습니다. 장기간 고구려와 치열한 다툼을 벌인 백제는 후방을 안정시키기 위해 가야에 대해 우호적인 태도를 보였습니다. 이처럼 정치적으로 안정된 상태에서 가야는 백제, 왜와의 교역을 통해 막대한 경제적 이익을 누렸으며 이를 바탕으로 독자적 사회를 유지할 수 있는 군사력을 갖추었습니다.

그러나 고구려 남정군이 신라를 구한다는 명분으로 백제의 지원세력이었던 가야의 심장부에 타격을 가함으로써 가야를 매개로 형성된 백제-가야-왜 연합은 와해되었습니다. 이는 가야와 신라 간의 힘의 균형을 무너뜨려 가야연맹의 약화와 신라의 성장이라는 결과를 낳았습니다. 가야가 전쟁의 폐허 속에서 국가의 명운을 건 내부적인 재편과정을 거치는 동안 신라는 고구려의 지원 아래 인근 소국들을 정복하면서 집권국가로서의 모습을 갖추기 시작하였습니다. 이때부터 신라와 가야는 사회발전의 정도에 현격한 차이를 드러내게 되었습니다.

만약 고구려의 남정군이 신라를 돕지 않았다면 한반도 남부사회는 어떤 역사 전개과정을 밟게 되었을까요? 아마 적어도 김해 가락국을 포함한 낙동강 하류역이 그렇게 허무하게 신라로 흡수되지는 않았을 것입니다.

한편 김해 가락국이 몰락한 직후 일본열도에는 이전까지와는 다른 급격한 정치변화가 나타나고 있었습니다. 일본열도의 사정에 대해 중국의 역사서에는 266년 이후 412년까지 어떠한 기록도 남아 있지 않습니다. 이것은 당시 중국이 5호16국의 혼란기이기도 했겠지만 일본

일본의 전방후원분

열도에서 히미코卑彌呼의 통치 이후 다시 정치적 통합을 이룩하는 데
오랜 기간을 필요로 했다는 것을 의미합니다.

3세기 중엽부터 왜의 전형적인 묘제인 전방후원분前方後圓墳이 조성
되고 있었다는 점에서 소국연맹체의 수장이 정치적으로 성장하고 있음
을 확인할 수 있는데, 4세기 무렵에는 일본열도 전역에서 전방후원분이
조성되고 있어 이들 연맹체 사이에 팽팽한 세력 균형이 이루어졌음을
알 수 있습니다. 이러한 세력 균형을 깨뜨리고 본격적인 정치통합을
이루기 위해서는 외부로의 충격이나 자극이 필요했을 것입니다.

중국 측의 왜에 대한 기록은 413년 왜왕이 동진에 사신을 보내었다는
기록으로 다시 나타납니다. 그 후 5세기 후반까지 왜 5왕이 동진東晉,
송宋과 조공관계를 유지하였습니다. 이전까지 아무런 기록이 없던 왜

여러 가지 배모양 토기들

스에키

가 413년에 다시 역사에 모습을
드러내었다는 것은 일본열도에
커다란 정치적 변화가 있었음을
말해주는 것입니다. 그런데 바
로 이 시기가 김해 가락국의 몰
락시기와 일치하고 있습니다.

　김해 가락국의 유민들은 경남
내륙지역으로도　이주하였지만
상당수는 긴밀한 교류관계를 유지하였던 일본열도로 건너갔습니다.
일본열도의 도질토기인 스에키須惠器의 출현은 김해 대성동고분군의
축조가 중단된 현상과 밀접하게 관련되어 있습니다. 즉 스에키가 일본

이시부타이石舞臺-전傳 소가노우마코蘇我馬子의 묘

열도에 출현하게 된 배경은 김해 가락국의 정치적 동요에 따른 한반도 남부 주민들의 이주에 의한 것으로 이해할 수 있습니다. 일본에서 가장 오래된 스에키인 구메다 방분久米田方墳에서 출토된 그릇의 구성을 살펴보면 가락국 계통의 토기임을 알 수 있습니다. 또 여기에는 안라계 굽다리접시와 영산강유역계통의 토기도 출토되었습니다. 토기의 출토 상태로 보아서는 이 무렵 가락국을 정점으로 하는 정치연합에 안라국 과 영산강유역도 가담하였을 가능성이 있습니다.

이 밖에도 5세기 이후 일본 각지에서 가야식 말갖춤과 금속제 장신구 류들이 나타나는 것으로 보아 이러한 물건을 제작하던 장인층이 집단 적으로 이주하였을 것으로 추정됩니다. 이는 고대사회에서 수공업품 의 주된 수요자가 지배층이고, 이 지배층이 장인들을 직접 관리했다는 점에서 가락국 지배층이 일본으로 이주한 사실을 뒷받침해주는 자료라 고 할 수 있습니다.

이들의 기술 수준은 당시 일본열도에서 뚜렷한 우위를 점했고, 이를 바탕으로 한 정치적 영향력 또한 대단했을 것으로 보입니다. 이는 7세기에 백제계인 소가노우마코蘇我馬子가 야마토大和 정권을 실질적으로 지배하면서 3대의 천황을 자신의 외손으로 세운 것이나, 한반도에서 건너간 도래인渡來人들이 대부분 일본 지배층에 편입되었던 점으로 미루어 짐작할 수 있습니다.

일본의 고대 지명과 현재 지명에서도 가야인들이 일본열도에 이주한 흔적은 쉽게 찾아볼 수 있습니다. 문헌에서 보이는 가야인들의 이주 흔적은 『신찬성씨록新撰姓氏錄』·『일본서기』·『국조본기國造本記』·『풍토기』 등에서 확인되고 있습니다. 『신찬성씨록』은 815년에 작성된 일본 최고의 씨족지氏族志로서 기나이畿內 지역에 거주하고 있던 1,182 씨족의 계통과 편찬 당시의 씨족적 지위에 대해 황별皇別·신별神別·제번諸蕃으로 나누어 기술한 것입니다. 가야계 씨족은 기나이 대부분의 지역에 분포하고 있는 것으로 나타나는데, 대부분 현존 관련 사료에서 확인되지 않는 가야 왕을 시조라고 주장하고 있습니다.

『일본서기』에는 '임나일본부' 관련 기사에 가와치노아타히河內直·기비노오미吉備臣와 같은 씨족명이 보입니다. 이들은 가야에서 일본열도로 건너가 가와치河內와 기비吉備 지역에 각각 정착한 씨족들로서, 김해 가락국이 신라에 병합된 때를 전후하여 왜의 사신으로서 다시 가야지역으로 파견되기도 하였습니다.

가와치에는 가야와 관련된 유적과 유물이 적지 않게 발견됩니다. 야요이 시기 유적에서 중국화폐인 화천貨泉이 출토되었는데, 한반도에서는 평양과 김해 회현동패총에서만 출토된 유물입니다. 이것은 이른 시기부터 이 지역이 김해 가락국과의 교류가 빈번하였음을 입증하는 것입니다.

1
———
2 | 3

1 부원동 유적
2 부뚜막형토기
3 부뚜막형토기

고분시대의 유적으로는 한韓 계통 씨족들의 이치스카 고분군—須賀古
墳群이 발굴되었는데, 가야묘제의 특징인 구덩식돌덧널무덤에 부뚜막
형토기가 한 점씩 부장되어 있었습니다. 『삼국지』 위서 동이전은 변진
사회에서는 집의 서쪽에만 부뚜막을 설치하는 신앙이 존재했다는 사실
을 전하고 있는데, 이러한 습속은 김해 부원동유적에서 확인된 집터의
부뚜막들이 모두 북서쪽에 설치되었던 것에서 확인되었습니다. 가야
인들은 현재의 오사카 남부 일대에 정착한 뒤에도 자신들의 부뚜막

도항리10호분 불꽃무늬굽다리접시　　　　도항리38호분 불꽃무늬굽다리접시

신앙을 그대로 유지하였던 것입니다.

　가와치 지역의 중심에는 가라쿠니노무라지韓國連를 주신主神으로 섬
기는 가라쿠니 신사韓國神社가 있습니다. 가라쿠니는 가라국加羅國, 즉
가야국加耶國이므로 이치스카 고분군은 가야계 이주민들의 고분군이라
할 수 있습니다. 구로히메야마 고분黑姬山古墳에서는 동래 복천동고분군
과 함양 상백리고분군에서 출토된 갑주甲冑와 동일한 것이 다수 출토되
고, 함안 안라국의 특징적인 토기인 불꽃무늬굽다리접시가 출토되고
있습니다.

　한편 기비노오미가 정착하였던 현재의 오카야마 현 일대에도 가야인
들이 거주하였다는 증거가 있습니다. 『국조본기』에는 이 지역을 지배
한 씨족으로 가야쿠니노미야쓰코加夜國造와 아나쿠니노미야쓰코穴國造
가 보입니다. 가야加夜와 아나穴는 가야加耶와 아나阿那의 일본식 표기입
니다. 이 지역에도 가야인의 집단적 거주를 증명해주는 고고학 자료가
많습니다. 긴조야마 고분金藏山古墳에서는 진해 웅천패총과 합천 옥전고

분군에서 출토된 도끼모양 철기가 출토되었습니다. 오카야마 현 소자 시 가야 군에는 기노조鬼ノ城라고 불리는 가야식 산성이 현존하고 있습니다. 해발 350m 가량의 정상부를 둘러싸듯 축조되어 있는 이 산성은 입지조건이나 축조방식이 가야 산성과 흡사할 뿐 아니라, 여기에 관련되어 전해지는 전승설화가 가락국의 수로왕과 신라의 탈해왕이 서로 변신하면서 다투던 내용과 아주 유사합니다. 이 지역으로 이주한 가야인들이 그들의 가족과 재산을 지키기 위해 세웠던 산성으로 볼 수 있습니다.

『풍토기』는 713년 야마토 조정의 명령에 의해 각 지역의 토지·산물·지명유래·전승 등을 기록한 인문지리서인데, 여기에서도 가야인들이 일본열도로 이주하였던 흔적이 적지 않게 발견됩니다.『풍토기』에는 이즈모국出雲國에 가라카마노시로韓銍社가 있다고 하였는데, 현재는 가라카마 신사韓竈神社로 불리고 있습니다.

현존하는 지명으로는 후쿠오카 현의 가야 산加耶山, 가라韓良, 가라향韓良郷, 다타라 천多多羅川, 다타라 촌多多羅村, 사가 현佐賀縣 가라쓰唐津, 야마구치 현의 다라多羅, 다타라 산多多良山, 오카야마 현의 가야 군賀陽郡, 가가와 현香川縣의 아야 군阿耶郡, 나라 현 아스카의 가야나루미 신사賀夜奈流美神社, 지바 현의 다타라太太良 등이 확인됩니다. 이러한 지명들은 가야인들이 일본열도의 입구인 규슈 북부로 건너가 야마토 지역까지 이동하는 과정에서 각지에 정착하면서 남겼던 흔적들입니다. 가라·가야·아야는 가야와 안야에서 유래한 말들로 이들 명칭은 가야인들의 고향이름을 따붙인 것으로 생각됩니다. 다타라는 제철 과정에서 쓰이는 풀무를 가리키는 말로서 고대에서 현대에 이르기까지 통용되고 있으며,『일본서기』,『고사기』에 의하면 가야의 국명으로도 나타난다. '다라多羅'라는 지명이 남아 있는 합천에서 옥전고분군이 발굴되었고 다라국이 이곳으로 추정되고 있으므로 다타라, 다라는 제철기술을 보유한 다라국의 유민들이 일본열도에 정착하였다는 사실을 알려주는 지명으로 생각됩니다.

이처럼 가야인들은 일본열도의 각지로 이주하여 그들이 가지고 간 선진문물이나 기술로 고대 일본의 발전에 지대한 영향을 미쳤을 뿐만 아니라 고대 일본 지배층의 일부를 구성하였던 것입니다.

이제 가야가 멸망한 후 한반도에 남아 있었던 가야인들은 어떻게 되었는지 살펴보도록 하겠습니다. 562년 가라국이 멸망함으로써 가야연맹은 신라에 완전히 병합되었습니다. 멸망한 가야인들의 대다수는 신라 각지에서 노비로 전락하여 생활하였으나, 개중에는 신라에서 출세하는 경우도 있었습니다. 즉 진흥왕 때에 신라에 망명한 우륵이나 뛰어난 문장 실력으로 유명했던 강수의 조상 등이 여기에 속합니다. 그러나 이들은 정작 가야인이라는 이유 때문에 경주에 거주하지 못하고 중원경中原京에서 일생을 마쳐야 했습니다. 가야를 흡수한 뒤에 신라는 정책적으로 가야인들을 강제로 그곳에 옮겨 살게 했던 것입니다.

가야 출신으로서 신라사회에서 가장 출세한 이는 김유신金庾信이었습니다. 김유신의 증조부인 구형왕은 신라에 투항함으로써 가락국의 왕위를 포기하였지만 신라로부터 금관국을 식읍食邑으로 하사받아 여전히 경제적 기반을 유지할 수 있었을 것이며, 진골귀족으로 편입되어 상등上等 벼슬을 받은 것은 자신의 후손들이 신라의 서울에서 출세하는데 중요한 기반이 되었습니다. 그리고 구형왕의 아들 무력武力, 손자 서현舒玄, 증손 유신庾信 3대에 걸친 다양한 신분상승 노력을 통해 신라조정의 최고위까지 오르게 되었습니다.

즉 김무력은 「단양 적성비赤城碑」에 이름이 나오고 있는데, 진흥왕을 수가隨駕한 10명의 고관 중에 비차부比次夫 다음의 여덟 번째로 기록되

1 | 2
1 단양적성비
2 마운령비

어 있어 아직까지는 신라사회에서 정치적 비중이 낮았음을 알 수 있습니다. 그러나 553년(진흥왕 14) 7월 아찬으로서 한강 유역의 신주군주 新州軍主에 임명되었고, 다음 해인 554년에는 백제와 대가야의 연합군을 관산성에서 섬멸하고 백제의 성왕을 전사시키는 데 결정적인 공을 세웠습니다. 이러한 승전의 공으로 창녕 「진흥왕척경비」에는 42명의 수가신 중에서 잡찬으로서 8위에 기록되었고, 「마운령비」에는 상대등 거칠부 다음의 고관으로 기록되어 있어 569년(진흥왕 30)에는 최고위층 관료가 되었음을 알 수 있습니다.

김무력의 아들 김서현은 신라 제3품의 소판蘇判으로서, 만노군태수萬弩郡太守(진천)와 양주총관良州摠管(양산)을 지냈는데, 갈문왕葛文王의 아들인 숙흘종肅訖宗의 딸 만명萬明과 부모의 허락 없이 결혼하여 김유신을 낳았습니다. 성골 여인과의 혼인을 통해 골품제 신분사회의 신라에서 신분상승을 꾀하였던 것입니다. 김서현은 비록 진골이기는 했지만 사회적 관습상 신라 왕실에는 비할 수 없었던 신분이었으므로 혼인의 성사에는 난관이 많았습니다. 그럼에도 이들의 혼인이 묵인되었던 것은, 비록 신분에 한계가 있다고는 하나 신라 중앙정치 무대에서 그가 차지한 지위를 어느 정도 인정하였던 데서 비롯된 것으로 생각됩니다.

뒷날 김유신의 누이 문희가 김춘추와 혼인을 할 때도 역시 비정상적인 수단으로 이루어지고 있음을 볼 수 있습니다. 이때 김유신은 '중매 없이 야합한 사실'을 나무라며 문희를 불에 태워 죽이는 시늉을 하였고 왕명으로 김춘추와 문희의 결혼을 공인받는 방식을 취하였습니다. 이를 통해 보면 김유신 가문은 비록 진골이라 하더라도 신라 왕실과는 신분의 차이가 있었으며, 이 때문에 그들은 무공武功을 통한 관직의 승진과 왕실과의 혼인을 통해 자신들의 신분 상승을 공인받고자 노력했음을 알 수 있습니다.

이러한 김유신 가문의 노력은 당시 왕위계승에서 밀려나 가문의 유지와 왕위계승을 모색하던 진지왕의 아들 김용춘의 의도와 서로 일치하는 것이었습니다. 김용춘의 입장에서는 가문을 회복하기 위하여 왕위계승과는 거리가 멀면서도 강력한 군사력을 지닌 새로운 귀족 가문과의 제휴가 필요했던 것입니다.

629년(진평왕 51)에 용춘과 서현은 함께 출정하여 고구려의 낭비성을 함락시킴으로써 양 가문의 군사적 위력을 보여주었습니다. 이들 집안의 결속은 신라사회에서 신귀족의 탄생을 의미하며 춘추와 유신의 결합의 전단계로서 향후 신라사회의 정치판도에 커다란 변화를 일으키는 계기가 되었습니다. 더구나 선덕여왕대에 이르러 계속된 백제·고구려의 위협은 신귀족집단의 세력을 더욱 강화시켰고, 이러한 국가적 위기의식은 이들의 정치적 진출을 허용하였습니다.

642년(선덕여왕 11) 백제군에 의한 대야성 함락은 김춘추와 김유신 가문의 결속을 더욱 강화시켜 주는 계기가 되었습니다. 이어 647년(선

덕여왕 16)에 일어난 비담·염종의 모반사건으로 김춘추·김유신의 신
귀족세력은 비담을 중심으로 하는 구세력을 축출하고 정권을 잡는
데 성공하였습니다. 그리고는 구세력을 무마하기 위해 알천과 같은
일부 구귀족을 흡수하여 과도체제로서 진덕여왕을 추대하면서 김춘추
·김유신은 신라 정계를 주도하는 주역으로서 전자는 정치·외교에서,
후자는 군사적인 면에서 활약하게 되었습니다. 654년 진덕여왕의 뒤를
이어 김춘추가 무열왕으로 즉위하면서 김유신은 명실공히 신라 최고의
지위를 굳혔습니다. 김춘추는 화백을 통해 합법적으로 권력을 승계하
여 다시 왕위를 계승하는 가문으로 등장하였으며, 김유신의 집안도
그에 버금가는 가문으로 지위를 누릴 수 있게 되었습니다. 즉 무열왕
2년에 왕녀 지소가 김유신에게 출가하였을 뿐만 아니라, 동왕 7년
사망한 상대등 김강을 이어 김유신이 상대등으로 임명된 것은 당시

김유신 가문의 위치를 잘 말해주는 것이라 하겠습니다.

김유신은 신라군의 최고 지휘관으로서 660년에 백제를 치고, 668년에 고구려를 통합하여 태대각간太大角干이란 최고위에 오른 뒤 당군唐軍의 축출과 삼국통일의 완성을 눈앞에 둔 673년(문무왕 13) 세상을 떠났습니다. 김유신이 신라 조정의 최고의 위치까지 오르게 된 것은 통일전쟁에서 세운 혁혁한 무공이 첫 번째 요인이었지만, 누이동생 문희(문명왕후)를 무열왕에게 출가시켜 신라왕실과 혼인을 맺은 것도 중요한 요인이 되었다고 할 수 있습니다.

그러나 삼국통일의 분위기가 가시면서 김유신 가문의 지위는 전락하기 시작했습니다. 신라 중대 왕실에 의한 전제정치의 강화과정에서 김유신의 후손들도 왕실로부터 배척을 당하며 점차 정치적 지위를 잃게 되었던 것입니다. 김유신 가문은 혜공왕대를 전후하여 6두품으로 전락하였습니다. 김유신의 후손 김암은 6두품이 주로 맡는 관직에 임명되었으며, 같은 세대인 김장청 역시 집사부의 말단관리인 집사랑에 임명되었던 것으로 보아 8세기 중반 이후에는 6두품 이하로까지 강등되었음을 알 수 있습니다.

김유신 가문의 후손으로서 신라 하대에 이름을 드높인 사람은 선종의 발전에 크게 기여한 진경대사 심희審希였습니다. 그는 9산선문 중하나인 봉림산문의 승려로서 창원에 봉림사를 창건하였습니다. 진경대사는 855년(문성왕 17)에 탄생하였는데, 속세의 성은 신김씨, 임나왕족의 후예로 흥무대왕의 후손으로 기록되어 있습니다. 신김씨, 임나왕족의 후예란 가락국 왕족의 후예라는 뜻이며, 흥무대왕은 김유신의 시호이니 진경대사는 김유신의 후손임을 알 수 있습니다. 그는 9세 때 경기도 여주 혜목산의 원감선사 현욱에게 출가하였습니다. 19세에 구족계具足戒를 받고, 14년간 명산을 돌면서 수도를 쌓아 30대에 이미 존경받는 고승이 되었습니다.

888년에 진성여왕의 부름을 받았으나 나아가지 않다가 진례성제군사進禮城諸軍事 김율희金律熙의 초청으로 그의 외호를 받으면서 봉림사를 창건하여 봉림산문을 개창하였습니다. 918년에는 경명왕의 청으로 왕궁으로 들어가 법응대사法膺大師라는 호를 받았습니다. 70세 되던 923년(경명왕 7) 4월 2일에 봉림사에서 입적하였는데 경질선사景質禪師 등 500명의 제자가 있었다고 전합니다. 같은 해에 사리탑이 세워졌고, 이듬해에 비碑가 세워졌는데 지금은 모두 서울로 옮겨져 있습니다.

봉림사 진경대사부도

한편 후삼국시대에는 김해지역의 호족이 수로왕의 후손 대신에 수로왕릉에 지내는 제사를 주관하려고 시도하였던 것이 『삼국유사』「가락국기」에 기록되어 있는데, 그 내용은 대강 다음과 같습니다.

수로왕릉에 대한 제사는 661년 문무왕이 즉위하면서 수로왕릉의 정비를 명하여 아주 좋은 땅 30경을 왕위전王位田으로 부쳐 대대로 제사를 거르지 않게 하였다. 그런데 신라 말에 중앙의 통제가 약해진 틈을 타서 잡간 충지忠至가 금관성金官城을 차지하고 성주장군城主將軍이 되자,

태자사 낭공대사백월서운탑비

그를 따르던 아간 영규英規라는 자가 충지의 세력을 업고 수로왕릉의 제사를 빼앗아 마음대로 하다가 단오날에 사당의 대들보가 부러지면서 압사하였다. 이에 충지는 수로왕의 영정을 그려 밤낮으로 받들었지만 초상의 눈에서 한 말이 넘는 피눈물이 쏟아지는 것을 보고 친손 김규림金圭林으로 하여금 제사를 받들게 하였다. 김규림은 이후 88세가 되도록 제사를 지내다가 아들 간원間元에게 잇게 하였다고 한다. 이후 영규의 아들 준필이 자신이 차린 제물로 제사를 지내려 하다가 그의 아비와 마찬가지로 갑자기 병을 얻어 죽었다.

「태자사 낭공대사백월서운탑비문」에 보면 907년(효공왕 11) 당시 김해지방의 최고 지배자는 소충자이고 그 아우 소율희는 군권을 장악한 제2인자였습니다. 『삼국유사』에 전하는 충지는 바로 이 비문의 소충자로 추정됩니다. 그러므로 이 내용은 김해지역을 장악한 새로운 권력자인 소충자가 수로왕릉의 제사를 주관하고자 시도했으나 수로왕의 후손들에 의해 무산된 사정을 전하고 있는 것이라 할 수 있습니다. 즉 수로왕의 제사를 둘러싸고 신구 세력간에 갈등이 있었던 것입니다.

그런데 소충자가 물러난 후 권력을 장악한 소율희는 진경대사가

봉림사를 창건하는 데
많은 지원을 하였던 김
율희 바로 그 사람입니
다. 아마도 소율희는 앞
서 보았던 수로왕 제사
의 주도권을 두고 벌어
진 신구 세력간의 갈등
을 극복하고 민심을 끌

진례산성

어모으기 위해 수로왕의 후손을 자처했던 것이 아닐까 생각됩니다.
그는 김율희로 성씨를 고치고는 현재의 김해와 창원의 경계에 있는
진례산성을 근거지로 하여 김해지역을 아우르는 세력이 되었습니다.
특히 그는 김해지역으로 찾아오는 선종禪宗 승려를 적극 후원하였는데,
그의 지원을 받은 대표적인 인물로는 진경대사를 비롯하여 사굴산파의
행적行寂과 수미산파의 이엄利嚴, 진공대사眞空大師, 또 한 사람의 진공대
사 충담忠湛을 들 수 있습니다. 그러나 김율희는 후삼국 가운데 친신라
적이었으므로 견훤이 신라를 공격한 경애왕 때 그 기반이 몰락하였고,
그가 후원하였던 선승들도 모두 다른 지역으로 흩어지게 되었습니다.

후삼국시대는 그 지역의 호족이 어느 쪽에 가담하는가에 따라 고려
초기 사회에서의 지위가 결정되었습니다. 김해지역의 경우는 어떠했
을까요? 부산의 절영도가 견훤의 세력 아래 있었던 점을 상기하면
김해지역도 후백제의 통제를 받았던 것으로 추측됩니다. 또 940년(고
려 태조23) 금관소경을 김해부金海府로 격하시켰던 것을 생각하면 김해
지역의 호족세력은 왕건의 후삼국 통일에 기여했던 지역은 아니었던
것으로 짐작됩니다.

가락국의 옛 땅인 김해지역에는 놀이를 통하여 수로왕을 기리는

행사가 있었다고 「가락국기」에 전하고 있습니다. 고려시대에는 매년 7월 29일에 이 행사가 열렸는데, 이 지방의 주민과 관리, 군졸들이 승점乘岾에 올라가 장막을 설치하고, 술과 음식을 먹고 즐기면서 건장한 인부들이 좌우로 나뉘어 망산도望山島로부터 한편은 육지로 말을 빨리 달리고, 다른 한편은 배를 저어 북쪽 고포古浦를 향해 달리니 이것은 옛날에 유천간과 신귀간들이 허왕후 오는 것을 바라보고 수로왕에게 급히 알리기 위해 달려가는 모습을 재현한 것입니다.

가야의 후예들은 일부는 신라 귀족사회에 편입되었으나 대다수는 그 지역에 그대로 남아 있거나 사민되어 일반 민으로서 신라사회에 편입되었습니다. 그러나 신라왕실의 각별한 관심을 받았던 가락국의 옛터인 김해지역에는 대대로 수로왕의 제사가 행해지고 제사의 주도권을 다투기도 하였으며, 고려시대까지도 수로왕과 관련된 추모행사가 치러졌던 것으로 기록되어 있어 가야인이라는 의식이 꽤 오랫동안 유지되고 있었음을 짐작할 수 있습니다.

사료

『삼국사기』
『삼국유사』
『일본서기』
『삼국지』
『송서』
『한원』
『남제서』
『광개토대왕릉비문』
『양직공도』
『단양 적성비』
『창녕 진흥왕 척경비』
『진경대사탑비문』
『신증동국여지승람』

연구논저

고령군·한국상고사학회,『대가야와 주변제국』, 제2회 대가야사 국제학술세미나,
　　2001.
국립창원문화재연구소,『묘제와 출토 유물로 본 소가야』, 국립창원문화재연구소
　　개소 10주년기념 학술대회, 1999.
국립창원문화재연구소,『가야시기 창녕지방의 역사, 고고학적 성격』, 국립창원문
　　화재연구소 2000년도 학술대회, 2000.

권주현, 「아라가야의 성립과 발전」,『계명사학』4, 계명대학교 사학과, 1994.

권주현, 「가야 문화사 연구」, 계명대학교 대학원 박사학위논문, 1998.

권주현, 「고자국의 역사적 전개와 그 문화」,『가야 각국사의 재구성』, 혜안, 2000.

김병모, 「가락국 허황옥의 출자-아유타국고-」,『삼불김원룡교수 정년퇴임기념
논총 Ⅰ』, 1987.

김복순, 「대가야의 불교」,『가야사연구』, 경상북도, 1995.

김세기, 「대가야 묘제의 변천」,『가야사연구』, 경상북도, 1995.

김세기, 「가야의 순장과 왕권」, 인제대학교 가야문화연구소 편,『가야 제국의
왕권』, 신서원, 1997.

김세기,『고분자료로 본 대가야 연구』, 학연문화사, 2003.

김세기, 「묘제를 통해 본 안라국」,『지역과 역사』14, 부경역사연구소, 2004.

김영태, 「가락불교의 전래와 그 전개」,『불교학보』27, 동국대학교 불교문화연구
원, 1991.

김영태, 「가야의 국명과 불교와의 관계」,『가야문화』6, 가야문화연구원, 1993.

김영화, 「가야불교의 수용에 대한 비판적 고찰」,『경대사학』10, 경남대학교
사학회, 1997.

김태식, 「후기가야제국의 성장기반 고찰」,『부산사학』11, 부산사학회, 1986.

김태식, 「임나일본부 문제의 연구현황과 전망」,『가라문화』8, 경남대학교 가라문
화연구소, 1990.

김태식,『가야연맹사』, 일조각, 1993.

김태식, 「광개토왕릉비문의 임나가라와 '안라인수병'」,『한국고대사논총』6, 가락
국사적개발연구원, 1994.

김태식, 「함안 안라국의 성장과 변천」,『한국사연구』86, 한국사연구회, 1994.

김태식, 「가야연맹의 제개념 비교」, 인제대학교 가야문화연구소 편,『가야제국의
왕권』, 신서원, 1997.

김태식, 「가락국기 소재 허왕후 설화의 성격」,『한국사연구』102, 한국사연구회,
1998.

김태식,『미완의 문명 7백년 가야사』, 푸른역사, 2002.

김해시,『가야사의 재조명』, 김해시 승격 10주년 기념 학술회의, 1991.

김해시,『가야와 동아시아』, 가야사 국제학술회의, 1992.

김해시,『가야와 고대일본』, 제3회 가야사 국제학술회의, 1997.

김해시,『가야와 신라』, 제4회 가야사 학술회의, 1998.

김해시,『가야의 대외교섭』, 제5회 가야사 국제학술회의, 1999.

김해시,『가야와 백제』, 제6회 가야사 학술회의, 2000.

김해시, 『4~5세기 동아세아 사회와 가야』, 제7회 가야사 국제학술회의, 2001.

김해시, 『맹주로서의 금관가야와 대가야』, 제8회 가야사 학술회의, 2002.

김현구, 「임나일본부연구-한반도 남부 경영론 비판-」, 일조각, 1993.

남재우, 「안라국의 성장과 대외관계 연구」, 성균관대학교 박사학위논문, 1997.

남재우, 「문헌으로 본 안라국사」, 『가야 각국사의 재구성』, 혜안, 2000.

노중국, 「대가야의 정치, 사회구조」, 『가야사연구』, 경상북도, 1995.

田中俊明, 「우륵12곡과 대가야연맹」, 『동양사학연구』 48-4, 1990.

류창환, 「마구를 통해본 아라가야」, 『고대 함안의 사회와 문화』, 국립창원문화재
　　　연구소 2002년도 학술대회, 2002.

박승규, 「일단장방형투창 고배에 대한 고찰」, 『영남고고학』 4, 영남고고학회,
　　　1992.

박승규, 「경남 서남부지역 도질토기에 대한 연구-진주식 토기와 관련하여-」,
　　　『경상사학』 9, 1993.

박승규, 「고고학을 통해본 소가야」, 『고고학을 통해 본 가야』, 한국고고학회,
　　　2000.

박승규, 「소가야권의 토기변동과 대외교섭」, 『가야의 해상세력』, 제11회 가야사
　　　학술회의, 2005.

박천수, 「정치체의 상호 관계로 본 대가야 왕권」, 인제대학교 가야문화연구소
　　　편, 『가야 제국의 왕권』, 신서원, 1997.

박천수, 「대가야권 분묘의 편년」, 『한국고고학보』 39, 1998.

박천수, 「고고학으로 본 가라국사」, 『가야 각국사의 재구성』, 혜안, 2000.

박천수, 「대가야권역의 성립과 형성배경」, 『대가야의 역사와 문화』, 축제와 함께
　　　하는 대가야사 학술회의, 2006.

백승옥, 「비사벌가야의 형성과 국가적 성격」, 『한국문화연구』 7, 1995.

백승옥, 「고성 고자국의 형성과 변천」, 한국고대사학회 편, 『한국고대사연구』
　　　11, 신서원, 1997.

백승옥, 「광개토왕릉비문과 가야사」, 『가야와 광개토대왕』, 제9회 가야사 학술회
　　　의, 2003.

백승옥, 『가야 각국사 연구』, 혜안, 2003.

백승옥, 「'안라고당회의'의 성격과 안라국의 위상」, 『지역과 역사』 14, 부경역사연
　　　구소, 2004.

백승충, 「1~3세기 가야세력의 성격과 그 추이」, 『부대사학』 13, 1989.

백승충, 「우륵십이곡의 해석문제」, 『한국고대사논총』 3, 한국고대사회연구소
　　　편, 1992.

백승충, 「임나부흥회의의 전개와 그 성격」, 『부대사학』 17, 1993.

백승충, 「가라국과 우륵십이곡」, 『부대사학』 19, 1995.

백승충, 「가야의 지역연맹사 연구」, 부산대학교 박사학위논문, 1995.

백승충, 「문헌에서 본 가야·삼국과 왜」, 『한국민족문화』 12, 부산대학교 한국민족
　　　문화연구소, 1998.

백승충, 「가야·백제 관계사의 제문제」, 『가야와 백제』, 제6회 가야사 학술회의,
　　　김해시, 2000.

백승충, 「가야 건국신화의 재조명」, 『한국고대사 속의 가야』, 혜안, 2001.

백승충, 「대가야의 건국과 성장」, 『대가야의 역사와 문화』, 축제와 함께 하는
　　　대가야사 학술회의, 2006.

부산경남역사연구소 편, 『시민을 위한 가야사』, 집문당, 1996.

부산대학교 한국민족문화연구소 편, 『가야 각국사의 재구성』, 혜안, 2000.

부산대학교 한국민족문화연구소 편, 『가야 고고학의 새로운 조명』, 혜안, 2003.

선석열, 「3세기 후반 변진한 세력권의 변화」, 『가라문화』 13, 1996.

송계현, 「4~5세기 동아세아의 갑주」, 『4~5세기 동아세아 사회와 가야』, 제7회
　　　가야사 국제학술회의, 김해시, 2001.

鈴木靖民, 「가야(변한)의 철과 왜」, 인제대학교 가야문화연구소 편, 『가야제국의
　　　철』, 신서원, 1995.

鈴木靖民, 「4~5세기 왜왕권의 전개와 가야」, 『4~5세기 동아세아 사회와 가야』,
　　　제7회 가야사 국제학술회의, 김해시, 2001.

신경철, 「김해 대성동 고분군의 발굴성과」, 『가야사의 재조명』, 김해시 승격
　　　10주년 기념 학술회의, 김해시, 1991.

신경철, 「김해 대성동, 동래 복천동고분군 점묘-금관가야 이해의 일단-」, 『부대
　　　사학』 19, 1995.

신경철, 「영남의 고대 갑주」, 『학산 김정학선생 송수기념논총』, 학연문화사, 2000.

신경철, 「금관가야의 성립과 연맹의 형성」, 『가야 각국사의 재구성』, 혜안, 2000.

신경철, 「가야고분문화에 있어서 옥전고분군」, 『고분연구에 있어서 옥전고분군
　　　의 위상』, 제1회 다라국사학술회의, 합천박물관, 2005.

신경철, 「가야와 그 전환기의 고분문화」, 『가야와 그 전환기의 고분문화』, 국립창
　　　원문화재연구소, 2007.

山尾幸久, 「임나일본부에 대하여-일본 고대사상의 비판-」, 『가야와 고대일본』,
　　　제3회 가야사 국제학술회의, 김해시, 1997.

연민수, 「"일본서기"에서 본 가야와 고대일본」, 『가야와 고대일본』, 제3회 가야사
　　　국제학술회의, 김해시, 1997.

이성주, 「소가야지역의 고분과 출토유물」, 『묘제와 출토유물로 본 소가야』, 국립
    창원문화재연구소 개소 10주년 학술대회, 2000.
이연심, 「임나일본부의 성격 재론」, 『지역과 역사』 14, 부경역사연구소, 2004.
이영식, 「구간사회와 가락국의 성립」, 『가야문화』 7, 1994.
이영식, 「신라와 가야제국의 전쟁과 왜교」, 『신라의 대외관계연구』, 신라문화제
    학술발표회 논문집15, 1994.
이영식, 「백제의 가야 진출 과정」, 『한국고대사논총』 7, 한국고대사회연구소
    편, 가락국사적개발연구원, 1995.
이영식, 「문헌으로 본 가락국사」, 『가야각국사의 재구성』, 혜안, 2000.
이영식, 「가야인의 정신세계」, 『한국고대사 속의 가야』, 혜안, 2001.
이재현, 「변, 진한사회의 발전 과정-목곽묘의 출현 배경과 관련하여-」, 『영남고
    고학』 17, 1995.
이주헌, 「아라가야에 대한 고고학적 검토」, 『가야 각국사의 재구성』, 혜안, 2000.
이주헌, 「토기로 본 안라와 신라-고식도질토기와 화염형투창토기를 중심으로-」,
    『가야와 신라』, 제4회 가야사 학술회의, 김해시, 2000.
이한상, 「대가야계 이식의 분류와 편년」, 『고대연구』 4, 한국고대학회, 1995.
이현혜, 『삼한사회 형성과정 연구』, 일조각, 1984.
이형기, 「대가야의 연맹구조에 대한 시론」, 『한국고대사연구』 18, 한국고대사학
    회, 2000.
이희준, 「토기로 본 대가야의 권역과 그 변천」, 『가야사 연구』, 경상북도, 1995.
인제대학교 가야문화연구소 편, 『가야제국의 철』, 신서원, 1995.
인제대학교 가야문화연구소 편, 『가야제국의 왕권』, 신서원, 1997.
임효택, 「낙동강 하류역 가야의 토광목관묘 연구」, 한양대학교 박사학위논문,
    1993.
정수일, 「한국불교남래고」, 『사학지』 22, 단국대학교 사학회, 1989.
정중환, 『가라사연구』, 혜안, 2000.
정징원·홍보식, 「부산지역의 고분문화-묘제와 고배를 중심으로-」, 『부대사학』
    18, 1994.
정징원·홍보식, 「창녕지역의 고분문화」, 『한국문화연구』 7, 부산대 한국문화연구
    소, 1995.
조영제, 「수평구연호에 대한 일고찰-서부경남 가야후기양식토기의 일양상-」,
    『경상사학』 1, 1985.
조영제, 「삼각투창고배에 대한 일고찰」, 『영남고고학』 7, 영남고고학회, 1990.
조영제, 「신라와 가야의 무기, 무구」, 『한국고대사논총』 3, 한국고대사회연구소

편, 가락국사적개발연구원, 1992.
조영제, 「다라국의 경제적 기반」, 인제대학교 가야문화연구소 편, 『가야제국의 철』, 신서원, 1995.
조영제, 「고분군을 통해 본 다라국의 성립과 발전」, 『학산 김정학선생 송수기념논총』, 학연문화사, 2000.
조영제, 「다라국의 성립에 대한 연구」, 『가야 각국사의 재구성』, 혜안, 2000.
조영제, 「고고자료를 통해 본 안라국(아라가야)의 성립에 대한 연구」, 『지역과 역사』 14, 부경역사연구소, 2004.
조영제, 「옥전고분군의 조사과정과 조사성과」, 『고분연구에 있어서 옥전고분군의 위상』, 제1회 다라국사학술회의, 합천박물관, 2005.
조영제, 『옥전고분군과 다라국』, 혜안, 2007.
조원영, 「가야지역의 불교전래와 수용사례」, 제13회 가야사학술회의, 김해시, 2007.
주보돈, 「서설-가야사의 새로운 정립을 위하여-」, 『가야사 연구』, 경상북도, 1995.
천관우, 「복원가야사」 상·중·하, 『문학과 지성』 28·29·31, 1977, 1978.
천관우, 『가야사연구』, 일조각, 1991.
허명철, 「가야의 뜻」, 『가야불교의 고찰』, 종교문화사, 1987.
홍보식, 「묘제에서 본 가야와 고대일본」, 『가야와 고대일본』, 제3회 가야사 국제학술회의, 김해시, 1997.
홍보식, 「고고학으로 본 금관가야」, 『고고학을 통해 본 가야』, 한국고고학회, 2000.
홍보식, 「고고학으로 본 가라국사」, 『가야각국사의 재구성』, 혜안, 2000.
홍보식, 「고고자료로 본 가야멸망 전후의 사회변동」, 『한국상고사학보』 35, 2001.
홍윤식, 「가야불교에 대한 제문제와 그 사적 위치」, 『가야고고학논총』 1, 가락국사적개발연구원, 1992.

도록

경북대학교박물관, 『우리악기 보고듣기』, 2005.
경상대학교박물관, 『국립경상대학교박물관 20주년 기념 발굴유적과 유물도록』, 2004.
국립김해박물관, 『국립김해박물관』, 1994.
국립김해박물관, 『한국고대 갑옷과 투구』, 2002.
국립중앙박물관·부산시립박물관, 『신비의 고대왕국 가야특별전』, 1991.
대가야박물관, 『대가야의 유물과 유적』, 2004.

부산대학교박물관, 『선사와 고대의 문화』, 1996.
부산복천박물관, 『고대 전사-고대 전사와 무기-』, 2001.
부산시립박물관 복천분관, 『부산의 역사와 복천동 고분군』, 1996.
부산시립박물관 복천분관, 『유물에 새겨진 고대문자』, 1997.
부산시립박물관 복천분관, 『고고학이 찾은 선사와 가야』, 2000.
합천박물관, 『황강, 옥전 그리고 다라국-합천박물관개관도록-』, 2005.
합천박물관, 『황강이 전하는 삶, 흔적-합천박물관특별전도록-』, 2007.

보고서

경남고고학연구소, 「사천 이금동 유적」, 『영남고고학』 24, 영남고고학회, 1999.
경남고고학연구소·부산대·동아대, 『사천 늑도 유적』, 1999.
경남대학교박물관, 『고성연당리고분군』, 1994.
경상대학교박물관, 『합천옥전고분군』 I~X, 1988~2003.
경상대학교박물관, 『의령 예둔리 분묘군』, 1994.
경상대학교박물관, 『의령 중동리 고분군』, 1994.
경상대학교박물관, 『함안 황사리 분묘군』, 1994.
경성대학교박물관, 『김해 대성동 고분군』 I, 2000.
경성대학교박물관, 『김해 대성동 고분군』 II, 2000.
계명대학교박물관, 『고령 지산동 고분군』, 1981.
국립중앙박물관, 『창원 다호리유적』, 2001.
국립진주박물관, 『합천반계제고분군』, 1987.
국립창원문화재연구소, 『함안 도항리 고분군』 I, 1997.
국립창원문화재연구소, 『함안 도항리 고분군』 II, 1999.
국립창원문화재연구소, 『함안 도항리 고분군』 III, 2000.
김해시, 『김해의 고분문화』, 1998.
동아대학교박물관, 『합천삼가고분군』, 1982.
동아대학교박물관, 『합천봉계리고분군』, 1986.
동아대학교박물관, 『합천창리고분군』, 1987.
동아대학교박물관, 『창녕교동고분군』, 1992.
동아대학교박물관, 『발굴유적과 유물』, 2003.
동의대학교박물관, 『김해 양동리 고분문화』, 2000.
부산대학교박물관, 『합천 저포E지구 유적』, 1987.
부산대학교박물관, 『부산 노포동 유적』, 1988.

부산대학교박물관, 『함양백천리 유적』, 1998.

부산대학교박물관, 『동래 복천동 고분군』 I·II·III, 1982~1996.

부산대학교박물관, 『김해 예안리 고분군』 I, 1985.

부산대학교박물관, 『김해 예안리 고분군』 II, 1992~1993.

부산대학교박물관, 『김해 봉황대 유적』, 1998.

부산시립박물관, 『부산의 삼한시대 유적과 유물-동래패총-』, 1997.

부산시립박물관, 『부산의 삼한시대 유적과 유물II』, 1997.

영남대학교박물관, 『합천 저포리고분군(A지구)』, 1987.

영남대학교박물관, 『창녕 계성리 고분군-계남1,4호분-』, 1991.

창원대학교박물관, 『합천 저포리B고분군』, 1988.

ㄱ

사진협조기관 _

경북대학교박물관
경상대학교박물관
국립김해박물관
국립중앙박물관
김해시청
대가야박물관
동서문물연구원
동아대학교박물관
동의대학교박물관
부산대학교박물관
창원대학교박물관
함안박물관
합천박물관

지은이 | 조 원 영

1964년생, 불교미술사 전공, 1994년 부산대학교 사학과 석사학위 취득, 1998년 부산대학교 사학과 박사과정 수료, 전 문화재청 문화재감정위원, 현재 합천박물관 관장, 경상남도 문화재전문위원, 부경역사연구소 연구원.

논저 | 『부산 기장군 문화유적지표조사보고서』(부산대 한국민족문화연구소, 1997), 『테마가 있는 한국문화』(도서출판 선인, 1999), 『시민을 위한 부산의 역사』(공저, 도서출판 선인, 2003), 『불국사와 석굴암』(역서, 민족문화, 2003), 『한국사와 한국인』(공저, 도서출판 선인, 2007), 『왜 가야는 하나로 통일되지 못했을까』(도서출판 자음과 모음, 2010), 『불상에 새겨진 경남의 얼굴』(도서출판 선인, 2012), 「신라 하대 사천왕부조상의 조성과 그 배경」(『부대사학』 19, 1995), 「신라 하대 팔부신중상 연구」(『부산사학』 39, 2000), 「신라 사방불의 형식과 조성 배경」(『부대사학』 30, 2006), 「부산지역의 조선시대 목조건축연구」(『항도부산』 22, 2006), 「가야지역의 불교 전래와 수용사례」(제13회 가야사 학술회의, 김해시청, 2007), 「전승자료를 통해 본 신라통일기 기장지역의 불교」(『항도부산』 31, 2015) 등.

【개정판】 가야, 그 끝나지 않은 신화

조 원 영 지음

초 판 | 2008년 3월 31일
개정판 | 2017년 11월 7일

펴낸이 | 오일주
펴낸곳 | 도서출판 혜안

등록번호 | 제22-471호
등록일자 | 1993년 7월 30일

주소 | 서울시 마포구 와우산로35길3 (서교동) 102호 ⑰ 04052
전화 | 02-3141-3711~2 팩스 | 02-3141-3710
메일 | hyeanpub@hanmail.net

ISBN 978-89-8494-593-7 03910

값 18,000 원